社會叢書

臺灣居民的休閒生活

文崇一 著

東大圖書公司印行

序　言

在農業社會時代，一方面由於職業種類較少，分工不很嚴格，多半以長時間計算工資，工作不是那麼緊張，休閒的需要程度就相對降低；另方面當時都必須努力工作，才能獲得較好的收入，以維持個人和家庭的生活條件，休閒被視為一種偷懶的行為。無論那種休閒，既浪費時間，又花費金錢，可以說一無是處。儒家倫理強調勤勞、節儉，新教倫理強調努力工作、積蓄，看起來是在同樣的社會經濟背景下孕育出來的觀念。中國人說，勤有功，戲無益；少壯不努力，老大徒傷悲；都是勉勵大家要努力工作，不要貪玩。早期，英美的民眾也認為，休閒是浪費時間和金錢的事。瑞典人說，如果你不努力耕耘，就得不到回報。所以，要求每個人勤奮，不浪費時間和金錢，大概是農業社會人民一致的想法。

工業社會的人不僅要定時工作，不能隨便離開生產線或工作崗位，而且在工作過程中特別緊張，對身體和精神都可能產生很大的壓力。工作、睡眠、休息或休閒三八制的時間分配，其實就是把人束縛在緊張的工作情境中，不得不設法在工作時間外，去謀求紓解壓力的途徑，這就是休閒活動重要的地方。休閒與工作的關係，究竟是互補、延續、或無關，到現在還不十分清楚；休閒究竟是為了輕鬆一下身體或精神、消遣時間、做點運動、遊玩娛樂，或為了社交生活，甚至只是休息，什麼也不做，也不是太清楚。儘管如此，工業社會中的人，由於工作時間逐漸減少，自由時間逐漸增加，例如從每週工作六天，減到五天半，五天，乃至四天，可以用於休閒的時間便相對增加，由

一天到三天。工作四天，休息三天，總不能老是坐在家裏聽音樂、看電視，或參觀博物館，而必須設法去做些活動，國內旅遊或出國觀光是一種方式，從事某些特殊運動是另一種方式。近年來，我國出國觀光和到我國來觀光的遊客均以百萬計，主要就是休閒的時間比以前多了，能夠支配的經費也多了的緣故。

事實上，國民的休閒活動，多年來都以看電視、閱報、聽廣播、聊天之類為最多。這些活動，不僅過於集中在傳播媒體、靜態、個人化，是不是真能達到休閒的目的，也相當令人懷疑。原因是，我們在測量休閒生活滿意度時，各種活動類型，如知識、運動、社交、消遣對滿意度都沒有太多的影響，甚至沒有影響；有影響的是時間、年齡、教育程度之類。這說明各種職業人口休閒活動的時間，都有不足的現象。如果有足夠的時間，做什麼活動，似乎不是重要問題，看電視或聊天，都可以。這表示居民對休閒活動的意義，仍沒有擺脫傳統農業社會的概念，只要有時間休息或隨便做些什麼，都可以當做是一種休閒。這樣簡單的行為，顯然不容易使個人的休閒生活獲得滿意，在歷次的研究中發現，大抵也只是滿意與不滿意各占一半。這一半不滿意的人，是否影響過工作效率？沒有人知道。我們也沒有做進一步的了解。

不管從那個角度去看，人不能永遠在工作崗位上工作，必須在工作後獲得適當的休息；休息的多樣化，就是不同類型的休閒活動。工作的自動化程度越高，人的休閒時間便越多，則尤其需要各方面的休閒設備，以滿足休閒的要求。中國人工作的目的，在傳統的農業社會，可能以賺錢去養家活口為第一要務；所謂利用厚生，其實就是維持個人和家的生計。到了現在的工業社會或將來的後工業社會，維持個人的生存和生活，已經不是重大問題；賺更多的錢，是為了享受更好的生活，提高生活品質，出國旅遊、增加休閒機會，成為最重要的工作

前提。休閒社會很可能就是人類努力的目標——工作是為了休閒。

　　收在本書的七篇論文，大致可分為兩類：一類是一般居民的休閒生活，包括休閒生活問題、臺灣地區居民休閒活動的分析、休閒活動的頻率與類型：臺北市居民之一、休閒活動的類型與滿意度：臺北市居民之二，共四篇；另一類是青年勞工的休閒生活，包括青年工人的休閒問題、青年工人的休閒行為及其類型、不同製造業青年勞工休閒滿意度的比較，共三篇。這些論文曾經先後發表於不同的專書或刊物，〈休閒生活問題〉發表於《臺灣的社會問題》（楊國樞、葉啟政編，巨流出版社，1984）；〈休閒活動的頻率與類型〉發表於《提高臺北市舊市區生活品質之策略》（文崇一等著，1984），〈休閒活動的類型與滿意度〉發表於《臺北市新興工商地區與老舊地區生活品質的比較》（文崇一等著，1986），二書均為臺北市政建設專題研究報告；〈臺灣地區居民休閒活動的分析〉發表於《變遷中的臺灣社會》（楊國樞、瞿海源編，1988），〈青年工人的休閒問題〉發表於《社會變遷中的青少年問題研討會論文集》（文崇一等編，1978），〈青年工人的休閒行為及其類型〉發表於《中央研究院民族學研究所集刊》51期(1981)，三書均為中央研究院民族學研究所的專刊或集刊；〈不同製造業青年勞工休閒滿意度的比較〉發表於《政大社會學報》21期(1985)。這些論文均為實徵研究的結果，除改正一些錯誤外，未作任何修訂。趁此感謝當初給予出版的機會，並感謝東大圖書公司董事長劉振強先生允予集結成書出版。

文　崇　一

南港中研院

1990年 1 月

臺灣居民的休閒生活　目次

序　言

休閒生活問題

一　前言　　　　　　　　　　　1

二　休閒的意義與特質　　　　　2

三　休閒與時間分配　　　　　　4

四　工業社會中的休閒　　　　　6

五　休閒的頻率與類型　　　　　8

六　休閒所面臨的問題　　　　　11

七　結論　　　　　　　　　　　15

臺灣地區居民休閒活動的分析

一　緒論　　　　　　　　　　　17

二　休閒活動的頻率　　　　　　22

三　休閒類型與變項間關係　　　27

四　結論　　　　　　　　　　　31

休閒活動的頻率與類型

臺北市居民之一

一　休閒活動頻率　　　　　　　　　　39

二　休閒行為類型　　　　　　　　　　47

三　影響休閒活動的因素　　　　　　　51

四　結論　　　　　　　　　　　　　　54

休閒活動的類型與滿意度

臺北市居民之二

一　時間分配與休閒活動　　　　　　　63

二　休閒行為的類型　　　　　　　　　83

三　影響休閒行為與滿意度的因素　　　89

四　討論與結論　　　　　　　　　　　98

青年工人的休閒問題

一　前言　　　　　　　　　　　　　　115

二　研究方法　　　　　　　　　　　　116

三　結果與討論　　　　　　　　　　　119

　　（一）休閒行為和態度的分佈狀況　120

　　（二）休閒行為和態度的因素分析　127

　　（三）變項間的相關分析　　　　　130

四　結論　　　　　　　　　　　　　　137

青年工人的休閒行為及其類型

一　前言　　　　　　　　　　　　　　　143

二　研究方法　　　　　　　　　　　　148

三　研究發現與討論　　　　　　　　　150

　（一）實際的休閒行爲和態度　　　　151

　（二）休閒的因素類型與模式　　　　172

　（三）變項間的簡單相關和廻歸分析　180

四　結論　　　　　　　　　　　　　　204

不同製造業青年勞工休閒滿意度的比較

一　敍言　　　　　　　　　　　　　　217

二　發現與討論　　　　　　　　　　　221

　（一）七類工廠勞工休閒生活的百分比比較　221

　（二）七類工廠休閒生活的滿意度分析　237

　（三）性別間休閒生活滿意度分析　242

三　結論　　　　　　　　　　　　　　245

參考書目

表 目 次

表 1　經常從事的前 6 項休閒活動　　　　　　　23

表 2　休閒活動的因素類型　　　　　　　　　　28

表 3　休閒活動的頻率和平均數　　　　　　　　40

表 4　休閒活動最多前十項　　　　　　　　　　42

表 5　21種休閒活動的平均數　　　　　　　　　44

表 6　休閒生活的滿意度　　　　　　　　　　　45

表 7　急需開闢的休閒活動場所　　　　　　　　46

表 8　休閒行為的因素類型　　　　　　　　　　48

表 9　自變項與四種休閒類型的重要結果　　　　52

表10　休閒行為因素類型比較　　　　　　　　　62

表11　每日工作、睡眠、娛樂時間分配　　　　　65

表12　各國工作、睡眠、娛樂時間分配的比較　　66

表13　工作與娛樂時間分配的卡方檢定　　　　　67

表14　工作與娛樂時間在教育和職業上的百分比分配　68

表15　男女休閒活動頻率比較　　　　　　　　　72

表16　最高頻率休閒活動的性別間比較　　　　　75

表17　有時及從不做的性別間休閒活動比較　　　75

表18　幾種日常休閒活動的比較　　　　　　　　78

表19　幾個自變項間的相關係數　　　　　　　　80

表20　假日休閒活動最高的幾種項目　　　　　　81

表21　男女因素類型　　　　　　　　　　　　　85

表22	男女性各自變項因素類型的解釋力和影響量	91
表23	性別間休閒生活滿意度廻歸分析	94
表24	休閒時間與休閒滿意度相關係數	97
表25	工作後休閒選擇的相關係數	100
表26	男女休閒時間和休閒滿足情況	101
表27	急需開闢的休閒項目	102
表28	男工休閒行爲最多的前十項	120
表29	女工休閒行爲最多的前十項	121
表30	男女性休閒行爲比較	122
表31	男女工「從不」做的行爲比較	123
表32	男女工休閒態度最高前十項	124
表33	休閒行爲與態度的平均數和標準差	126
表34	休閒行爲因素	128
表35	休閒態度因素	128
表36	休閒行爲和態度的因素模式	129
表37	工作環境與休閒的相關	131
表38	個人狀況與休閒的相關	133
表39	社會化與休閒的相關	135
表40	休閒求知取向的相關變項	137
表41	樣本分配	149
表42	休閒最高前十項的平均數和標準差	152
表43	休閒最低十項的平均數和標準差	154
表44	29題的平均數分配	156
表45	假日及下班後的休閒活動	158
表46	三類業別休閒活動比較（下班後）	159

表47　三類業別休閒活動比較（假日）　　　　　　159

表48　工作環境與休閒生活的單調感程度　　　　　161

表49　個人特質與休閒生活的單調感程度　　　　　163

表50　工作目的與休閒生活的單調感程度　　　　　166

表51　個人特質與休閒的選擇　　　　　　　　　　168

表52　工作目的與休閒的選擇　　　　　　　　　　171

表53　行為因素（轉軸後）　　　　　　　　　　　174

表54　態度因素（轉軸後）　　　　　　　　　　　175

表55　行為和態度因素的相關係數矩陣　　　　　　176

表56　自變項與中介變項的相關　　　　　　　　　182

表57　自變項、中介變項與依變項間的相關　　　　184

表58　知識性休閒的迴歸分析　　　　　　　　　　188

表59　社交性休閒的迴歸分析　　　　　　　　　　190

表60　運動性休閒的迴歸分析　　　　　　　　　　192

表61　玩樂性休閒的迴歸分析　　　　　　　　　　194

表62　消遣性休閒的迴歸分析　　　　　　　　　　196

表63　相關及迴歸重要自變項　　　　　　　　　　197

表64　樣本分配　　　　　　　　　　　　　　　　220

表65　工作的單調感　　　　　　　　　　　　　　222

表66　休閒的單調感　　　　　　　　　　　　　　223

表67　四個變項間的相關　　　　　　　　　　　　224

表68　對廠內娛樂設施的滿意度　　　　　　　　　225

表69　休閒時間夠不夠　　　　　　　　　　　　　226

表70　對收入和休閒的不同選擇　　　　　　　　　228

表71　工作費力的程度　　　　　　　　　　　　　229

表72　費體力程度與休閒活動的關係 230

表73　目前休閒生活的滿意度 232

表74　七類工廠勞工下班後最常做的休閒活動 233

表75　七類工廠勞工假日最常做的休閒活動 234

表76　七類工廠青少年勞工休閒生活滿意度廻歸分析 238

表77　影響休閒生活的重要變項比較 241

表78　男女勞工休閒生活滿意度廻歸分析 243

附表　一　休閒活動頻率：從不與經常 33

附表　二　性別間休閒活動的平均數 34

附表　三　最高頻率6種休閒活動的分配 35

附表　四　休閒因素類型的廻歸分析 36

附表　五　知識取向因素廻歸分析 57

附表　六　健身取向因素廻歸分析 57

附表　七　消遣取向因素廻歸分析 58

附表　八　性別取向因素廻歸分析 58

附表　九　不同性別每日工作時間分配 106

附表　十　不同年齡每日工作時間分配 106

附表十一　不同地區每日工作時間分配 107

附表十二　不同社會階層每日工作時間分配 107

附表十三　不同性別每日社交娛樂時間分配 108

附表十四　不同年齡每日社交娛樂時間分配 108

附表十五　不同地區每日社交娛樂時間分配 109

附表十六　不同社會階層每日社交娛樂時間分配 109

附表十七　假日休閒活動 110

附表十八　男性四因素的廻歸分析 111

附表十九　女性四因素的廻歸分析　　　　　　　　　112

附表二十　教育別休閒生活滿意度　　　　　　　　　113

附表二一　職業別休閒生活滿意度　　　　　　　　　113

附表二二　社會階層別休閒生活滿意度　　　　　　　113

附表二三　社會階層與休閒時間　　　　　　　　　　114

附表二四　休閒行爲因素　　　　　　　　　　　　　139

附表二五　休閒態度因素　　　　　　　　　　　　　141

附表二六　休閒行爲項目的平均數與標準差　　　　　207

附表二七　休閒態度項目的平均數與標準差　　　　　208

附表二八　休閒行爲因素（轉軸後）　　　　　　　　209

附表二九　休閒態度因素（轉軸後）　　　　　　　　210

附表三十　休閒行爲因素內各項目相關矩陣　　　　　211

附表三一　休閒態度因素內各項目相關矩陣　　　　　213

附表三二　行爲因素與諸項目的相關係數　　　　　　215

附表三三　態度因素與諸項目的相關係數　　　　　　216

附表三四　你對你的工作是否感到單調（G05）?　　247

附表三五　你對你的休閒生活是否覺得單調（G07）?　247

附表三六　本廠的娛樂設施，你是否滿意（G04）?　248

附表三七　工作以外的休閒時間，你覺得夠不夠（G06）?　248

附表三八　假如只有下面兩種情況，你選擇那一種（G08）?

　　　　　延長工作時間以增加收入，或縮短工作時間以增

　　　　　加休閒活動。　　　　　　　　　　　　　249

附表三九　對目前的休閒生活，你滿不滿意（G09）?　249

附表四十　各類相關係數矩陣　　　　　　　　　　　250

附表四一　休閒生活滿意度與其他各變項之淨相關　　　　250

附表四二　業別間休閒不滿意等級分數比較　　　　　　　251

圖 目 次

圖 1	休閒生活滿意度廻歸模式	90
圖 2	男性休閒生活滿意度	96
圖 3	女性休閒生活滿意度	96
圖 4	變項間關係	117
圖 5	研究變項架構	148
圖 6	休閒行爲和態度的頻率差異	155
圖 7	29題分配狀況	156
圖 8	依變項與中介變項間較高相關	198
圖 9	中介變項與自變項間較高相關項目	199
圖10	依變項與自變項間較高相關	201
圖11	自變項對依變項的影響量（beta值）	202
圖12	自變項對依變項的解釋力（R^2變量）	203
圖13	研究變項架構	219

休閒生活問題

一　前言

這些年來，電影製片家、影院老闆一直在埋怨國人不愛看本國影片，似乎罪大惡極。其實，深一層想，就會心平氣和了，即使是外國影片，如果不是好片子，誰又愛看？原因很簡單，現代人的休閒生活不只是電影了。二十多年，甚至十多年前，如果你閒在家裏沒有事，第一個想到的是什麼？約兩個朋友看電影去。電影是當時唯一可以打發時間的活動，幾乎什麼樣的爛片子都有觀眾。這樣的生意做久了，花小錢賺大錢，忽然觀眾拒絕看爛電影，老闆們不僅顯得手忙腳亂，而且張皇失措，以為觀眾在鬧小脾氣。

從前不看電影的人就去打麻將，現在打麻將的雖然還不少，但不看電影的可能更多，他們可以去做許多別的消遣，例如：看電視、打網球、看比賽、參觀書畫展覽、海濱渡假、玩機車、駕汽車等等。可以利用的休閒活動多了，看電影的人自然會相對減少，將來的電影事業可能和戲劇一樣，只有極好的作品才能吸引較多的人去欣賞，而不是為了打發時間，這是必然的趨勢。

可是，電影的確曾經發揮過休閒的功能，目前除了電視具有部分替代作用外，其餘各種活動所能容納的人都非常有限。那麼，工餘之

暇，我們該去做什麼呢？這是社會決策人不能不考慮的問題。根據已開發國家的經驗，工業化程度越高，工作時間會越少，而休閒時間會越多。這就是說，我們所面臨的問題，不僅要替人民製造就業機會，還要安排休閒活動。社會上如果沒有適當而足夠的場所，讓人民去從事休閒活動，把多餘的時間充分運用，這些人，特別是青少年，將留在家裏做什麼呢？何況每個家不見得有那麼大，有那麼溫暖？這就是為什麼要檢討國家休閒策略的原因。工業化帶來經濟成長，帶來較多的收入，帶來更好的生活享受；可是也帶來許多新問題，如何打發工作以外的時間，就是其中重要的一種。本文試從幾個角度來探討休閒活動的問題。

二　休閒的意義與特質

休閒可以說是工業社會的產物，定時工作、定時休息、定時休閒的問題自然產生。從我國農業社會的意義來說，不工作就是休閒，或者說休息就是休閒；各種節日的遊玩，如元宵花燈、端午龍舟、秋冬天的野臺戲，也可以視為定期和不定期的娛樂性休閒。大致的說，工作和休閒在農業社會中並不很清楚的劃分，因為工作的時間性不是那麼緊迫，工作的地點還具有相當的孤立性，隨時可以休息，或停下來做些別的事。這對於調節個人情緒都可能有些作用。

工業社會在工作上產生了兩個新問題：一是計時付工資，不論是日薪、週薪，還是月薪；二是特定的假日，如星期日、例假、教師和學生的寒暑假。同時，工作的時候不准休息，假日也不能去工作，這就把工作和休息或休閒劃分為兩個不同的領域，工業社會的人不得不設法去打發假日的時間和工餘的閒暇了。

　　工業社會的三八制通常就是工作、餘暇、睡眠各八小時，但目前就業者的每週工作時間平均約50小時❶，每天超過 8 小時，如以每週工作 5 天半計算，則需工作 9 小時，除了 8 小時睡眠，剩餘的時間就不多了。通常我們所說的休閒時間就是指這些剩餘時間以及各種可供利用的假日。所以，我認為所謂休閒就是指「人民離開工作崗位，自由自在的去打發時間，並尋求工作外精神上或物質上的滿足」。休閒還有各式各樣的定義(Neulinger, 1981; Kaplan, 1975; Dumazedier, 1974)，此處不多作引述和討論❷。這裏所說休閒的意義，跟傳統社會相比較，差別並不太大；但休閒的性質和類別，可能就有很大的差距。

　　休閒究竟是為了什麼？從上述的定義，我們可以解釋為：(1)打發工作外的自由時間，屬消遣的性質；(2)獲得精神上的滿足感；(3)獲得物質上的滿足感。這是指從事一些休閒活動後，可以獲得某些在工作上無法得到的滿足，例如讀書、看電視、喝酒、逛街購物、運動。也就是休閒生活對提高工作效率可能有幫助，人民工作了八個小時，必然需要休息，休息不能老是睡或坐，而可以用另一形式的活動予以代替。這對於下一次的工作興趣會有刺激作用，如此循環，就可以長期維持較好的工作效率。基於這種假定，休閒活動不僅不是浪費，而且是有利的。不過，從事休閒的人不一定有這種想法，他們工作了六天，覺得累了，就會想到做些別的活動，調整一下生活情趣；或做了八小時的呆板工作，應該找些輕鬆的事去試試。這樣的活動，

---

❶　實際平均數為 49.82，男性為 50.83，女性為 47.83，男性約多於女性三小時；行、職業間也有差異，專業人員約46.68最低，買賣人員53.63為最高。

❷　三人都綜合了前人之說加以討論，也引述了不同研究者的定義與說明，可供參考。

雖然沒有考慮過是否對工作有利，實際卻是有利的。但是也有人不支持這種說法，認爲休閒只是用「休息和娛樂」去打發一部分時間而已（林素麗，民 66：28）。事實上工作與休閒的關係可能有許多層面，有的時候與工作無關；有的時候有關；更有的時候工作中還可以從事休閒活動，最明顯的莫過於一面工作一面收聽廣播，或看電視；或如店員、管理員在顧客少的時候，通常都是讀書或聊天。

休閒的特質就可能因人、因時間、因處境、因場所不同而有差異，例如，年輕人要去爬山、游泳，老年人只能下棋、散步、聊天；假日可以遠行，工餘之暇就只能打球、看電影了；一般人可以從事任何方式的休閒活動，某些特殊人物就沒有這樣自由自在。休閒也可能是舒解工作的困境，例如工作太單調，休息時喜歡輕鬆一下；坐得太久了，喜歡去做些運動；站得太久了，喜歡坐下來喝杯咖啡。這都未可一概而論，但也因此，我們要討論休閒的性質就相當不容易。我們也可以換個角度來說，從休閒的意義與一般現象，可以把休閒的特質歸爲幾類：(1) 休息，即工作疲乏了，在生理上需要恢復體力；(2) 滿足精神上的欲望，工作以外的情緒、精神欲望需要獲得滿足；(3) 滿足物質上的欲望，工作爲了賺錢，花錢可以使物質欲望獲得滿足；(4) 消遣，沒有任何目的，只需要打發時間；(5) 多元休閒活動，一種活動具有多種功能，例如與朋友看電影，把社交、娛樂、消遣在一種活動上表現出來。

三　休閒與時間分配

時間分配與休閒活動有直接的關係，許多國家都做過時間分配的調查和研究，例如美國、歐洲、蘇聯、日本，我國亦於近年有過類似

的調查 (Robinson & Converse, 1972; Szalai, 1966; Zuzanek, 1980; 經建會，民 67a, 民67b)。

　　每天的時間分配包含幾個大項目：一是睡眠，大約七至八小時；二是早餐及其相關時間，如餐前散步，餐後預備上班；三是工作及其相關時間，如工作八小時、上工時間、午餐時間、下工回家時間；四是晚餐及其相關時間，如餐前散步或種花草、餐後休息或作家務；五是休息或休閒時間，看電視、社交、讀書，或其他事務，到十點左右，便結束了一天的日程。假日的時間分配，除了沒有工作時間外，其他各項雖可能也有些小幅度調整，大致是集中於休息或休閒活動。有些人還有幾個月的長期假日，休閒活動就更需另做安排，不能一概而論。

　　民國六十七年經建會作臺灣地區國民生活結構調查時，把生活時間結構分爲三類：約束時間（包括工作、家事或就學所需時間），必需時間（包括睡眠、飲食及處理身邊事務所需時間）及自由時間（個人可支配的時間）（經建會，民 67b: 1）。有的人把它分爲工作時間及非工作時間兩類（經建會，民67b: 32-3）。也有人把它分得更細，如勞動時間、家事時間、生活必要時間、自由時間 (Robinson & Converse, 1972; 經建會，民67a: 10)。還有人把它分爲工作時間、與工作有關時間、家事時間、個人必要時間、自由時間 (Zuzanek, 1980: 68-72, 224)。

　　我們目前的時間分配一般稱爲三八制，卽工作八小時，睡眠八小時，休息八小時。事實上不可能分得那麼清楚，也許多一點或少一點，如果依照這種習慣方式，把一日的時間結構分爲：工作時間（包括就業、就學、家事之類），生活時間（包括睡眠、飲食之類），及自由時間（包括休息、休閒活動之類），應該是比較合適的。我們在本

文要討論的就是第三類自由時間中的休閒活動。至於假日,不論長假或短假,全是自由時間,更可以從事各種休閒活動了。據經建會(民67b: 193-4)的調查,我國就業人口每天用去的約束(工作)時間約9小時,必需(睡眠等生活)時間約9小時,自由時間就只剩下6小時了。這種情況,生活時間比工業國家略低(日本10.1小時,美國9.9,蘇俄9.2),工作時間比較略高(日本6.8小時,美國5.6,蘇俄5.9)(經建會,民67a: 13, 11),顯然,這些國家的自由時間比我國也高出約一小時。

下班後的六小時,多數人去做些什麼呢?最多的看電視(37.4%,經建會,民67b: 106),假日則以郊遊為多(13.1%,同上,民67b: 118)。這跟我們調查工廠的結果相當接近,下班後最多的是看電視、讀報(10.2%, 9.7%),假日為做家事、郊遊(8.4%,7.9%)。顯然受到時間的影響很大,同時還可以看出,分散的情形也相當大。

現在工業國家的人民,多半重視長假,利用幾天或幾個月的時間,從事國外旅行。甚至工作許多年,就為了積蓄一筆旅遊經費。這在我國尚未蔚成風氣,雖然因開放觀光簽證,出國旅遊的已不在少數。

四　工業社會中的休閒

上節所說時間分配中的三階段分配,就是因定時工作,定時休息而產生,自由時間就是可以由自己支配的時間,在農業社會沒有這種問題,因為時間不受工資的影響;即使是受僱於人的農業勞動力,也不會嚴格控制工作時間。

　　中國農業社會的自由時間與工作時間，並不像工業社會那樣界線分明❸，甚至可以說，工作中可以休息，休息時也可能進行一些工作。唯一可以分辨的是，中國農村社會有許多節日，如過年、元宵、端午、中秋之類，不僅完全休息，而且利用機會進行社交、聯誼活動；秋天以後的工作量減少，多天的近於停止工作，對於農民的休閒活動很有幫助。人民也多半在這個時候從事各種各樣的娛樂，迎神、賽會是最常見的活動。這是一般農民的休閒情況，自然，有些低收入的人，一天到晚，一年到頭都在工作，幾乎沒有休閒的機會；又有些富裕的人，可以說是 Veblen 所說的有閒階級，幾乎不需要工作，一年到頭都有機會從事休閒活動。這是農業社會的普遍休閒特色，工作時間和自由時間的分配，差異相當大，並且很不平均。

　　那時的休閒項目實在非常貧乏，一般是探訪親友，偶爾看看酬神戲、練拳術、唱地方歌曲，或聚在一起聊天、賭博、喝酒。由於時間的分配不十分嚴格，較長期的工作，或較集中的休閒，都沒有太大的影響。現在你到臺灣的農村去，還會發現那種比較優閒的生活，走路不會急急忙忙，工作不像是拼老命，隨時可以停下來聊一陣天。最重要的是工作時間和自由時間幾乎可以隨時調整，除了特別農忙的那幾天；不像工業社會的人民，受到機器、工資、利潤的支配。

　　工業社會中人民休閒活動的變異性也較多。第一是休閒活動的空間加大，不僅是本社區、本國，還可以去國外旅遊觀光；第二是休閒的項目增多，不僅是社交、吃喝，還有各種各樣的娛樂方式，運動、電視、跳舞、唱歌，應有盡有；第三是休閒費用增加，大部分的休閒活動都需要較多的預算。這是就一般而論，事實上，不同職業、性

---

❸　「日出而作，日入而息」是我國農業社會工作與休息的標準時間；事實上所有的農業社會多半均如此，時間的分劃不可能很清楚。

別、教育程度、地區的人，也多有不同的休閒活動：男女不同，城鄉不同，工人不同於教員，中學生不同於大學生，官員也不同於經理人員。工業社會人民對休閒活動在觀念、目的、行為、頻率、類型上的複雜性，也遠甚於農業社會。在某些意義上，休閒不只是恢復疲勞，增加工作效率，獲得精神和物質的滿足，也表現一種社會地位。

五　休閒的頻率與類型

　　早期對於休閒的研究，主要在兩方面：一是休閒與工作的關係，即休閒可以增加工作效率，還是兩者沒有一定的關聯性；二是做些什麼休閒活動，即人民多半喜歡那一類的休閒。後來就進一步研究頻率的高低，性別的差異，休閒類型，影響關係等❹。

　　休閒有四種主要的分佈狀況：一種是就業者下班後的活動，可能受到時間的限制，只能從事某些項目，如看電視、聽廣播、讀書報之類；一種是就業者假日活動，可以運用的時間較長，如爬山、旅行之類，甚至旅行國外；一種是無職業者的活動，沒有什麼約束，但需有經濟基礎，如未就業及退休人員；一種是學生和教師的活動，雖然可以利用課餘的時間，但因有作業，平常的休閒活動比較少，寒暑假卻可以運用較長的時間去度假。自然，還可能有許多不同種類人員的休閒活動，例如殘障者、軍人、警察等等。因身分的不同，可能運用休閒資源的差別也就很大。

　　經建會的調查資料（民 67b: 105, 123）顯示，各種不同職業人員在下班後的休閒活動雖有差異，但均比較集中於兩項活動，看電視

---

　　❹　可參閱林素麗（民 66）及 Dumazedier (1974) 的文章，其中還討論到工、農人間、學生間以及其他許多方面的差異。

或聽廣播佔 37.4%，讀書報雜誌佔 11.3%，其餘各項目所佔比例甚
小；假日的情形則更分散，而以郊遊旅行 (13.1%)，看電視或聽廣
播 (9.5%) 為較高，日本的情形與我國也相當接近 (經建會，民 67a：
75，65-66)，唯休閒項目中沒有郊遊旅行一項，難以比較。無論平日
或星期日，無論夫或妻，各業均以看電視所佔時間最多，平日夫為
78.28%，妻為 87.97%，星期日夫為 88.86%，妻為 86.93%，可見
各業間的休閒活動，甚至國際間的休閒活動，差異雖然存在，一致的
趨勢也存在，尤其是表現在看電視這一方面。我在研究青年工人的休
閒活動時，也有些相似的發現，下班後以看電視居第一位 (10.2%)，
看報居第二位 (9.7%)，做家事第三位 (7.2%)；假日則依次為做家
事 (8.4%)，郊遊旅行 (7.9%)，看電視 (7.6%)。這種趨勢實際也
可能是一些限制，當時間有限，設備又不足時，任何人或從事任何職
業的人，都只能因陋就簡，做一點打發時間的工作。這就是為什麼到
處都以看電視、讀書報為多的原因。

　　在青年工人的休閒活動研究中也發現，最多的十項中有 6 項（或
7 項）屬於接觸大眾傳播工具，依次為看報、看電視、讀雜誌、看電
視新聞、看電影、看小說，其餘 4 項依次為幫助家務、聊天、唱歌、
寫信❺，除了做家事外，幾乎都是屬於靜態的，而且隨時可以中止。
這顯然受到時間和場地的限制。這種變異性過小的休閒方式，對於職
業生活影響到什麼程度，實在很難估計。不過，有些項目的平均數非
常高，如看報 3.47，幫家務 3.30，看電視 3.12；有些又非常低❻，
如打牌 1.50，喝酒 1.51，上歌廳 1.67；顯示需要某些活動的程度

---

❺　兩次調查結果有某種程度的差異，原因是第一次用了 59 項目，第二次
　　僅選用 29 項目，此外，行為與態度間也有些不同。
❻　一些社會規範不太贊同的項目，兩次調查的結果均不太理想。我們認為
　　最大的原因可能就是隱藏，這是我國用問卷調查方法的阻礙。

則相當明顯（最高平均數為4）。當我們要為社會人羣設計休閒活動時，這種平均數的多寡，似乎可以做為取捨的優先順序，至少可以做為參考的條件。

當我們討論休閒活動時，總會碰到一個麻煩，即可以做為休閒的對象太多，一一排列它的頻率，不僅難以窮盡，而且沒有必要。把它類型化的可行性，就成為值得嘗試的目標。有的分為 11 類，如參加團體、旅行、釣魚打獵、訪友等 (Havighurst, 1959)；有的分為 6 類，如社交、社團、遊玩、藝術等 (Kaplan, 1960)；也有人分為 5 類，如運動休閒、藝術休閒、實用休閒、知識休閒、社交休閒 (Dumazedier, 1974: 99-103)。這種分類或類型化方式，已差不多實用於所有的社會人羣，無論職業、性別或地區的不同。我們在研究工人的休閒活動時，曾做過兩次類型化分析，第一次所得休閒行為五因素（用因素分析所得結果），即五種休閒類型，為技術取向、實用取向、清靜取向、求知取向、休息取向，用了 59 個休閒項目，樣本為 1,106人。第二次的項目經過修正，只剩 29 項較常見的休閒活動，且可能為青年工人較易和較常接觸者，經過因素分析，也獲得 5 個因素，即五種類型，為知識性休閒，如讀雜誌、看報、參觀書畫展、讀小說；社交性休閒，如和朋友逛街、看電影、聊天；運動性休閒，如球類運動、健身運動、郊遊或旅行、爬山或露營；玩樂性休閒，如和朋友喝酒、打牌、上歌廳；消遣性休閒，如看電視新聞、看電視、聽廣播。受測的約 4,100 人，遍及七類製造業，約60多家工廠❼。這五種類型跟上述法國所提出的五種類型相當接近，也許可說明人類休閒活動的某種一致性；或者說，當社會環境、生活條件相似時，休閒

---

❼ 兩次能解釋的百分比均不十分高，約達 40% 左右，行為和態度也有差別。

活動也就不可能相差太遠。就如農業社會的有閒階級和農民階級，他們的休閒生活雖不相同，但每個農業社會的相似性仍相當高。如果是這樣的話，我們就可以說，人民的休閒活動大概偏向於知識性、運動性、社交性、實用性、遊樂性諸方面。可能有的人羣以知識性爲第一優先，有的人羣以運動性爲第一優先，又有的人羣以社交性爲第一優先，這種優先順序也許與生活習慣或社會文化條件有關。

六　休閒所面臨的問題

從上述休閒頻率與休閒類型，我們了解，休閒的方式實在太多，休閒的意義也太複雜，計算起來相當困難。例如我們通常把種花、做家事、釣魚、游泳當做休閒，把演戲、玩球、習書畫也當做休閒，可是，花匠種花，主婦做家事，漁人釣魚，救生員游泳卻是工作而非休閒；演電視劇、比賽籃球、開畫展，也不是休閒。同樣的事，由不同的人去做，就可能有不同的意義，這是一。其次，同樣的事，不同的時間去做，也可能有不同的意義，例如，工餘之暇看報紙是休閒，用報紙資料做研究論文卻是工作；普通人看電視、聽廣播是娛樂，監看、監聽卻是辛勞的工作。第三，休閒與工作重疊的情況也相當多，並不是所有的休閒活動都與工作截然分開，例如，一面開計程車，一面聽音樂，工作的時間就可以拖長；一面看管大樓安全，一面看電視表演，就不會覺得太無聊。這些行爲，都使我們在計算工作和休閒時，產生不少困擾。

每個人的休閒活動也不是一成不變，有些人喜歡參觀書畫展覽，卻不可能一有空就到故宮去看古董，看多了也會膩；喜歡運動的人也

不會天天去打球，或爬山、露營；經常看電視的人也會想到去看場電影，或到郊外去散散步；探訪朋友或下棋，有時必須互換使用，否則就可能發揮不了休閒的作用。這就牽涉到兩個基本問題：一是如何設計休閒項目使具有多樣性，以應付人民的需要？二是如何安排個人的休閒方式，使不致於感到單調，而發揮調整生活的功能？

　　要達到這兩個目標，首要的工作就是開發休閒資源，其次是改變休閒觀念。目前的休閒生活，無論那種職業的人，多半以看電視所佔的時間為最多，甚至每個國家都有這種趨勢，以美國為例，從一九六〇到一九七四的十多年間，在八種所愛好的休閒活動中，一直以看電視的比例為最高（生活素質研究中心，民 71: 213-4, 221），日本、西德、法國、比利時的情形也相似（經建會，民67a: 19; Zuzanek, 1980: 293, 385），我國青年工人看電視的比率雖居第三位，但與第一、二位的平均數相差並不太多（第一位看報 3.47，第二位幫助家務 3.30，第三位看電視 3.12。）。我們也許可以說，既然大家都喜歡看電視，就讓休閒生活向這條路上發展，也沒有什麼不好，例如提高節目水準，使節目的變異性加大，個人的選擇性增加。但是，目前全世界的電視臺都面臨節目的品質問題，節目由廣告商控制，電視臺跟著商人走，觀眾只好跟著電視臺走，幾乎無法改善。我們恐怕必須設法改善休閒觀念和休閒方式，否則，大家只有在閒下來的時候，看電視、讀報紙，或探訪親友而已；要不然就是打麻將、賭博、喝酒、上酒館之類；如果再打架、鬧事，就更不是休閒之道了。

　　休閒的作用在於調節個人或羣體的生活方式，例如，工作太勞累了，希望休息；工作太單調了，希望下班後能有點羣聚的娛樂；看電視太久了，希望到郊外旅遊；逛街太多了，希望去游泳；在城裏玩得

太長時間了，希望到森林中去野餐；諸如此類，都是爲了調劑生活，也卽是滿足某些欲望。 我們的觀念常常在變， 休閒方式就必須跟著變，變得可以適合需要，發生休閒的功能。國人的休閒活動雖有不少人在假日爬山、運動，多數人還是在家裏看電視、閱讀書報。以青年工人爲例，最高十項休閒行爲中，有七項（看報、看電視、讀雜誌、看電視新聞、看電影、寫信、看小說）是屬於靜態的，而且幾乎全是接觸傳播媒介，只有三項（幫助家務、聊天、唱歌）是動態的。嚴格的說，只有一項（幫助家務）是眞正的行動，後二者仍然可以坐以論道。這十項中還有一個特點，就是偏於個人活動，只有聊天一項需要第二者參加，其餘均可以單獨行動，而且全在室內進行。其次，在休閒行爲較低的十項中，有六項（游泳、玩樂器、爬山露營、種花、球類運動、健身運動）與運動有關，其餘四項（打小牌、和朋友喝酒、上歌廳聽歌、下棋）屬於玩樂方面。這十項的特徵是，羣體活動，戶外活動以及各種運動。這雖然是對於青年工人休閒行爲觀察的結果，但與國人的休閒習慣似乎也相當一致。如果我們從這個結果作一點推論，便可以這樣說：國人的休閒方式偏向於接觸傳播媒介，如電視、書報，且以個人的、室內的、靜態的爲主；而缺乏運動，過少的從事羣體的及戶外的休閒活動。

　　假如這是兩類可能對立的休閒觀念，一類是傳播媒介的、個人單獨的、室內的、靜態的方式；一類是運動的、羣體的、戶外的、動態的方式。我們在休閒活動上便需要降低前一類的活動，而提高後一類的活動，這在觀念上需要改變，設法減少對電視方面的依賴，多做點戶外活動。這就牽涉到開發休閒資源的問題。

　　戶外活動不是散步，或到草叢裏去烤肉就可以解決問題，而必須有很多戶外活動場所。目前，夏天的幾個海水浴場，每逢假日都擠得

滿滿的，顯然不敷使用；公園也一樣，人滿爲患；球場、田徑場多半是學校的；高爾夫球爲貴族式的，一般人無法也沒有能力運用。開闢休閒場所，特別是戶外場所，就成爲當務之急❽。一九七七年美國最受歡迎的戶外娛樂活動有開車兜風、健行或散步、野餐、游泳或日光浴、參加運動等十類；而發展最快的戶外活動有平地滑雪、坡地滑雪、網球、帆船、雪車、划水、划船等十大類（明德，民71：222）。上述若干項目，如滑雪，臺灣也許不易發展，但參酌辦理，多數項目還是可以提倡的。

第一，臺灣四周環海❾，滑水和划船運動可以擴展，游泳場也可以多多開闢，把不必要的海防軍事禁區開放，這樣可以容納成千上萬的青年人到海邊和海上去，比關在教室裏或家裏好得多，比禁止某些活動也好得多；卽使是成年人，照樣有興趣從事這類活動。利用海而作的水上活動還有很多，如海底公園、海豚表演、潛水、釣魚、獨木舟等等，如果善加運用，眞可以出奇制勝。政府沒有經費，可以交私人經營，只要設法控制合理的利潤。

第二，臺灣的土地大部分爲山坡地和森林，大量的開闢此種遊樂區或野餐、露營區，將不僅可以使休閒活動的領域擴大，也可以利用有限資源，發揮最大的效用。特別是大都會的郊區，如臺北附近的內湖、南港、木柵地區，應儘快開發，使都市居民有利用空間的機會。有些人喜歡比賽機車，有些人喜歡比賽汽車，又有些人喜歡比賽越野車，爲什麼不開放這類地方，讓他們去冒險、發洩？

---

❽　提倡應該是有些效果，如果在經費及場地問題獲得解決，例如鼓勵私人投資，或多少年免稅，都是可行的辦法。

❾　不僅是休閒，海底經濟資源也應及早開發，我們不應一邊怨埋資源缺乏，一邊卻任海中資源廢棄。

　　第三，天空也是可以利用的資源，如滑翔機、民用飛機、熱汽球，都可以鼓勵青年人，甚至成人去從事，以增加他們對事業的冒險心理，培養積極成功的鬥志。我們不必過於擔心安全問題，應該放手去做，這種競爭的觀念是爭取勝利的最大決心。如果每件事一開始就處下風，則成功的機會將十分渺茫。

　　第四，政府及社會公益團體多開闢大眾交換學習的場地，如各地文化中心⑩、博物館、美術館應設若干專室，供互相觀摩、學習之用，無論繪畫、戲劇、樂器、音樂，或其他藝術，不只是供人參觀而已。各種球場、健身房也必須設法普遍設置，以鼓勵大家去練習，並有機會及場地練習。在尚未成風氣時，政府可以用補貼辦法讓私人辦理，等到蔚成風氣，就不必管了。

　　這裏只是舉出幾種比較普通的休閒活動，可以開發的還很多，只要主管機關有心去籌劃，應該可以解決許多休閒問題。

七　結論

　　我們已經從休閒的意義、特質、時間分配、頻率、類型，到開發休閒資源，作了許多的分析和討論。我們發現，由於工業社會人民的工作比較緊湊而緊張，休息和休閒就成為生活中的必需部分，不像農業社會那樣優閒，一般人聚攏來聊聊天，或季節性的社交活動，讀書人弄點琴、棋、書、畫之類，就可以打發日子。

　　目前的休閒活動，以電視、書報的頻率最高，也即是大眾接觸傳播媒介的機會較多，在室內的、個人的、靜態的活動較普遍，而缺少

---

⑩　文化中心如不能妥善管理，開放為居民利用，將和社區中心一樣，無法
　　發揮應有的功能。

運動的、戶外的、羣體的休閒活動，所以必須設法調整。

開發休閒資源才能解決休閒問題，開發的方向至少有四個：一為海洋活動，二為森林活動，三為天空活動，四為藝術、體育活動。開發的經費在開始時可能有問題，政府必須用補貼政策去鼓勵，一旦蔚為風氣，民間自可獨立經營，不必政府擔心了。到了那個時候，休閒問題未必能完全解決，但至少不致於讓大家悶在家裏。休閒活動與犯罪行為間究竟有多大關係，還沒有人知道，不過，如果大多數人都有機會獲得滿意的工作，滿意的休閒生活，相信只有較少的機會去犯罪了。也許我們可以這樣推論，合適的休閒生活，不僅對工作有利，對工作以外的行為也有正面的影響。所以，我們認為，解決休閒生活問題，將對整個社會有益處。這是工業社會的特徵之一，我們必須面對這個問題。

臺灣地區居民休閒活動的分析

一 緒論

　　臺灣居民開始注意休閒活動，學術界開始研究休閒行爲，顯然都是近些年來的事。這與臺灣的工業化過程，所造成的特殊分工，和工作的八小時制，有很大關係。在分析休閒活動時，通常把每天的時間分爲三大部分，卽工作時間、生活時間和自由時間❶。工作時間指工作時所需時間，如上班、上學之類，一般爲八小時，或多一點少一點；生活時間指應付日常生活所需時間，如睡眠、飲食、交通之類，大約爲十小時；自由時間指工作外可以自由支配的時間，如工作後的休息、休閒活動之類，大約只有四至六小時。民國75年臺灣地區各種行業受雇員工（不包括農業）每日平均工作時間爲 8.2 小時（行政院主計處，民76：256-7）；生活必需時間約10小時；可以自由支配的時

---

❶ 如經建會（民 67b: 1）分爲約束時間、必需時間、自由時間三類；有的分爲二類（經建會，民 67b：32-3）；有的分爲四類（Robinson & Converse, 1972；經建會，民 67a：10）；有的分爲五類（Zuzanek, 1980：68-72）。大致由研究者的需要而設定。

間約爲 6 小時，其中用於娛樂或社交者，大約僅有 3 小時❷。這就是工業社會對時間支配的方式，除工作時間較長外，其餘二種時間的分配，跟西方工業國家相當接近❸。可見，在工作日，可以用於休閒的時間並不多。假日不必工作，自由和休閒時間自然相對增加。明顯的，這是爲了適應工業社會的生活方式，居民不得不把每日的時間，切成幾段來處理。

在我國傳統農業社會，居民並不這樣處理時間，那時候，工作不像現在這樣緊湊，對於使用時間的觀念也比較模糊。工作時可以停下來休息，趕工時可以不休息，伸縮性特別大；到了秋冬之際，或過年節，還可以長時間休息或娛樂。這樣就不必每日安排休息或休閒時間，更沒有必要規定固定的假日。這種狀況，在目前臺灣的農村中還可以看到，也似乎影響到一般居民的休閒方式，偏向於室內和靜態的休閒，如以看電視、閱報爲最高頻率。

研究休閒，大槪有幾個問題需要澄清：一是時間的分配，即用於工作、睡眠、休閒與娛樂的時間如何分配，特別是除工作和生活必需時間外，有多少時間可以用於休閒活動；二是休閒和工作的關係，即休閒對工作，或工作對休閒究竟有些什麼相互影響關係，休閒是否一定可以增加工作效率，或休閒過多會降低工作效率；三是休閒行爲頻率的高低，即居民喜好什麼休閒活動，用次數分配來了解高低次序；四是休閒活動的類型，即把休閒活動當作一個整體，以觀察不同類型的結構次序，避免單項行爲列舉上的偏差；五是了解影響休閒行爲的

---

❷　不同地區的調查結果，多有出入，工作時間有的達到 9 小時，自由時間有的達到 4 小時多；並參閱行政院主計處與明德基金會（民74:42）、經建會（民67a; 67b）、臺北市政府（民73:24）的報告。

❸　日本工作時間約 7 小時，美國、西德、蘇聯、捷克均約爲 6 小時。

因素，卽什麼原因使休閒行為產生高低的差異，如教育程度、休閒時間等；六是休閒的滿意度，卽在目前的狀況下，休閒生活滿意到什麼程度。自然，也還可以作其他方面的比較研究，這就要看研究者的興趣了。主要的是要考慮到量和質兩方面。

由於資料的限制，本研究將著重四部分的分析，一是休閒活動頻率的高低，卽以實際休閒行為的多寡為討論的依據，包括休閒行為差異的分析，如不同教育程度、職業等間的差異；二是休閒活動的類型，卽休閒行為可以區別為那些類型，以及類型所代表的意義；三是影響休閒活動的變數，卽那些因素可能影響休閒行為，如年齡、性別等。這就是說，我們希望在研究中能夠發現：那些休閒項目為居民所經常從事或根本不去做，為什麼有高低差異，行為的基本類型，以及影響類型的解釋能力。

休閒究竟有什麼意義呢？最直接的解釋，當然是把它當作休息，工作累了或時間太長了，就需要休息，藉以恢復體力。這種說法，很符合傳統中國人的觀念。中國人強調勤勞，就怕人偷懶，不肯工作，通常把娛樂，甚至過多的休息，也視為偷懶，所謂「業精於勤，而荒於嬉」就是這個道理。工業社會的「休閒」不完全是休息，還指涉許多非工作性的活動，如在自由時間內去看朋友、郊遊之類，是指離開工作崗位後的一些行為。許多研究休閒的學者，都會對休閒提出一些概念上的說明，如 Dumazedier 的社會行為說 (1974: 68-72)，Kaplan 的生活樂趣動態說 (1975: 18-26)，Parker 的時間與活動說 (1979: 18)，Neulinger 的動機和目的說 (1981: 29)，以及一些別的說法。這些休閒概念或定義，大致可歸納為兩類的說法：一類為從時間分配，活動性質，或兩者兼顧的意義去考慮(Parker, 1979: 17-8)；

另一類是從經濟學、社會學或心理學的觀點去考慮(Neulinger, 1981: 17-8)。我個人認為，「休閒是指人民離開工作崗位，自由自在的去打發時間，並尋求工作外精神上或物質上的滿足」。我在以前的幾篇論文中，差不多都是用這個概念去解釋休閒活動（見以下各章）。依照這個定義，休閒活動就必須滿足幾個條件：一是離開工作；二是有自由時間；三是滿足精神的或／和物質的慾望。是不是真的感到滿足，那要看結果，有時候滿懷信心去參加一次音樂會，卻敗興而歸。但就休閒而言，目的依然達到了。

依照前面的陳述，個人每日的生活，除掉工作和生活必需時間，所餘的自由時間實在不多，因而休閒活動的選擇性就非常低。國內多次的研究和調查，休閒行為頻率較高的都集中在看電視、閱讀書報、聊天、聽廣播、散步等幾項(行政院主計處,民71：66；行政院主計處與明德生活素質中心，民74：46-7；臺灣省主計處，民72：4-7；臺北市政府，民73：24-5)，可能就是受到時間，甚至場地的限制，只能找最方便的休閒方式，去打發時間或消遣。這樣的休閒，不僅我國，國際上也有差不多相同的趨勢，比較集中在看電視、閱讀書報、聊天訪友之類(經建會，民67b：65-6；明德生活素質中心，民71：221；Zuzanek, 1980: 385-6)。這種情況，顯然是環境所造成的，居民沒有太多的選擇。

由於人的喜好不同，雖說休閒活動有集中在一些特定項目的趨勢，差異還是存在，一一列舉，可能不勝其煩。我們通常都把休閒活動歸類，從類別的分析，更容易了解休閒活動的性質，例如，把某些項目稱為社交性的休閒，另外一些叫做娛樂性的休閒，就可以相似的項目歸併進去，不必重複描述。早期 Havighurst 分為 11 類(1959)，

稍晚 Kaplan 分爲 6 類 (1960) ❹ ，後來 Dumazedier 把它分成 5
類，即體力的休閒，如運動、旅行等；藝術的休閒，如看電視、戲劇
等；實踐的休閒，如種花、製陶等；知識的休閒，如閱報、讀書等；
社交的休閒，如訪友、聊天等 (Dumazedier, 1974: 99-103)。在我
們過去的實徵硏究裏，也曾經做過類型的分析，由於對象的不同，休
閒行爲類型的確有某種程度的差異，不過，大致的趨勢還相當一致❺。
臺北市民的休閒類型，男女也有點差別，但差別不大，第一個也是比
較重要的一個是知識藝術型休閒（男），或知識健美型休閒（女），其
次爲社交型休閒（男，女），第三爲運動消遣型（男）或消遣型休閒
（女），第四爲健身型（男）或家務型休閒（女）。但修慧蘭、陳彰
儀（民 76: 146）等人的結果與此有很大的出入，顯然因不同的項目
或樣本，所得的因素類型還是有差異❻。

　　把休閒行爲類型當做休閒的抽象形態來看，就可以進一步了解，
究竟是那些因素最能影響休閒行爲。多次的分析顯示，教育程度、年
齡、休閒時間是最重要的因素，也卽是，教育程度的高低，年齡的大
小，休閒時間的多寡，對休閒行爲產生實質的影響。臺北市民甚至表
示，時間不夠是最大的麻煩（41%），其次才是場地不足（30%），然
後才是找不到合適的活動項目（16%）與經濟不足（6%）等。工廠

---

❹ Havighurst 等人的 11 類爲參加有組織的團體、參加無組織的團體、旅
　行、運動、參觀運動比賽、看電視與聽廣播、漁獵、花園工作、工藝、
　知識活動、訪親友。Kaplan 的 6 類爲社交性、社團性、玩遊性、藝術
　性、探索性、固定性。

❺ 第一次青年勞工分析所得休閒行爲類型，以技術取向、實用取向等爲主；
　第二次以知識性、社交性等爲主；臺北市第一次以知識取向、健身取向
　等爲主；第二次以知識藝術型、社交型等爲主。

❻ 參閱以下各章有關類型的分析。

中的青年，對福利措施的好壞也非常重視。可見，工作和居住環境的不同，仍然構成差別❼。

這次的研究，就是針對上述幾種變項關係，作較大樣本的分析。以休閒行為頻率、休閒活動差異、休閒類型、影響休閒的因素為主要研究對象。在自變項方面，大致可以從男女、城鄉、地區、年齡、教育程度、職業等幾個重要變項去觀察。

本研究是使用問卷Ⅱ的樣本，實際樣本分別為男2680，女1633；20-70歲樣本分別為男2597，女1602；以年齡、性別、教育加權後，分別為男 2261，女 2048。據初步分析結果顯示，加權與未加權的分析結果相當接近。本研究在分析實際行為頻率及百分比時，用未加權樣本，其餘均用加權樣本。

全部有關休閒項目共18題，第18題為其他，有124人填答，太分散，無法計算，故實際僅17題可以分析。這17題均屬單一休閒項目，因而本文只能就這 17 題與某些可能有關係的自變項做分析，例如休閒頻率的百分比高低，休閒行為在不同自變項上的分配，休閒行為的因素類型，自變項對因素類型的迴歸分析。另一些相關的問題，如休閒滿意度、時間滿意度、休閒與工作間的關聯性等問題，均只能從缺。

二　休閒活動的頻率

從已往的研究，我們發現，把自由時間用在看電視或閱讀書報，

---

❼　Kaplan (1975: 89-103) 提出七個與休閒有關的情境因素，即年齡、性別、收入、工作、住所、教育、時間。上列所引資料，俱見以下各章。

總是佔第一、二位，這種趨勢不僅維持了相當長的時間，而且有相當
高的普遍性，例如美國，從 1960—1977 的四次調查，每次都是以看
電視所佔比例最高，其次是閱讀（明德生活素質中心，民71: 221）；
蘇聯、法國等也差不多相同（Zuzanek, 1980; Szalai, 1966）❽。這
次的抽樣調查，把「看電影、電視、錄影帶」當作一個項目，無法直
接判斷是不是看電視仍佔第一位，三者加起來卻是第一位。「經常」
從事的最高前 6 項如表 1 。

表1　經常從事的前 6 項休閒活動（％）*

	全部(4,199)		男(2,597)		女(1,602)	
（ 3)種花、養盆景	17.0	6	17.5	5	16.3	6
（ 5)看電影、電視、錄影帶	50.5	1	48.5	1	53.9	1
（ 6)聽收音機	35.5	2	34.8	2	36.5	2
(11)聽音樂或唱片	25.7	4	25.5	4	26.2	4
(13)看小說、雜誌、非小說	17.2	5	17.0	6	23.5	5
(14)與朋友餐敍或聊天	31.3	3	33.2	3	28.3	3

* 全部頻率高低見附表一及附表二。

「經常」是指頻率較高的意思，事實上，平均數的結果也相當接
近。在上述六種頻率最高的休閒活動中，有幾種現象非常明顯：其一
為男女在頻率上的高低順序，幾乎完全一致（除了第 5 ， 6 互換位置
外），這跟以前的結果也沒有什麼兩樣。表示男女在各種休閒活動的
興趣和選擇上，沒有什麼差別，即一為電視，二為廣播，三為聊天，

---

❽ Zuzanek 書中引用 Szalai 另一書（*The Use of Time*, 1972) 的資
料甚多，可參考其所載有關各國休閒頻率之高低。

四爲音樂，五、六爲閱讀或園藝。本次調查無「閱報」項目，可能影響了閱讀一項的次序。其二爲除種花和聊天二項男高於女，其餘各項目均爲女高於男，這跟平均數的結果稍有出入。平均數顯示，除電視一項女高於男，其餘均爲男高於女，且達到差異上的顯著程度（除種花與電視兩項外，見附表二），這是受到「偶爾」活動的影響。其三爲電影電視錄影帶爲最高頻率，跟電視一項單獨計算的結果相同，並且男女無差異，只是平均數較前幾次略低，可能受到另二項平均的影響。其四爲六項中有五項均爲靜態的或單獨進行的休閒活動，表示居民的休閒，仍停留在靜態、室內、單獨的活動中，跟其他各種研究結果比較，沒有什麼改變。其五爲六項中有四項爲接收傳播媒體，如電視、廣播、音樂、小說，顯示居民對行動的意願不高，而以身邊最容易找到的工具，做爲休閒或休息之用，並不在乎用什麼方式去打發時間。可能只是爲了消遣，沒有特殊目的。其六爲做得最少的休閒活動，依次爲打麻將、玩樂器或釣魚、打橋牌和下棋、攝影、繪畫和寫字。男女的差別，只在玩樂器或釣魚二項上互異，其餘項目完全相同，但男性的比例比女性低些（見附表一、二）。這六項都是屬動態方面的活動，有的還牽涉到賭博，也許不易測量；有的更是技術訓練，也許根本沒有什麼人願意去做。這跟以前的研究結果也很相近。

這樣的結果，跟歷次的調查所得，大抵都相當一致。多數的項目，雖有程度上的差異，如男女，趨勢卻完全相同，縱使經歷相當長的時間，這種趨勢也沒有什麼改變，如經建會、臺灣省、臺北市的調查。最近的幾種熱門休閒活動，如卡拉ＯＫ、啤酒屋、廣場活動、音樂、跳舞、飆車等，當時可能正在初起階段，並沒有訪問，如果

增加進去，結果也許會有些改變，因為這些完全不同於傳統的休閒行為。

這次的問卷，沒有把假日和工作日分開，因而只能視為工作日自由時間的運用，許多需要較長時間的活動，如運動、郊遊等，自然無法進行。如果時間許可，居民也可能多做些戶外活動，不必終日待在家裏，從事所謂靜態、戶內之類的活動，這樣的休閒活動，事實上也受到場地的限制，不只是時間。

我們在前面說過，在 17 個休閒項目中，男女有 15 項有高低的差別（附表二）；在重要的項目中，僅電視沒有差異。但在高低順序的趨勢上，男女完全一致。這表示男女的差別，只在於同項目中的高低程度，而沒有本質上的不同。電視，大家都看，報紙，大家都閱讀。其他的不同特徵，如地區、城鄉、年齡、教育程度、職業，是不是也有差別，差別的分配狀況又如何？以下我們就「時常」從事的休閒活動，作一些事實上的分析。時常表示做得較為頻繁，並不是一天到晚都重複那種活動。仍以 6 種頻率最高的休閒活動項目做為了解的基礎。

經檢定（x^2，$p < .05$ 或 $.01$）結果，可以發現一些特殊的現象（參閱附表三）：(1) 在 6 個項目中，沒有普遍一致的趨勢。(2) 臺北市、高雄市、臺灣省的地區性差異，除看電視、聊天在三地區都沒有差別外，其餘四項，種花、廣播、音樂、閱讀，都以北市頻率最高，男性臺省較低，女性則高市較低，顯然跟都市化程度有關，即都市化程度較高時，休閒活動也會較多。(3) 就都市、城鎮、鄉村而言，一般以都市頻率較高，鄉村較低，城鎮居中，但在看電視與聊天兩項，卻是鄉村高於城鎮和都市（男性），這可能表示鄉村男性打發時間的方式和人際關係，有些不同。(4) 假如把年齡區分為兩組，50 歲以上

及 29 歲以下，則明顯的可以看出，種花和看電視，以 50 歲以上的人頻率較高，其餘四項，廣播、音樂、閱讀、聊天以 20-29 歲組的人頻率高於 60 歲以上或 50-59 歲的人，顯然是由於前二者比較適合老年人的興趣，後四者又更合於年輕人的需要。(5) 在教育程度方面，以高教育程度的人（13-16，或 17 年以上）做得較多，未受教育的人做得最少，這是可以理解的，並且與職業也會有關係。其次，在電視項目上，雖有程度上的差異，實際相差非常少，多半都佔50%左右。其他三項，廣播、音樂、閱讀，明顯的以高教育程度的人頻率最高，未受教育者最低，其中可能牽涉到知識問題。聊天一項，男女表現剛好相反，男性 1 — 6 年高於 13—16 年，女性 13—16 年高於 1 — 6 年，即前者為小學程度高於大學程度，後者為大學程度高於小學程度，為什麼如此，實在不易理解。(6) 各種職業在休閒活動上的一致性更低，大抵專業技術人員在音樂、閱讀方面的頻率較高，農業人員在種花、廣播、音樂、閱讀方面較低，這可能受到知識或教育程度的限制。值得注意的是電視項目，雖有高低程度上的差異，卻都在50%上下徘徊，這跟教育程度具有差不多相同的趨勢。

總括上述各項而言，都市化程度、年齡、教育程度三項，似乎有較大的關聯，職業則與教育程度有實質上的關係。休閒活動往往因這三個變項，而有不同的結果。電視比較特別，雖有程度上的少許差異，卻都維持了較高的比例，不論城鄉、年齡、教育程度，或職業（參閱附表一）。很明顯的，在這次調查中，休閒項目平均數最高的只有兩項（男女合計），一是電視3.29，二是聊天3.01（參閱附表二），其餘各項目頻率均沒有達到 3，這可能就是當前居民休閒行為的集中趨勢，所謂靜態的、戶內的、單獨的休閒活動。但工業社會是一個動態而集居的生活方式，在工業進一步發展的過程中，將來是否能維持

這種休閒活動，不無疑問。事實上，更多的賽車、運動、划船，以及其他各種各樣的戶外休閒活動，將必然會繼續興起，爲一般人所熱愛。因爲從積極的層面來說，休閒有滿足自尊，提供成長和自我發展，以及面對挑戰等作用 (Lane, 1978: 150-4)；儘管有些人，如高級的經理、官吏階層，可以不用休閒。

三　休閒類型與變項間關係

休閒類型的分析，主要是把具體的休閒行爲抽象化，使它的解釋能力擴大，在討論休閒活動時，就不必對每一種休閒行爲作說明，而可以把同類性質的歸納進去，以了解其一般趨勢。早期，Dumazedier 曾主觀把休閒活動分爲運動、藝術、實用、知識、社交五個類型 (1974: 99-103)。後來，我們所作的幾次實徵研究，也以知識性、社交性、運動性、消遣性出現的次數比較多。每次都是用因素分析作爲分類的方法，主要的變異量多半集中在第一個因素，所以它的解釋力也最大❾。本次研究的休閒項目原有17題，其中第 8 題「打麻將」，從不做的受訪者高達 83.7%，做因素分析時把它刪除，僅餘 16 題。開始時將男性、女性全體樣本分開分析，發現在因素上雖有點前後的差異，或少許題目的出入，但因素類型相當接近❿，故以全部樣本的因素分析作爲分析和討論的對象，而在迴歸分析時，用性別作爲自變項，以了解它在因素類型上的差別狀況。因素分析採用加權樣本，男性 2,261，女性 2,048，總計 4,309。所得因素類型如表 2。

---

❾　如青年勞工在休閒行爲和休閒態度之第一因素均爲「知識性」，臺北市民兩次之第一因素均爲「知識取向」；修慧蘭、陳彰儀（民76:145-6）之第一因素爲手藝性；臺北市政府（民 72）。

❿　如因素Ⅱ，Ⅲ位置互換，因素Ⅳ，Ⅴ位置互換，因素Ⅰ男女完全相同。

　　表2顯示，因素I以繪畫寫字、看小說雜誌非小說、玩樂器、唱歌唱戲、攝影五項目爲主，可以叫做知識藝術性休閒，佔總變異量

表2　休閒活動的因素類型

	因素I 知識藝術性	因素II 娛樂性	因素III 體力性	因素IV 社交性	因素V 消遣性	共同性
(1)運動爬山、露營			.54			.46
(2)郊遊、旅行			.65			.60
(3)種花盆景					.51	.37
(4)養動物					.53	.31
(5)看電影電視影帶						.10
(6)聽收音機		.66				.53
(7)打橋牌、下棋	.32					.35
(8)攝影	.52		.30	.46		.44
(9)繪畫、寫字	.63					.51
(10)聽音樂、唱片	.45	.66				.69
(11)唱歌、唱戲	.54					.42
(12)看小說、雜誌等	.59					.55
(13)與朋友餐敍聊天			.33	.33		.18
(14)看比賽			.45	.45		.39
(15)釣魚			.42	.42		.25
(16)自己玩樂器	.55					.38
固定值	5.17	1.23	1.11	1.06	.94	
變異量%	32.3	7.7	6.9	6.6	5.9	
變異量累積%	32.3	40.0	46.9	53.5	59.4	

說明：因素值取 .30 以上爲參考，命名以該因素較高值爲標準。

32%，為五個因素中最重要的一個。這跟上次臺北市的抽樣調查所得結果相似，也是知識藝術型為第一因素。因素Ⅱ包含聽收音機、聽音樂唱片兩個項目，可以叫做娛樂性休閒，解釋的變異量只有 7.7%，已經沒有什麼重要性了。因素Ⅲ包含運動、郊遊二主要項目，可以叫做體力性休閒。因素Ⅳ包含打橋牌下棋、看比賽、釣魚等項目，也與朋友聊天⓫有些關係，可以叫做社交性休閒，它的因素值均較低。因素Ⅴ包含種花、豢養動物，可以叫做消遣性休閒，即沒有什麼特殊目標，不過打發時間而已。

從因素Ⅱ至因素Ⅴ，每個因素的變異量都僅 7%上下，實在都不很重要了。五個因素的總變異量為 59.4%，也即是可以解釋休閒活動約 60%，這不算很高，但也不是很低。不過，將來再做研究時，可能應該考慮增加一些項目。這個結果顯示，知識和藝術取向的活動，在休閒行為中，的確佔有比較重要的份量。看電視一項的平均數最高，佔所有休閒活動的第一位，由於它的獨特性和普遍性，在因素類型中便無法顯示出來。上次臺北市的抽樣研究，也有相同的結果。

進一步可以從迴歸分析來了解，自變項與休閒類型間的關係。假定休閒活動會受到某些變項的影響，如城鄉、年齡、教育程度、性別⓬。經過迴歸分析的結果，我們發現，教育程度對五個因素都有影響（附表四），而以對知識藝術性休閒活動的影響最大 (.54)，對體力性休閒活動次之 (.34)，對其餘三種則較低，依次為娛樂性 (.19)，

⓫　與朋友餐敍聊天這一休閒項目，在男女分開作因素分析時，因素值分別達到 .42 及 .44，為社交性休閒的主要項目，可作參考。

⓬　本次問卷設計，無休閒時間、休閒滿意度、休閒與工作關係之類的項目，故僅能取這四個自變項與休閒類型作迴歸分析。有人認為，休閒與年齡、性別、社會階級的關係較小，而與人格關係較大 (Campbell, 1972: 210)。

社交性（.18）及消遣性（.08）。年齡對知識（-.13），娛樂（-.20），體力（.04），社交（-.12）四類休閒活動有影響，但影響量都很低，並以年輕者的影響較大（三項為負值）。城鄉也對上述四類休閒有影響，影響量多在 .03 左右，在體力休閒較高，也只有 -.10，可見城鄉對休閒行為的影響，雖有實質上的顯著性，卻微不足道。性別對社交性休閒有較大的影響（.37），對娛樂（-.04）與消遣（.08）的影響都極小。社交休閒活動，顯然以男性為主。以四個變項對五種休閒類型而言，還是以教育程度為最重要，其餘年齡、城鄉、性別三個變項，都沒有太大的重要性，除了性別對社交性休閒具有較高的區別力外。也許我們可以這樣說，教育程度的高低，對個人選擇休閒活動種類，有決定性的力量。這跟臺北市的研究結果，有相當高的一致性，無論從影響的普遍程度或影響量大小來看，都是如此，但在工廠中則以休閒時間和福利為最重要[13]。

解釋力可以從兩方面來說，單一變項仍以教育程度最大，如對知識性休閒為 .36，對體力性為 .12，即各有 36%，12% 的解釋力，其餘各變項都非常小，甚至微乎其微。教育對行為的關係，或者說，為什麼只發生某類休閒活動，仍需要從教育層面去尋求解釋，因為其他各種變數的解釋力都太低。休閒類型則以知識藝術性活動的解釋力最大，達 .37，即是這一類的休閒活動，可以解釋休閒行為的 37%，其次為社交性休閒，可以解釋 22%，其後依次為體力性（.14），娛樂性（.11），和消遣性（.02），後三種休閒，已經沒有什麼意義了。這就是說，就單一變數而論，教育程度最重要；就休閒類型而論，知識藝術性休閒最重要。其他的變數和類型，都在休閒活動上產生不了太大

---

[13] 廻歸分析中顯示，休閒時間在七類工廠中有五類佔第一位，二類佔第二位；福利措施則分別佔次要地位。見以下各章。

的作用。

　　綜合上述各點，我們可以了解，休閒活動類型共有五類，卽知識藝術性、娛樂性、體力性、社交性、消遣性，而以第一類知識藝術性休閒最爲重要，所佔變異量最高，這一個因素就可以解釋總變異量59.4% 中的 32.3%，其餘四種類型才佔其中的 27.1%，可見第一類休閒活動的重要性。單一影響因素則以教育程度爲最重要，對於每一種休閒行爲都產生或多或少的影響。卽使是對第一類型知識藝術性休閒活動，仍以教育程度的影響力最大。

四　結論

　　中國農業社會的歷史傳統，總是強調勤勞和節儉，對於坐下來休息，甚至花錢又花時間去從事一些娛樂活動，多不以爲然。大抵農業工作並不十分緊湊，工作時可以休息，休息時也可以工作，反正都在自己田莊或家中。工業社會把工作、休息、居住等活動，無論是時間或場所，都隔離得清清楚楚，不由得不分別利用，這就使我們面對了一些從沒有經驗過的問題，如何休閒？

　　一般居民，實際還沒有完全了解這個問題，仍然受到傳統工作觀念的影響，總認爲能不工作就是「享福」，只要能夠休息，抽出點時間去看電視、逛公園，到各個名勝去求神拜佛，或出國旅遊一趟，就可以了卻心願。這可能就是爲什麼，我們目前的休閒活動，仍然以看電視和閱讀爲高頻率的原因；並且集中在靜態的、單獨的、戶內的、傳播媒介的休閒行爲方面。

　　建立休閒活動的類型模式和影響模式，爲研究休閒行爲的重要目標之一。就目前的結果而論，知識型、運動型、社交型、消遣型、藝

術型、實用型,顯然都有普遍化的可能。也許可以這樣說,如果不是立意要去做什麼,通常的休閒活動,總是會在比較方便的情況下,隨意選擇一種,不論是知識取向的,還是消遣取向的。知識性休閒活動的重要性,以及教育程度影響面的比較廣泛,就由於它本身的方便和社會化過程有關聯。

都市化程度和休閒場地的多元化與普及度,是環境影響個人選擇休閒方式的重要因素,如果在政策上要去誘導休閒活動的方向,顯然必須在這些方面增加休閒資源,例如開放山林、海上、天空的休閒種類,建立大型休閒遊樂場所和公園、運動場等。個人的經驗和特質、年齡、職業等顯然也會影響休閒活動的選擇,這是不易控制的因素,但在較多而具有吸引力的休閒設施下,仍可供不同類型的人,從事既有的休閒設備。

目前相當流行的休閒行為,如電動玩具、卡拉OK、飆車、大家樂、各種各樣的餐飲、逛商業區、出國旅遊、訪名山寺廟之類,這次並沒有調查,但已經是非常明顯的社會現象,如果經過研究,作一些有計劃的規劃,將可供許多人獲得高度的休閒滿意生活。我們不要看到少數的意外就去禁,或者認為禁管就可以解決問題,這是不合理論的想法。從許多研究顯示,休閒生活是隨著工業化程度而日益改變,要求也會日益增加,政策目標便必須隨著這種趨勢儘快調整,否則,就無法面對這種形勢。

就目前的許多社會現象來看,這次的研究結果雖然仍偏向於靜態和戶內的休閒活動,但已經相當強烈的要求動態和戶外的活動了,這也是工業社會不可避免的過程,也許還是一種世界性的趨勢。總之,瞭解居民的需要和興趣,是提供休閒活動的重要依據,而不是主觀的認為該做些什麼。

附表一　休閒活動頻率：從不與經常（％）*

	全部(4,199)				男性 (2,597)				女性(1,602)			
	從不	次序	經常	次序	從不	次序	經常	次序	從不	次序	經常	次序
(1)運動、爬山或露營	28.6		13.0		24.3		15.7		35.6		8.6	
(2)郊遊、旅行	18.8		8.0		16.0		8.7		23.3		6.9	
(3)種花盆景	35.5		17.0	6	34.3		17.5	5	37.4		16.3	6
(4)養動物	47.0		13.5		43.3		14.7		53.1		11.7	
(5)電影、電視、錄影帶	4.3		50.5	1	3.7		48.5	1	5.1		53.9	1
(6)聽收音機	11.7		35.5	2	10.1		34.8	2	14.4		36.5	2
(7)打橋牌、下棋	61.4	4	3.7		49.6	4	5.0		80.5	4	1.1	
(8)打麻將	83.7	1	1.0		77.5	1	1.3		93.7	1	.5	
(9)攝影	54.5	5	4.2		45.4	5	4.6		64.3	5	3.6	
(10)繪畫、寫字	52.0	6	6.6		46.6	6	8.0		60.7	6	4.4	
(11)音樂、唱片	20.0		25.7	4	17.8		25.5	4	23.6		26.3	4
(12)唱歌、唱戲	46.7		7.1		44.8		6.3		49.9		8.4	
(13)小說、雜誌等書籍	38.0		17.2	5	34.4		17.0	6	43.7		23.5	5
(14)餐敍、聊天	5.1		31.3	3	3.0		33.2	3	8.4		28.3	3
(15)看比賽	29.0		9.7		21.5		11.7		41.1		6.3	
(16)釣魚	65.5	3	5.4		54.7	3	8.0		83.0	2	1.2	
(17)彈奏樂器	75.3	2	3.1		71.4	2	3.2		81.5	3	7.5	

* 說明：除從不、經常外，其餘百分比即為偶爾（有時與很少相加）。

附表二　性別間休閒活動的平均數

	男(2,260)		女(2,047)		顯著度
	平 均 數	順 序	平 均 數	順 序	
(1)運動等	2.38		2.05		.001
(2)郊遊等	2.40	5	2.27	5	.001
(3)種花等	2.19		2.13		ns
(4)養動物	2.03		1.83		.001
(5)電視等	3.28	1	3.30	1	ns
(6)收音機	2.96	3	2.88	3	.013
(7)橋牌等	1.84		1.29		.001
(8)麻將	1.36		1.09		.001
(9)攝影	1.85		1.59		.001
(10)繪畫等	1.88		1.64		.001
(11)音樂等	2.74	4	2.59	4	.001
(12)唱歌等	1.91		1.85		.022
(13)小說等	2.30		2.17		.001
(14)聊天等	3.12	2	2.89	2	.001
(15)看比賽	2.38		1.90		.001
(16)釣魚	1.77		1.25		.001
(17)彈樂器	1.48		1.30		.001

附表三　最高頻率 6 種休閒活動的分配*

頻　　率		A.地區		B.城　鄉		C.年　　齡		D.教　育		E.職　業	
		高	低	高	低	高	低	高	低	高	低
(3)種花等	男	ns		都市→鄉村		50-59	20-29	17+	→ 0	軍警	農	
	女	北市	高市	都市→鄉村		60+	20-29	13-16	0	專技	農	
(5)電視等	男	ns		鄉村	城鎮	60+	30-39	0	1-6	行管	買賣	
	女	ns		ns		50-59	40-49	1-6	10-12	農	專技	
(6)廣播	男	北市→臺省		都市→鄉村		20-29+	50-59	13-16→ 0		服務	農	
	女	北市→高市		城鎮→鄉村		20-29→	60+	13-16→ 0		服務	農	
(11)音樂等	男	北市→臺省		都市→鄉村		20-29	60+	13-16→ 0		專技	農	
	女	北市→高市		都市→鄉村		20-29	60+	13-16→ 0		專技	農	
(13)閱讀	男	北市→臺省		都市→鄉村		20-29	60+	17+	→ 0	專技	農	
	女	北市→高市		都市→鄉村		20-29	60+	13-16→ 0		專技	農	
(14)聊天等	男	ns		鄉村→都市		20-29→50-59		1-6	13-16	農	專技	
	女	ns		ns		20-29→50-59		13-16	1-6	監佐	生操	

ns 表示無差異，其餘均係 p< .05 或 .01 的差異顯著度。

→表示連續性由高至低的頻率。

* 分配數字過小的項目，難以確定其代表性，即不計其高低。

說明：

A.		B.		C.		D.		E.	
1	臺北市	1	都市	1	20-29	1	0 年	1	專業技術人員
2	高雄市	2	城鎮	2	30-39	2	1-6	2	行政主管人員
3	臺灣省	3	鄉村	3	40-49	3	7-9	3	監督佐理人員
				4	50-59	4	10-12	4	買賣工作人員
				5	60+	5	13-16	5	服務工作人員
						6	17+	6	農林漁牧人員
								7	生產操作人員
								8	軍警人員

附表四　休閒因素類型的迴歸分析*

	自 變 項	複 相 關	R²	B	β
因素 I	教育程度	.600	.360	.332	.541
知識藝術性	年齡	.610	.372	−.067	−.126
	城鄉	.611	.373	−.031	−.031
	常數			−.717	
因素 II	年齡	.275	.075	−.102	−.195
娛樂性	教育程度	.325	.105	.117	.190
	性別	.328	.107	−.068	−.043
	城鄉	.329	.108	−.032	−.033
	常數			.012	
因素 III	教育程度	.350	.123	.195	.342
體力性	城鄉	.366	.134	−.095	−.104
	年齡	.368	.135	.020	.042
	常數			−.441	
因素 IV	性別	.398	.159	.495	.368
社交性	教育程度	.453	.205	.090	.175
	年齡	.467	.218	−.054	−.122
	城鄉	.468	.219	.026	.031
	常數			−.424	
因素 V	性別	.097	.010	.108	.082
消遣性	教育程度	.121	.015	.041	.081
	常數			−.184	

* 所有變項均達到 p< .01 的顯著水準。

休閒活動的頻率與類型

臺北市居民之一

　　我們這次以臺北市舊社區（大同、延平、建成三區）為研究對象，其間需要改善的層面的確率涉很廣，在改善生活品質的諸多條件中，休閒活動也是重要項目之一。為什麼要有休閒活動，已經有許多解釋，如為人類提供生活樂趣（Kaplan, 1975: 19-26），使精神復原（Meyersohn, 1972: 211-8），充實自我或自我享受（Dumazedier, 1974: 68-72; Meyersohn, 1972: 211-8）。其實很難一概而論，大抵在不同的社會文化中，休閒行為可能提供不同的意義。農業社會是為了休息和社交、娛樂，工業社會則為了改變活動的方式，增加工作效率，或滿足精神上的需要(Parker, 1979: 67-76)。雖然到目前為止，我們還沒有獲得令人完全滿意的答案，但在工業社會中，它已經成為日常生活上重要的一環，特別在工作量日益減少，空閒時間日益增加的社會，例如許多早期開發的工業國家，美、英、德、法之類。這也就造成不同國家或社會文化間休閒生活的差異，美國人強調動態的、戶外的休閒活動，中國人可能比較傾向於靜態的、戶內的休閒活動。這一差異，使我們在進行研究時，不得不對概念架構和研究變項的處理和運用上，特別慎重。

　　休閒的定義也有各種各樣的界說（Dumazedier, 1974; Kaplan, 1975; Pank & Smith, 1976; Neulinger, 1981)，此處界定為：休閒是

指人民離開工作崗位和生活的必需事項，自由自在的去打發時間，並尋求物質或精神上的滿足。可見休閒實際牽涉到時間的分配問題。通常我們把日常生活的時間分為三大部分，即工作時間，包括就業、就學、家事之類；生活時間，包括睡眠、飲食之類；自由時間，包括休息、休閒活動之類。休閒是自由時間或其中的一部分，供我們在工作、睡眠之外，從事若干娛樂、社交生活（林素麗，民 66：28）。還有許多不同的分類方法，大抵仍是把時間分成許多個段落而已（經建會，民 67a：10；民 67b：1；Szalai, 1966; Zuzanek, 1980: 68-72; Robinson & Converse, 1972）。一般而言，國人的工作時間都比較長，自由和休閒時間就相對的減少了。據經建會的調查結果，我國就業人口每天工作和生活時間，約各為 9 小時，自由時間就僅剩下 6 小時了，這比美、日等國大約少了一小時（經建會，民 67a：13, 11）。本研究的對象為臺北市舊社區的居民，休閒時間可能更少，更不知如何安排，因為中國的傳統社會並不強調休閒，只有在年老時獲得休息——長時間的不工作。

本研究所包含的三個行政單位，大同區、延平區和建成區，都是開發較早，具有歷史性的社會。這種社區居民，在行為上有較多的傳統傾向，但在生活空間上顯得比較擁擠，作息時間也不像工廠、公司那麼規律化。在這種情況下，要使受訪者嚴格劃分工作、生活、自由時間，恐怕相當不容易，因而，休閒時間也就難以確定了。

休閒品質顯然對整個生活品質的好壞有密切關係，為了改善生活品質，也就不能不改善休閒品質，因為它是整個生活中的一部分，假如我們將生活品質當做日常生活的好壞或滿意程度來看的話（Szalai, 1980: 8-9）。針對這些問題，本研究特從下列幾個方向對居民的休閒生活品質加以調查、分析、和了解，並提出改善的建議。研究項目一

為休閒行為的頻率和滿意度；二為休閒的類型分析；三為影響休閒的變項；四為改善休閒生活的策略。

一　休閒活動頻率

休閒活動頻率是指某些人從事某些休閒活動的多寡，或偏向於某一類活動，例如，有的人常常散步，有的人只偶爾散步；女性做家事較多，男生卻喝酒較多。這種頻率的高低情形，經常出現。不僅我們不太容易確定，究竟是什麼原因所造成，就是被訪者也不十分了解。例如，我們研究青年工廠工人的休閒活動，所得影響量和解釋力，都不是很理想，雖然在建立休閒活動類型的結果方面還相當令人滿意。

休閒行為顯然也受到一些別的因素的影響，例如年齡、教育程度、地區、時間……等等，由於受到這類因素的影響，所以表現在行為方面便呈現不同的頻率。休閒活動頻率的高低或平均數的大小，使我們可以獲得一般的了解，某些休閒項目為當地居民所喜好，另外一些可能不受歡迎。當我們研究工廠作業員的休閒生活時，發現，最高前 10 項的活動，有 6 項係傳播媒介，如看報、看電視、閱讀雜誌、看電影等（皆見以下青年工人休閒）。這些被訪者的特徵是：年輕、一定工作時間、集中居住、來自不同地區、同一的工作目標、休息時間受限制，也許因此只能從事這一類的休閒活動。本研究的對象為一商業和住宅混合的舊社區，被訪者為成年男女，休閒行為自然會有些差異（如表3）。我們先看其中活動最多和最少的前十項，藉以比較。

表3　休閒活動的頻率和平均數（N＝505）

	休　閒　活　動　頻　率				休閒活動平均數		
	順序	不做（%）	順序	做（%）*	合計	男	女
(1)郊遊或旅行		183(36.2)	7	322(63.8)	1.94	1.97	1.90
(2)球 類 運 動		389(77.0)		116(23.0)	1.41	1.46	1.35
(3)健 身 運 動		340(67.3)		165(32.7)	1.61	1.74	1.47
(4)登　　　山		356(70.5)		148(29.5)	1.46	1.51	1.40
(5)散　　　步		178(35.2)	6	326(64.8)	2.07	2.10	2.03
(6)游　　　泳		402(79.6)		101(20.4)	1.34	1.44	1.22
(7)聊　　　天		81(16.0)	3	422(84.0)	2.76	2.88	2.62
(8)看 　電　 影		279(55.2)		224(44.8)	1.70	1.75	1.64
(9)拜 訪 親 友		147(29.1)	5	356(70.9)	2.02	2.13	1.90
(10)喝　　　酒		339(67.1)		164(32.9)	1.45	1.74	1.16
(11)逛　　　街		225(44.6)	9	278(55.4)	1.80	1.66	1.94
(12)打　　　牌	7	436(86.3)		67(13.7)	1.19	1.25	1.12
(13)看 　電　 視		8 (1.6)	1	495(98.4)	3.73	3.70	3.76
(14)看　　　報		56(11.1)	2	447(88.9)	3.40	3.57	3.20
(15)聽 　廣　 播		183(36.2)	8	322(63.8)	2.33	2.49	2.15
(16)上 歌 廳 聽 歌	8	433(85.7)		70(14.3)	1.16	1.18	1.12
(17)下　　　棋		360(71.3)		143(28.7)	1.43	1.59	1.26
(18)攝　　　影		363(71.9)		140(28.1)	1.47	1.57	1.37
(19)釣　　　魚	9	423(83.8)		80(16.2)	1.29	1.40	1.17
(20)繪　　　畫	5	454(89.9)		49(10.1)	1.16	1.15	1.16
(21)看 　小　 說		351(69.5)		153(30.5)	1.49	1.50	1.49
(22)土 風 舞	3	474(93.9)		29 (6.1)	1.10	1.07	1.15
(23)插　　　花	4	457(90.5)		46 (9.5)	1.14	1.07	1.21

(24)看　　　　戲	6	436(86.3)		67(13.7)	1.18	1.21	1.15
(25)收 集 物 品	10	409(81.0)		94(19.0)	1.36	1.40	1.31
(26)種　　　　花		353(69.9)		150(30.1)	1.58	1.58	1.58
(27)家　　　　事		240(47.5)	10	263(52.5)	2.18	1.49	2.97
(28)讀書或看雜誌		261(51.7)		242(48.3)	1.98	2.03	1.91
(29)參 觀 展 覽		340(67.3)		163(32.7)	1.54	1.63	1.44
(30)上 廟 燒 香		139(27.5)	4	366(72.5)	2.27	2.11	2.45
(31)上　教　堂	2	486(96.2)		18 (3.6)	1.08	1.06	1.10
(32)交　際　舞	1	486(96.2)		18 (3.6)	1.05	1.04	1.05

＊ 包括偶爾、有時、常常三類活動。

休閒活動常做的最高前十項爲（括弧內爲％）：

1. 看電視 (98.4)，2. 看報 (88.9)，3. 聊天 (84.0)，4. 上廟燒香(72.5)，5. 拜訪親友(70.9)，6. 散步(64.8)，7. 郊遊(63.8)，8. 聽廣播 (63.8)，9. 逛街 (55.4)，10. 家事 (52.5)。

休閒活動不做的最低前十項爲：

1. 交際舞 (96.2)，2. 上教堂 (96.2)，3. 土風舞 (93.9)，4. 插花 (90.5)，5. 繪畫 (89.9)，6. 看戲 (86.3)，7. 打牌 (86.3)，8. 歌廳聽歌 (85.7)，9. 釣魚 (83.8)，10. 收集物品 (81.0)，11. 游泳 (79.6)。

休閒活動做得最多的前十項有幾個特徵：一是從事的居民均超過50％；二是動態的和靜態的幾乎各佔一半，而以電視、報紙爲首位；三是常常做的休閒活動佔其中高頻率的有看電視佔 79.16％， 看報 68.7％，聊天 31.9％，聽廣播 28.7％，家事 26.1％，也卽是這幾種活動爲他們日常生活所必需，或至少佔有重要的地位；四是除了家事一項，男女間的比例差距較大外，其餘九項都相當接近，可見他們的

休閒活動方式有相當高的一致性；五是從平均數來看，除了一、二兩項接近「常常」(3.74；3.40) 的標準外，其餘各項均只達「偶爾」或「有時」的標準，甚至最後兩項還不到「偶爾」的標準（見表4），行為頻率普遍的偏低。

表4　休閒活動最多前十項（平均數）*

休　閒　項　目	男女總計(502)		男性(268)		女性(234)	
	等級	平均數	等級	平均數	等級	平均數
V 363 看　電　視	1	3.73	1	3.70	1	3.76
V 364 看　　　報	2	3.40	2	3.57	2	3.20
V 357 聊　　　天	3	2.76	3	2.88	4	2.62
V 365 聽　廣　播	4	2.33	4	2.49	6	2.15
V 380 上 廟 燒 香	5	2.27	6	2.11	5	2.45
V 377 家　　　事	6	2.18		(1.49)	3	2.97
V 355 散　　　步	7	2.07	7	2.10	7	2.03
V 359 拜 訪 親 友	8	2.02	5	2.13		(1.90)
V 378 讀書或看雜誌	9	1.98	8	2.03	9	1.91
V 351 郊 遊 或 旅 行	10	1.94	9	1.97	10	1.90
V 358 看　電　影		(1.70)	10	1.75		(1.64)
V 361 逛　　　街		(1.80)		(1.66)	8	1.94

* 最高為4，最低為1。

從平均數和經常從事的結果來看，除了高低順序有些變動外，不同的項目只有一種，即高頻率的「逛街」為較高平均數的「讀書或看雜誌」所替代；但事實上它們間的平均數差異並不大。平均數在男女上的差異雖然有多項達到 0.05 以上的顯著性，但差距也不大，除了

「家事」一項明顯的女高於男，他們間休閒行為的趨勢是一致的，即高頻率的普遍高，低頻率的普遍低。

　　十種高平均數活動中，有四種屬於大眾媒介（電視、報紙、廣播、書報），二種為社交（聊天、訪友），二種為健身（散步、郊遊），另二種為個人事務（敬神、家事）。總體而言，接觸傳播媒介的時間仍然比較多，雖然比青年勞工的少些，種類也有點不同。

　　這些高頻率的休閒活動還有一個明顯的特徵，即在十項中，僅聊天和拜訪親友兩項為集體或羣體行動，其餘全是單獨行動。反過來看，前述十項活動最少的項目中，卻有六項是羣體的或羣體中的行動，即交際舞、上教堂、土風舞、看戲、打牌、上歌廳。這也許可以解釋為受訪者不喜歡羣體的休閒活動，而喜歡單獨進行。另一種解釋是，在十種最低的頻率中，七種是屬於比較新興或現代的活動，即交際舞、土風舞、上教堂、插花、繪畫、聽歌、收集紀念品，顯示居民對新鮮事物的接受程度不十分快。這種情形也許還可以推論到其他方面的創新動機並不十分強烈，因而影響到社區本身的發展，以及都市更新的許多層面。為什麼會產生這種的現象？老舊的環境可能是原因之一，其次可能由於教育程度偏低，以六十九年為例，小學程度仍佔 1/3 強，專上只有 14% 左右。前者比全市的比例高，後者又比全市的比例低。

　　如果除去 80% 以上不為居民所從事的活動項目，從游泳 79.6% 至交際舞 96.2% 共 11 項，則僅剩 21 項可供作進一步分析，這 21 種休閒活動頻率如表 5。

表5　21種休閒活動的平均數

	3.74—2.02	1.98—1.54	1.49—1.41
(1) 郊遊或旅行		1.94	
(2) 球類運動			1.41
(3) 健身運動		1.61	
(4) 登　山			1.46
(5) 散　步	2.07		
(7) 聊　天	2.76		
(8) 看電影		1.70	
(9) 拜訪親友	2.02		
(10) 喝　酒			1.47
(11) 逛　街		1.80	
(13) 看電視	3.74		
(14) 看報	3.40		
(15) 聽廣播	2.33		
(17) 下棋			1.43
(18) 攝影			1.47
(21) 看小說			1.49
(26) 種花		1.58	
(27) 家事	2.18		
(28) 讀書或看雜誌		1.98	
(29) 參觀展覽		1.54	
(30) 上廟燒香	2.27		

上述三種頻率模式，可以視爲經常從事的只有看電視和看報二類，其餘只能視爲「有時」從事；第二種尚未完全達到「偶爾」的程度，只比不做好一些；　第三種則已接近不做的邊緣，　比如球類運動，　只有23%的人做過，　這一類中，　平均數最高的 1.49（看小說），也只有30%的人去從事，活動率實在很低。從這種分配狀況來看，我們也可以說，社區居民從事最多的休閒活動便是看電視、閱報、聊天。這跟我們常識上的了解，似乎也相當接近。大致而論，第一種模式的頻率爲98.4－70.9%，第二種爲48.3－32.7%，第三種爲30.5－23.0%。也可以這樣說，第一種的行爲者頻率約爲 2/3 以上，第二種爲約低於1/2，第三種爲低於 1/3。

　　這樣的休閒生活，居民是否感到滿意？居民在回答目前休閒生活的滿意度如表 6。

表 6　休閒生活的滿意度（504）

很 不 滿 意	46 (9.1)	滿　　　意	204(40.4)
不　滿　意	95(18.8)	很　滿　意	159(31.5)

滿意於目前休閒生活的佔 72%，不滿意的只有 28%。這實在是一個很有趣的發現。也就是說，這些人安排休閒生活的方式就是喜歡單獨的、靜態的、傳播媒介的，因爲這些活動佔了所有休閒生活的最大比例。爲什麼一般人視爲比較乏味的休閒生活，這些居民的滿意度仍然那麼高？ 這可能與他們的居住環境和生活方式有關。這是一個老社區，生活空間相當擁擠，居民世代住在這樣的環境下，自小就習慣於長時間工作，有空聊聊天，節日跟親友來往；現在有了電視、報紙、

廣播，情況已算是改善了許多，何況傳統的中國人常把「休息」、不要工作當做享受？也許這就是居民休閒生活相當滿意的主要來源。不然，他們的休閒活動種類實在過少，難以獲得滿足。

　　並不是說居民完全沒有抱怨的地方，在回答不滿意的原因時，他們強調三個因素，即場地不夠 44 人（8.7），沒有錢 80 人（15.8），沒有時間 246 人（48.7），另有未答者 130 人（25.7）。顯然「沒有時間」是最重要的原因。事實上，如果把休閒當做生活的一部分，則除工作和必需時間外，應特別安排休閒時間，不可能沒有時間去做休閒活動。現在的問題就出在工作時間太長，把休閒時間也用去工作，自然沒有時間休閒。明顯的是中國人不注重休閒。

　　如果說休閒活動不足，要求增加是必然的現象，無論是對社區或對市政府提出要求。我們問被訪者，急需開闢的休閒活動場所應該是那些？這個問題可以複選，結果在 505 人中，有394人選擇了606個答案，111 人無意見，如表7。

表7　急需開闢的休閒活動場所

1. 公　　園	296(41.3)	6. 露　營　區	24 (3.3)
2. 網　球　場	87(12.1)	7. 划　　船	21 (3.0)
3. 游　泳　池	86(12.0)	8. 圖　書　館	8 (1.1)
4. 野　餐　區	45 (6.3)	9. 無　意　見	111 (15.5)
5. 海水浴場	39 (5.4)	總　　　計	717(100.0)

要求開闢公園的人次最多，佔41%；其次是網球場和游泳池，比例已經低了很多；再次為野餐區和海水浴場，比例更低；第四位為露營區和划船；最後為圖書館，只佔百分之一。這顯示幾種意義：一種是該

地區太缺少公園，公園可以做為單獨的、靜靜的散步區，為國人所習慣的活動，故要求的人幾達半數；網球和游泳也較常見，但因是動態的休閒行為，跟以下各類一樣，不為居民所喜歡；圖書館只有 8 人次，可見這地區的人沒有讀書的習慣。總之，居民對於休閒活動場所的要求並不十分熱切。這跟美國類似的調查結果，幾乎完全不相同（生活素質中心，民 71：222）。

從上述休閒活動頻率的高低來看，大致可以獲得以下幾點結果：第一是經常從事的休閒活動以看電視、看報、聊天等十項為最高，而以交際舞、土風舞、上教堂等十項為最低；第二是除家事、喝酒二項男女差別較大外，男女的休閒活動雖有多種達到差異的顯著度，但幅度很小，可以說男女的狀況有相當一致的趨勢；第三是靜態和動態的休閒活動大約各佔一半（前十項為主），但除電視、報紙外，頻率均不高；第四是休閒活動以個人單獨進行的佔多數，集體活動甚少，可能是不喜歡集體休閒方式；第五是無論男女，休閒活動有偏低傾向，可能是根本不知道或不需要安排休閒時間，正如傳統中國文化相當強調工作的美德一樣；第六是居民的休閒時間雖然相當少，但休閒的滿意度相當高，佔 80％ 左右，這是很特殊的現象，只有從工作取向才能獲得合理的解釋；第七是對於開闢新的休閒活動場所，居民並不熱心，比較有興趣的也只有公園一項，這似乎跟國人喜歡單獨的、靜態的休閒方式有關。

二　休閒行為類型

從行為頻率的高低方向，我們已經了解當地居民休閒活動的具體趨勢，例如看電視、閱讀報紙的人極多，跳舞的人很少等等。可是，

具體的行爲往往不易掌握，一旦有了變動，就會面臨解釋上的困境，比如現在看電視的人很多，電視開播以前可能坐在家裏閒聊的人最多，今後也許又會有別的東西取代電視。

把休閒行爲加以類型化，解釋的範圍也許就可以相對擴大，也可能較不受時間因素的影響。國際上研究休閒活動已有許多種分類方式，大致都是主觀的立意分類，如 Dumazedier 的六類，卽體力休閒、藝術休閒、實用休閒、知識休閒、和社交休閒 (1974: 99-104; Krans, 1978: 38-41; Kaplan, 1975, 1960; Neulinger, 1981: 22; Havighurst, et al., 1959)。我在研究青年工人的休閒行爲時，曾經用因素分析作過分類，大致還能適合解釋的需要。本研究的對象爲一般居民，休閒行爲已經有些變化，類型也可能不一致，故仍然採用因素分析法作爲分類的工具。所用項目爲前述經淘汰後的二十一種（十一種從事頻率低於 20% 者，均不列入分析），因素結果如表 8。

表 8 休閒行爲的因素類型

	I 知識取向	II 健身取向	III 消遣取向	IV 性別取向	共同性
(1)郊遊或旅行	.32	.53			.39
(2)球 類 運 動		.67			.50
(3)健 身 運 動		.71			.52
(4)登　　　山		.71			.52
(5)散　　　步		.53	.33		.47
(7)聊　　　天			.47	− .35	.46
(8)看　電　影	.72				.54
(9)拜 訪 親 友	.40		.55		.52

	I	II	III	IV	
(10)喝　　　酒				－ .71	.52
(11)逛　　　街	.50		.39		.42
(13)看　電　視			.63		.41
(14)看　　　報	.50				.31
(15)聽　廣　播	.57				.37
(17)下　　　棋	.38	.39			.33
(18)攝　　　影	.42	.47			.40
(21)看　小　說	.67				.46
(26)種　　　花		.51			.31
(27)家　　　事				.76	.64
(28)讀書或看雜誌	.69	.42			.66
(29)參　觀　展　覽	.54	.46			.50
(30)上　廟　燒　香			.74		.60
固　定　值	3.34	3.18	1.93	1.40	9.85
佔總變異量%	15.9	15.1	9.2	6.7	46.9

＊ 因素負荷量低於 0.30 者未列入。

經因素分析的結果，共得四因素，命名爲 I 知識取向因素，II 健身取向因素，III 消遣取向因素，IV 性別取向因素。知識取向以接觸大眾傳播工具爲主要取向，如電影、小說、圖書雜誌、廣播、報紙、參觀展覽，其餘若干項目所佔份量不大。本因素可以解釋的變異量約爲16％，佔第一位。健身取向以運動和體力勞動爲主，如健身運動、登山、球類運動、郊遊旅行、散步、種花，其餘幾項均無關重要。本因素可以解釋的變異量爲 15％，僅次於第一因素少許，實際約相等。消遣取向以找些事情打發時間爲主，目的性似乎不高，如上廟燒香、看電視、拜訪親友、聊天。這個因素只能解釋總變異量約 9％，比前二

者少了很多。引起爭議的可能是上廟燒香這個變項，但從相關係數來看，在所有 21 個項目中，以與訪友和電視的相關爲最高〔r=0.32（訪友），0.30（電視），0.23（散步），0.21（聊天），0.20（逛街），0.25（家事）〕。國人進廟的心情，有時的確頗不易界定，比如旅遊的時候，也多半去佛山大廟。這裏把它解釋爲只是去廟裏走走，似乎也可以說得過去。性別取向只有兩個重要變項，家事和喝酒，成負相關，家事爲女性休閒行爲，喝酒爲男性休閒行爲，在所有變項相關中，也只有這兩者的相關最高（r=-0.24，p<0.001）。本因素只能解釋總變異量的 6.7%，在四因素中爲最小。四個因素可以解釋總變異量的 47%，並不能說很高，但在社會科學的行爲分析中也不算太壞；一般而言，我們如果獲得 50% 左右的變異量，就算是很好的結果了。

四個因素中，第一、二兩因素幾乎相等，也可以說是兩個因素同樣重要。我們在做因素分析時，將男女合併討論，原因是我們曾經將男女性樣本分別做四因素分析，發現類型相似，項目分配也大致相同，只有第一、二因素位置互換，以及第四因素各僅一重要變項（分別爲喝酒與家事）；一、二兩因素的變異量既相等，似不必分別分析，以節省篇幅，尤其是在下節的廻歸分析。

從類型的方向去觀察，我們發現，看電視、閱報雖同爲休閒行爲的高頻率，卻分屬兩個不同類型，看電視主要屬於消遣性休閒，與電視相關較高的變項，除看報外，幾乎均在消遣取向因素中。看報的相關項目雖然較多，但主要的仍在知識取向因素中。看報與電視的相關雖然也達到 0.27（p<0.001），可能只是某種程度的重疊。看報和看電視之類都可以從類型上加以區分，則把遊山玩水、探親訪友、廟宇進香當作一回事處理，乃至和看電視一樣，在休閒活動中消磨時間。

　　最後，我們可以獲得幾點結果：（1）休閒行為可以區分為四種類型，即知識取向、健身取向、消遣取向、性別取向，而以前二因素比較重要；（2）男女性的休閒類型差別不大，前三因素完全相同，只有第四因素有少許差異，即男性著重喝酒，女性著重家務；（3）這種社區居民的休閒類型與青年勞工的類型有比較大的差異。

三　影響休閒活動的因素

　　對於休閒行為頻率和休閒行為類型的分析與討論，實際都是對研究變項的解釋，從這些變項所顯示的現象，去了解現象所代表的意義。例如看電視和閱讀報紙的高頻率，表示經常支配自由時間的一種特殊方式；男性喝酒，女性做家事，表示另一種方式。閱報、看電視安排在不同的類型中，即表示雖同樣為大眾傳播工具，所給予休閒者的功能，或為休閒活動所替代的作用，卻幾乎完全不同，一種是為了求知，另一種是打發時間。

　　現在我們要進一步以休閒類型的因素為依變項，以地區、年齡等幾個項目為自變項，透過廻歸分析，以了解這些變項間的影響關係和解釋的程度。

　　由於男女性別差異不大，以四個因素，即前述的知識取向、健身取向、消遣取向、性別取向的因素分數作為廻歸分析的依變項分數。自變項選取七個，即地區別，包括延平、建成、大同三區；性別、男女；年齡；教育程度；休閒滿意度；不滿意的原因；以及公園等的使用度（限第二因素）。透過這種分析，我們也許可以多了解一點某些特性對休閒行為變項或休閒類型所產生的影響關係。經過廻歸分析的結果，各自變項對四種休閒因素類型的關係如表9（詳細結果，請參

閱附表五至八)。

表 9　自變項與四種休閒類型的重要結果*

	因素 1		因素 2		因素 3		因素 4	
	知識取向		健身取向		消遣取向		性別取向	
	beta	R²變量	beta	R²變量	beta	R²變量	beta	R²變量
年　　　齡	−.38	.262						
教 育 程 度	.30	.067	.28	.071	−.16	.040		
公 園 使 用 度			.20	.073				
休 閒 滿 意 度			.15	.032	.12	.019		
使 用 學 校 場 地			.18	.031				
性　　　別							−.64	.39
各因素的 R²		.37		.26		.10		.40

* 各相關變項經 F 檢定均達到 0.05 顯著水準 (參閱附表五—八)。beta
為標準化廻歸係數，R²為決定係數。

第一因素知識取向休閒，受到年齡、教育程度等六個自變項的影響，
影響係數均達到 0.05 的顯著水準，決定係數為 0.37，即可以解釋總
變異量的 37%。也就是說，知識性休閒在 37% 的範圍內受到年齡、
教育、地區、時間、性別的影響。其中最重要的只有兩個變項，即年
齡和教育程度，年齡可以解釋 26.2%，教育程度可以解釋 6.7%，兩
者合起來可以解釋 33%，其餘各變項僅佔 4%，可見這兩個變項的重
要性。實際即顯示，知識性休閒受到這兩個變項的支配，從比較上來
說，由於年齡與知識因素為負相關 (−0.38)，即年齡越輕的越有知
識取向的休閒活動；教育程度與知識因素為正相關 (0.30)，即教育
程度越高的人越傾向於知識性休閒。這兩種現象與當地社會狀況也相

當接近，因為該地區年齡較大的人有不少沒有受教育，或只接受過日式教育，對於接觸現在的傳播媒介，不無距離；而高教育程度的人自然較願意接近知識，這是沒有辦法勉強的事。因而我們可以說，知識取向休閒也必然受到這兩個條件的限制，年齡較大及教育程度較低的人，將逃避這類休閒活動。

第二因素健身取向休閒，受到公園使用度、教育程度等七個自變項的影響，均達到 0.05 的顯著水準，R^2 為 0.26，即可以解釋總變異量的 26%。對健身取向休閒產生影響的變項雖有七個，但比較重要的只有兩個，公園使用情形和教育程度，分別解釋 7.3% 和 7.1% 的變異量；次要的也有兩個，使用學校場地（3.1%）和休閒滿意度（3.2%）；其餘的就更微不足道了。這四個變數合起來可以解釋全部變異量的 21%，其餘三個總量只能解釋 5% 左右，可見前兩個變項尤為重要。健身取向的休閒雖然也受到沒有時間和沒有錢的影響，達到 −0.24，−0.26 的影響量，但解釋力太小。即使是前兩者的影響量（分別為 0.20, 0.28）也不是很高。很顯然，居民有使用公園、學校場地的習慣，教育程度的高低也影響健身取向的休閒行為。事實上，這個區域內，公園綠地甚少，也許就只好利用學校場地了；可是學校只有運動場，幾乎沒有公園。這個限制如何能在本區內突破，就成為重要的問題了。

第三個因素消遣取向休閒，雖然也受到七個自變項的影響，但由於總解釋力只有 10%，所以每個變項的解釋程度都非常有限。解釋力最高的兩個變項是教育程度和休閒滿意度，各能解釋 4%、2%，這是很低的結果。它們的影響量也分別只有 −0.16、0.12，仍然不大。地區的差異是存在的，但解釋力和影響量更小。這表示，教育程度越低的人越有較多的消遣休閒取向，教育程度高的人，這種休閒行為會

減少。另一方面，與休閒滿意度成正相關，顯示消遣取向休閒的潛力建立在休閒是否滿意的基礎上，越滿意的人越有較多的消遣休閒。時間、經費、性別雖也有些關係，但都小到沒有什麼作用。這可能意味消遣傾向的休閒，在這些社區中並不十分重要。

第四因素爲性別取向，男女性別爲唯一解釋力最大的自變項，$R^2 = 0.39$。三個達到顯著水準的全部解釋力也不過40%，可見這個因素主要在鑑別性別取向，它的影響量達到 -0.64。負值的意義說明性別行爲的相反方向。這個因素主要包含兩個重要項目，喝酒與家事，卽是男性偏向於喝酒方面，女性偏向於家事方面。如果推論到其他具有性別特徵的休閒行爲，這個結果也是適用的。

從整個廻歸分析的結果而論，教育程度的影響量和解釋力最大，它對三種休閒方式發生重要作用，如果要使休閒活動產生正面的功能，提高教育程度和加強教育訓練顯然都是重要措施。其次是年齡對知識取向休閒的效用，年輕人的知識取向比較強烈，這可能仍是教育的間接效果居多，因爲年齡大小本身未必能有什麼特殊意義。第三是公園、校地、休閒滿意度，它們的解釋力和影響量雖均不大，但對健身休閒取向有相當大的作用，似乎應該設法擴充，否則，如何轉變社區居民的健身工具就成爲大問題，因爲他們對公園的依賴性似乎偏高。第四爲性別在某些特殊休閒項目上的差異，這個問題可能不大，因爲在大部分的休閒行爲上，性別差異不大，甚至有一致的傾向，尤其是表現在頻率較高的活動上。

四　結　論

經過前述各種方法的分析和討論，我們對於這個舊社區居民的休

閒活動，已經獲得許多結果，例如，高度的收看電視和閱讀報紙，單獨的休閒行為高出於羣體休閒者甚多，靜態的又比動態的多，習慣性的休閒行為又比新興的活動為多；知識取向和健身取向休閒佔所有休閒活動的大部分；而影響休閒活動類型的則以教育程度、年齡、使用公園、使用校地、休閒滿意度等變項為重要。這一類的重要發現使我們獲得一些結論。

（1）休閒活動旣然為支配自由時間的一種方式，自由時間的多寡和期限的長短，便決定了休閒的種類。舊社區居民習慣於長時間工作，因而自由時間便相對減少，可以使用的期限也多半較短，這可能就迫使他們選擇了容易獲得的傳播媒介、公園、參觀廟宇作為休閒的工具。所以，休閒頻率的高低，不必完全代表興趣的高低，只是取其方便而已。

（2）男女性休閒活動的相當一致，主要在於太注重工作或工作後的報酬，而對於休閒不十分重視，只是把休閒當作休息而已，因而無論是坐著聊天、看電視或到什麼地方走走，就可以打發時間，不必在乎某類形式的活動，以象徵休閒生活的多重變異。知識、健身、消遣取向表現在男女性休閒活動上的一致類型，正可以說明，除了某些特殊活動，如喝酒、家事外，不僅具體的休閒生活相當接近，連類型也相似，甚至完全相同。

（3）休閒滿意度高於實際休閒活動甚多，居民所要求的休閒項目也集中在建些公園，十足表現他們所意識到的休閒多半停留在休息的層面，不必工作、有個地方散步就滿意了，再不然就找幾個朋友閒聊。這是中國傳統式的以休息當作休閒，這個社區似乎仍然安於這種方式。單獨的、靜態的、無變化的休閒行為正反映了他們的休閒意識。

(4) 在影響休閒活動的結果上，主要的不是時間、經費、場地，甚至也不是新興的工具，如划水、游泳池、網球運動，而是教育程度、年齡、公園之類，所影響的類型竟非以消遣取向為重要部分，而以知識、健身為主要取向，顯示休閒也是屬於功利性的活動，這和居民以工作取向為生活目標的態度相當一致。也就是說，休閒活動即使不謀改進，只要有某種程度的緩和工作緊張情緒的方式，居民便可以滿足於休閒生活了。

附表五　知識取向因素廻歸分析

	複相關	R²	R²變量	B	beta	F檢定
年　　　齡	.51	.26	.262	−.32	−.38	61.55*
教 育 程 度	.57	.33	.067	.78	.30	37.06*
大 同 區	.59	.34	.015	.41	.21	14.64*
建 成 區	.60	.36	.015	.40	.16	9.29*
時　　　間	.61	.37	.007	−.22	−.11	2.70*
性　　　別	.61	.37	.004	.13	.06	2.20*
休 閒 滿 意 度	.61	.37	.003	.53	.05	1.13
金　　　錢	.61	.37	.000	−.34	−.01	.04
常　　　數				.27		

* $P < 0.05$

附表六　健身取向因素廻歸分析

	複相關	R²	R²變量	B	beta	F檢定
公 園 使 用 度	.27	.07	.073	.20	.20	11.96*
教 育 程 度	.38	.14	.071	.71	.28	20.02*
使 用 學 校 場 地	.42	.18	.031	.23	.18	10.10*
休 閒 滿 意 度	.46	.21	.032	.15	.14	5.61*
年　　　齡	.48	.23	.025	.15	.17	8.14*
時　　　間	.49	.24	.005	−.51	−.24	8.78*
金　　　錢	.51	.26	.025	−.63	−.26	8.79*
建 成 區	.51	.26	.002	−.75	−.03	.21
公 園 滿 意 度	.51	.26	.001	−.26	−.03	.24
大 同 區	.51	.26	.000	.39	.02	.09
性　　　別	.51	.26	.000	−.19	−.01	.03
常　　　數				−1.67		

* $P < 0.05$

附表七 消遣取向因素廻歸分析

	複相關	R^2	R^2變量	B	beta	F檢定
教 育 程 度	.19	.04	.040	—.04	—.16	7.42*
休 閒 滿 意 度	.24	.06	.019	.13	.12	4.79*
大 同 區	.26	.07	.014	.35	.17	7.24*
建 成 區	.29	.08	.012	.26	.11	2.86*
性 別	.30	.09	.008	—.16	—.08	2.51*
時 間	.30	.09	.002	.25	.12	2.41*
金 錢	.31	.10	.005	.29	.12	2.05*
年 齡	.31	.10	.001	—.00	—.04	.38
常 數				—.32		

* $P<0.05$

附表八 性別取向因素廻歸分析

	複相關	R^2	R^2變量	B	beta	F檢定
性 別	.62	.39	.390	—1.28	—.64	229.66*
建 成 區	.63	.39	.001	.24	.10	3.56*
大 同 區	.63	.40	.003	.19	.10	3.28*
時 間	.63	.40	.001	—.18	—.09	1.91
金 錢	.63	.40	.002	—.20	—.08	1.44
休 閒 滿 意 度	.63	.40	.001	—.04	—.03	.54
年 齡	.63	.40	.001	.00	.04	.73
教 育 程 度	.63	.40	.001	.01	.04	.59
常 數				.58		

* $P<0.05$

休閒活動的類型與滿意度

臺北市居民之二

　　這些年來，很明顯的居民對於休閒活動越來越重視了，一方面可能由於國民所得繼續增加，工作自動化程度提高，以及居民生活態度的轉變，有錢也有時間去從事一些原來無法進行的休閒活動；另方面也可能是工業化後的必然現象，這個時期，除家庭作業外，工作和工作以外的時間是分開的，僱主和僱員的關係幾乎完全建立在以金錢爲基礎的契約上，工作以外的時間，就必然要做些活動。如果是長期的假日，則所做的活動又可能不一樣，這就是爲什麼出國觀光旅行的人日多，而在國內也漸漸流行休閒旅館之類活動的原因。

　　農業社會時代的中國人，大抵都是日出而作，日入而息，休息或不工作就是休閒。至於娛樂活動，那是有季節性的，例如過年玩花燈、五月划龍船、中秋賞月、重九登高、秋收後迎神唱戲，並不是隨時可以獲得，卽使是住在城市裏的小市民，休閒活動的時間和場地，也是非常有限。事實上，就是現代社會，休閒活動也常常受到時間、場地、金錢的限制。例如，臺北市部分市民認爲沒有足夠時間去從事休閒活動的，佔休閒不滿意原因的 49%，沒有錢佔 16%，場地不足佔 9%，這三個原因加起來佔了74%，可見影響之大；青年勞工也有差不多類似的情形，而以時間不夠爲最重要；一般有工作的人，除掉工作及生活必須時間，大約也只有六小時左右（經建會，民65: 193-

194；）可以從事休閒活動。休閒時間所以不夠，牽涉到兩個重要問題：一個是工作時間過長，每日或每週工作超過規定時數，甚至有些家庭工作場所，如自營商店和自營工廠，往往沒有時間限制，晚上、假日都在工作。這樣日以繼夜的工作，不要說休閒活動，連休息都成問題，這就是為什麼早期中國人恭維不要工作的人叫「享福」。休息就是享福，對現代中國人可能還有影響，我們在研究中發現，儘管休閒活動不多，一般人的休閒滿足感卻很高，影響休閒滿足感最大的因素卻是時間，許多人大致坐下來聊聊天、看看電視、讀讀報紙，就可以滿足了，不需尋求別的活動。另一個是場地和設備不足，幾乎所有的休閒活動場所，我們都沒有開發，大的如海上、山林，小的如室內遊樂場、室外運動設施。特別是短時間內和少數人可以從事的休閒活動，如網球、桌球、游泳、下棋、小型集會（俱樂部）等。由於場地不夠或設備不佳，或提倡不力，一直無法發展。多數人便只得在家裏看電視，也有不少人去打牌，一般的青少年恐怕不曉得做什麼才算合適，而能做的實在又太少，總不能一天到晚叫他們去故宮博物院、社教館、青年公園吧。

不要休閒活動或休閒生活，是不是可以呢？從工業社會的角度而言，看來是不可以。原因有三：第一，工作時間越來越受到八小時或更少的限制，不得不設法打發個人的剩餘時間；第二，較緊張的工作，對個人產生壓迫感，必須設法緩和；第三，休閒含有求知、社交、運動或消遣之類的成份，係個人日常生活的一部分，不能缺少。休閒的方式可能因人而異，例如，開推土機的工人，可以一面工作，一面聽收音機；看守大廈的人可以同時看電視；總經理、部次長之類的決策者，可以連續工作十餘小時；自營生計的人也可以無需休閒生

活；各類僱員，卻多半是按時作息，休息的時候就可能去看電影、逛街之類。

　　什麼叫做休閒，已經有不少的定義，我在幾篇論文中也分別提出來討論過（見本書各章），Neulinger (1981: 18-9), Parker (1979: 17-8), Kaplan (1975: 18-26), Dumazedier (1974: 67-72)各有不同的說法。Kaplan 在分析休閒時，更把它當作一種動態體系，而從情境 (condition)、選擇 (selection)、功能 (function)、意義 (meaning) 四種要素，作理論的闡釋 (1975: 33-5)。我個人仍然認為，休閒是指人民離開工作崗位，自由自在地去打發時間，並尋求工作外精神上或物質上的滿足。這種說法，可以把休閒解釋為目的，也可以解釋為手段。如果是前者，休閒本身即是具有完整的系統性，不受外力干預，即可能與工作或別的事物沒有太大的關聯；如果是後者，它本身祇是一種工具，就必須依附於工作或別的事物，最普通的說法是休閒可以增加工作效率，與工作的關係很大。但是，反過來，工作是不是也會影響休閒呢？這就涉及休閒與工作的關係。無論延續 (extension)，相反 (opposition) 或互補 (compensatory)，或無關 (neutrality) 說，都可能產生不同的結果（Parker, 1979: 72-4; Wilenshy, 1960; 林素麗，民 66: 27-35）。假定從事勞力工作者喜歡劇烈的休閒活動，如打球、登山；從事勞心工作者喜歡輕鬆的休閒活動，如讀書、下棋，這就是延續說，休閒為工作方式的延長。假定勞力的喜歡讀書、下棋；勞心的喜歡登山、打球，這就是相反或互補說，休閒為工作的反面活動；假定兩者並無關聯跡象可尋，那就是無關說，休閒與工作無關。

　　實際的休閒活動，可以列出幾十種甚至幾百種，但是那將不勝其煩。通常，我們都祇做一些類型的分析，以了解居民的休閒行為傾

向，並進而推論某些休閒活動。因嗜好不同，或因時間、經濟、場地的限制，不同人羣在某些具體休閒活動上固有差異，如讀報紙、看電視、聊天的頻率的高低，在類型上也會有差異，如有的分爲 11 類 (Havighust, 1959)，有的分爲 6 類 (Kaplan, 1960)，有的分爲 5 類 (Dumazedier, 1974)；我在三次因素分析中，因項目、樣本都有點不同，所得結果也有差異。三次結果如表10。

表 10　休閒行為因素類型比較

	休閒項目	因　素　類　型	樣本數	對　象	資料來源
1.	59	技術取向、實用取向、清靜取向、休息取向	1,106	青年勞工	民 67
2.	29	知識性、社交性、運動性、玩樂性、消遣性	4,100	青年勞工	民 70
3.	32	知識取向、健身取向、消遣取向、性別取向	504	臺北市民	民 73

説明: 除第一次外，二、三次項目大致相同，但因素結果有差異。

上述結果顯示，卽使休閒項目相同，因人羣不同，所得休閒類型仍然有差異。

　　究竟是什麼東西影響這類休閒活動（因素類型）呢？ 在勞工方面，我們發現教育、年齡、婚姻、性別有較大影響力。臺北市舊社區市民則以教育程度、年齡、場地、休閒滿意度、性別有較大影響力。顯然，在這方面兩者有較高的一致性，特別表現在教育程度、年齡、性別三個變項上。雖然也受到時間、金錢、地區的影響，但它們的影響量(標準化係數)都比較小。

　　我們要探究的是，這樣的休閒生活是否使居民認爲滿意? 而影響

休閒生活滿意度的又是那些變項？在青年勞工方面的發現是，休閒時間最重要（β值，男＝.31，女＝.26），其次爲福利措施（包括福利、作息時間、休假制度，男＝.14，女＝.18），再次男爲工作單調感（.15）、工作受重視程度（.12），女爲娛樂設施（.14）、工作單調感（.06），而年齡、教育程度、收入都不重要。臺北市居民的休閒生活滿意度是不是也會表現出同樣的情況，或是有某種程度的差異，或根本不同。

根據上述各方面的討論，我們知道，現代的休閒活動，實際牽涉到時間分配、具體的休閒活動狀況、休閒行爲的類型、休閒生活滿意度的等變項。爲了解釋或了解這些問題，所應用的統計方法包括：百分比分配的卡方檢定、平均數的 t 檢定或 F 檢定、簡單相關、因素分析、廻歸分析等。

一　時間分配與休閒活動

時間分配方式和休閒活動頻率的高低，甚至休閒活動的種類都有關係，例如工作時間過長的話，休閒時間就會相對減少，就無法從事需要較長時間的活動。我國目前尚有很多的家庭商店和家庭工廠，主要生計由家人負擔，或僱有少數員工，這類人的工作時間較長；其次家庭主婦的工作時間也是比較長，但彈性較大；一般商店店員的工作時間相當長，但彼此間相當不一致。這樣的工作方式，自會影響到時間分配和休閒活動。

（一）時間分配方式

許多國家都在調查人民的時間分配情形，特別是就業人員的時間

分配，這對於釐訂國家的經濟社會政策，有高度的相關性，例如每週究竟是工作六天、五天半或五天，甚至更短一點，憑什麼做為這種決策的依據？這種工作時間的調整，牽涉到工商業的自動化程度，管理方式，休閒與娛樂設備的多寡，以及人民的工作意願和生活品質。多年來，美國、法國、比利時、西德、匈牙利、波蘭、南斯拉夫、保加利亞、捷克、蘇聯、日本、我國均有這類調查 (Robinson & Converse, 1972; Zuzanek, 1980; Szalai, 1966; 經建會，民 67a、民 67b)。這些國家的時間分配，因情境不同而有很大差異，特別表現在休閒活動方面。

原則上，我國就業人員的時間分配大約實行「三八」制，卽工作、睡眠、休息各八小時，但實際分配並不如此整齊，除工作八小時外，另外上下班的路上時間、吃飯及其前後的準備時間、早晨的梳洗時間等佔去不少休息或睡眠時間，有時工作時間拉長一點，休息的時間就更少了。

對於區分每天 24 小時的方法，有許多不同的見解，有的把它分為工作時間、與工作有關時間、家事時間、個人必要時間、自由時間五段 (Zuzanek, 1980: 68-72)；有的把它分為勞動時間、家事時間、生活必要時間、自由時間四段 (Robinson & Converse, 1972; 經建會，民 67a:10)；有的把它分為約束時間、必需時間、自由時間三段（經建會，民 67b:1)；也有的把它分為工作時間、非工作時間二類（經建會，民 67b: 32-3)，眞是各有各的不同分段方法。我個人比較喜歡採用三分法，卽把一日的時間結構分為工作所需時間、生活所需時間和自由時間。工作時間如就業、就學、家事之類的工作所需時間；生活時間係指飲食、睡眠等所需時間；自由時間如休息、休閒活

動所需時間。根據經建會的調查（民 67b: 193-194），我國就業人口
每天花費的工作時間約 9 小時，生活必需時間約 9 小時，兩者共用去
18小時，自由時間就祇有 6 小時了。6 小時還要做很多別的事務，不
可能完全用於休閒活動。

　　臺北市民的工作時間、睡眠時間、社交娛樂時間究竟做如何的分
配，我們從表11獲得一些了解。

表 11　每日工作、睡眠、娛樂時間分配（小時）

(1)工作:	無	2—4	5—7	8	9—10	11—16		$\bar{X}$	SD	樣本
	28	79	122	467	251	175				
	(2.5)	(7.0)	(10.9)	(41.6)	(22.4)	(15.6)		8.41	2.99	1,122
(2)睡眠:	4—5	6	7	8	9—10	11—12		$\bar{X}$	SD	
	49	172	293	545	96	13				
	(4.2)	(14.7)	(25.1)	(46.7)	(8.2)	(1.1)		7.45	1.93	1,168
(3)娛樂:	無	1	2	3	4	5—6	7—8	$\bar{X}$	SD	
	117	188	310	144	131	94	88			
	(10.9)	(17.5)	(28.9)	(13.4)	(12.2)	(8.8)	(8.2)	2.76	2.11	1,072

　　說明: 訪問時只作三大分類，並以小時爲計算單位。工作、睡眠的眾數爲
　　　　　8，娛樂眾數爲2；中數與眾數接近，依次爲 8.2, 7.6, 2.2。
　　　　　$\bar{X}$表平均數，SD表標準差。

從上表可知，平均數、衆數、中數相當接近，甚至相同，顯示居民的
作、息、娛樂時間差距並不太大，每日工作約 8.41 小時，睡眠約
7.45 小時，休閒娛樂時間約 2.76 小時，總共用去18.62 小時，以一
日 24 小時計算，尚餘 5.38 小時可用於其他生活必需時間，如用餐、
上下班等。假如以前述三段分割標準計算，則工作時間約 8.5 小時；
生活時間約爲 9.5 小時（包括三餐各半小時，其他半小時）；自由時

間約爲 6 小時（其中娛樂休閒約三小時）。這個結果跟經建會調查（主計處與經建會另一調查爲每週平均 48 小時，民 74：15）及其他各國情形，也相當類似，如表12。

表12　各國工作、睡眠、娛樂時間分配的比較（小時）

	日本	美國	西德	蘇聯	捷克	臺北地區*	臺北市**
(1)工作時間	6.8	5.6	5.8	5.9	5.5	8.9	8.4
(2)生活時間	10.1	9.9	10.6	9.2	10.2	9.7	
（睡眠）	7.7	7.6	8.1	7.6	7.9	7.5	7.5
(3)自由時間	3.5	3.6	3.4	3.4	3.0	3.8	2.8

* 各國資料均來自經建會（民 67a、民 67b），有職業人員，男女合計。行政院主計處及明德生活素質中心（民 74：42）爲工作 8.55，睡眠 7.28，休閒 4.28。

** 爲本研究調查所得資料，最後一項所問爲社交或娛樂時間，與自由時間有點出入。臺北市政府的調查（民 73：24）結果，平均每週爲 14.4 小時，與本研究頗爲接近。

表中發現，我國的工作時間比工業國家高了 2 至 3 小時，也顯示了工業化或自動化程度的高低；睡眠時間和自由時間大約一致，本研究的自由時間數字約略低一些，但問的項目祇局限於社交或娛樂方面。就這種趨勢來看，工業化達到差不多相同程度以後，每個人每天在時間分配的方式上，可能會相當一致，卽使有差別，也是在支配自由時間彈性的大小而已。

　　時間分配在居民的不同特徵下，可能會有些差異，例如性別、教育程度、職業等，對於工作時間和娛樂時間的分配可能會不同。一般而言，總經理的工作時間會較長，服務業人員的工作時間也可能較

長，娛樂比較不易確定，但某些差異還是可能存在；睡眠的個人性限制會更大些，雖然在檢定時發現了一些不同的現象，似不必做太多的解釋。以下表13是工作時間和社交娛樂時間分配的檢定結果。

表 13　*工作與娛樂時間分配的卡方檢定*

	性　別	年　齡	教育程度	職　業	地　區	社會階層
(1) 工作時間	s	s	s	s	ns	ns
(2) 娛樂時間	ns	ns	s	s	s	s

說明: s 表 .01 以上顯著水準，ns 表不顯著；睡眠除性別、地區不顯著
　　　外，其餘各項均達顯著差異，但不擬討論。

性別和年齡在工作上有差異，在娛樂上卻無差異；地區和社會階層在工作上無差異，在娛樂上又有差異；這可能是男女和老幼在分工或工作性質上的差異較大，而在娛樂上卻沒有太大的差異，以致影響到對時間分配的不同；在地區和社會階層上剛好相反，即地區不同，對所需娛樂時間分配也不同。

　　教育程度和職業，則在工作時間和娛樂時間分配均有差異，結果如表14。表14甲，就工作時間分配而言，7 小時以下者，有學歷越低工作時間越長的趨勢，在 9-16 小時的工作時間中也有類似的現象；在 8 小時上，則學歷較高的百分比較大，顯示這類人的工作時間較正常。也許是由於學歷較高，比較容易謀得較為穩定的工作，工作時間的正常化機會也較大。反過來，初中和小學以下的人，不僅工作時間較不穩定，較長或較短，就是工作性質也比較屬於生產及體力或非知識層面。也許我們可以分成兩方面來解釋，8 小時的一般所謂正常工

表14　工作與娛樂時間在教育和職業上的百分比分配

單位：小時

甲、工作時間分配	2—4	5—7	8	9—16	合　計
小　學　以　下	10.6	14.6	34.8	40.1	27.6(302)
初　　　　中	9.6	8.9	38.4	43.2	13.3(146)
高　　　　中	5.0	11.3	47.0	36.8	27.6(302)
大　專　以　上	5.2	9.0	47.7	38.1	31.4(344)

$x^2 = 24.76$　$df = 9$　$p < .01$

	2—4	5—7	8	9—16	合　計
專　業　人　員	.6	5.5	54.0	39.9	22.8(163)
佐　理　人　員	.7	8.6	66.4	24.3	19.6(140)
服　務　人　員	3.1	9.7	34.5	52.7	36.1(258)
生　產　人　員	.6	5.8	55.2	38.3	21.5(154)

$x^2 = 49.45$　$df = 9$　$p < .001$

乙、娛樂時間分配	無	1	2	3	4	5—8	合　計
小　學　以　下	20.0	20.0	23.5	11.3	8.4	16.8	28.9(310)
初　　　　中	9.9	21.1	25.4	19.7	12.0	12.0	13.2(142)
高　　　　中	7.7	16.0	32.8	13.6	15.0	15.0	26.8(287)
大　專　以　上	5.7	15.0	32.1	12.6	13.5	21.0	31.1(333)

$x^2 = 62.08$　$df = 15$　$p < .001$

	無	1	2	3	4	5—8	合　計
專　業　人　員	8.5	11.8	34.0	19.0	12.4	14.4	22.9(153)
佐　理　人　員	4.0	22.6	35.5	12.9	5.6	19.4	18.6(124)
服　務　人　員	14.9	20.6	29.4	11.7	9.7	13.7	37.1(248)
生　產　人　員	11.2	14.7	27.3	12.6	14.7	19.6	21.4(143)

$x^2 = 31.54$　$df = 15$　$p < .01$

作時間，因教育程度的高低而有時間長短的差別；7小時以下或9小時以上，學歷較低者佔的份量較大。

從不同職業的工作時間分配去觀察，服務業人員在三種工作時間

分配上都是較高，只有正常工作時間（8小時）較低，正如一般所熟知，服務業（包括買賣業），他們的工作時間總是比較長；佐理人員則在正常工作時間中佔的比例最高，這也如一般所料，佐理工作通常總有許多非一般的事務要處理，並且與主管的工作有關，所以它在超時工作（9—16）上的比例最低；專業人員和生產人員的時間分配相當接近，在於其他兩類人員之中間地位，可能屬於正常狀況，工作的獨立性比較高的緣故。

　　從上述分析，可見學歷較高的，如大專以上，工作時間分配較合適，即8小時工作制；職業的獨立性較高的，如專業人員，工作時間分配也較合適。

　　在社交或娛樂時間分配方面，沒有娛樂時間及1小時者，似乎教育程度越低，佔的比例越高；2小時者，剛好反過來，教育程度越高，佔的比例也越高；3小時者，以初中為最高，兩邊依次降低；4小時則以高中為最高，兩邊依次降低；5—8小時以大專為最高，而初中最低。這種差異，實在不易解釋，也許可以這樣說，學歷較高的人，由於工作時間比較正常，又比較注意調整生活方式，所以都維持較多的休閒娛樂時間（表14乙所示），1小時以下（1—0），小學以下和初中的娛樂時間較多，2小時以上（2—8），高中和大專以上的娛樂時間較多。

　　從職業觀點而言，沒有娛樂時間的以服務業和生產人員最高；1小時的，以佐理與服務人員最高；2小時以專業與佐理人員最高；3小時以專業人員最高；4小時以生產人員最高；5—8小時則以佐理人員與生產人員最高。一般而論，2小時以下的低時數娛樂時間，服務業與佐理業人數較多；3小時以上的高時數娛樂時間，則以服務業人數最少，生產人員最多，專業人員居其中。

從上述娛樂時間的分析，我們可知，學歷較低的人娛樂或社交時間較少，較高的人較多，以初中以下和高中以上為分界線。以職業而論，則服務業、佐理業較少，生產人員、專業人員較多，其中最少的是服務業，最多的是生產人員。這可能與工作時間和工作性質有關，工作時間越長，娛樂、社交時間自然會相對減少；體力工人所從事的多為耗費體力，工作後娛樂的意願可能會比較高。

至於工作時間在性別和年齡上的差異，可以很明顯地看得出來，男性的工作時間比女性高了許多(附表九)；中年以下的人，工作時間比較多 (附表 十)。這也許只是常識性的意見在資料上獲得一些證實，特別是在 8 小時以上的工作量方面。工作時間在地區和社經地位上沒有差異 (附表 十一、十二)，可能由於臺北的都市化程度相當接近，工作量無法在這兩方面測出時間的差異，或者本來就沒有差異。

相反，娛樂或社交時間分配，在性別和年齡上沒有差異 (附表十三、十四)，是不是由於國人的習慣性娛樂或社交方式所導致的現象？例如：讀報紙、看電視佔了太多的時間，家庭同遊是一種集體方式。但是，在地區和社會階層上有差異 (附表 十五、十六)，城中區無娛樂時間的人比例最高，這些樣本的生活方式可能不一樣，例如比較孤立；龍山、雙園在 1 及 2 小時均佔有較高比例；3 小時在三地區相同，唯城中最低；4 小時以士林、南港最高；5－8 小時以大安最高。這種差異，可能跟地區環境也有很大關係。就社會階層而論，似乎在 2 小時以下者，以中下階層佔的比例較高；3 小時以上者，以高階層佔的比例較高。這是不是意味着，娛樂與社會網絡關係的多寡、收入高低也有些關係？

從上述各種角度的分析，我們發現：(1) 臺北居民每日的三種時間分配為，工作時間 8.41 小時，睡眠時間 7.45 小時，娛樂時間 2.76

小時。其中睡眠時間與國際間的分配相同，惟娛樂時間短一點，可能受了工作時間較長的影響。(2) 時間分配受到性別之類變項的影響，仍然有個別差異。其中睡眠因特別受生理需要的影響，可以不必討論；工作時間分配方面，工作時間較長的以男性、中年人、低學歷、服務業人員佔多數；娛樂或社交時間分配方面，娛樂時間較長的以高學歷、生產人員、大安士林南港區、高社會階層佔多數，這種時間分配方式，大抵與我們通常所了解的沒有太大的出入。

（二）休閒活動頻率

如前面所述，每天扣除 8.5 小時工作時間，7.5 小時睡眠時間，以及一些上下班、用餐、飯前後等的生活必需時間，能用於休閒方面的自由時間，大約眞的不多了。這也許就是無論一般居民（行政院主計處，民 71：66；臺灣省主計處，民 72：4-7；臺北市，民 73：24-5；行政院主計處與明德生活素質中心，民 74：46-7）或勞工都在看電視、閱讀書報、聊天之類的靜態活動上，花了較多時間的原因。許多調查結果，也有趨於相當一致的趨勢，卽以看電視、閱讀書報、聊天訪友爲主要休閒方式，不僅我國如此，世界各國幾乎都如此（明德生活素質中心，民 71：212；Zuzanek，1980：385-6；經建會，民 67b：65-6）。這種休閒方式，使人漸漸脫離大自然，而終日活在人造的建築物中，是不是也可以算是工業化的副作用？

我們這次抽樣調查臺北市民的休閒活動，包括了不同的生活環境、不同職業和階層、不同地區，我們希望了解的，不僅是休閒活動頻率的高低，也包括休閒時間、滿意度、類型等，透過這一次的研究，也許對市民的休閒行爲，有較爲整體性的結果。

首先，我們要明瞭臺北市居民休閒活動的分配狀況（如表15）。

表15 平均數和標準差的檢定係驗證兩者在性別上有無程度上的差異，

表15　男女休閒活動頻率比較

	男 (594)						女 (588)					
	從未	有時	常常	平均數	標準差	順序	從未	有時	常常	平均數	標準差	順序
1. 郊　　遊	15.3	74.6	10.1	2.37	.86	8	20.1	70.1	9.9	2.24*	.88	10
2. 球類運動	42.6	48.6	8.8	1.93	.97		58.0	38.3	3.7	1.61*	.83*	
3. 健身運動	48.8	47.0	12.1	2.03	1.02		48.6	45.4	6.0	1.80*	.92*	
4. 登　　山	46.1	47.6	6.2	1.82	.91		50.5	45.2	4.3	1.72**	.86	
5. 散　　步	12.3	62.8	24.9	2.76	.96	5	12.4	61.4	26.2	2.79	.97	5
6. 游　　泳	47.5	47.3	5.2	1.81	.91		66.1	31.7	2.2	1.49*	.77*	
7. 聊　　天	7.6	58.6	33.8	2.98	.92	3	6.3	56.6	37.1	3.04	.91	3
8. 看 電 影	27.1	63.3	9.6	2.17	.93	9	27.9	63.9	8.2	2.15	.92	
9. 訪　　友	13.5	78.8	7.7	2.38	.81	7	12.1	78.9	9.0	2.44	.82	9
10. 喝　　酒	43.7	49.2	7.1	1.89	.95		87.2	12.3	.3	1.16*	.45*	
11. 逛　　街	23.0	69.5	7.2	2.14	.85	10	10.9	74.1	15.0	2.52*	.88	8
12. 打　　牌	68.9	30.3	.8	1.40	.67		89.1	10.7	.2	1.13*	.40*	
13. 看 電 視	1.3	37.2	61.4	3.51	.71	2	.9	35.5	63.6	3.51	.72	1
14. 閱　　報	4.5	21.2	74.2	3.60	.79	1	10.5	27.0	62.4	3.30*	1.03*	2
15. 聽 廣 播	13.8	53.5	32.7	2.78	1.05	4	20.4	50.8	28.8	2.63**	1.10	6
16. 上 歌 廳	78.8	20.9	.3	1.25	.53		82.6	17.4	0	1.20	.47*	
17. 下　　棋	42.0	52.8	5.2	1.85	.88		70.5	28.8	.7	1.37*	.63*	
18. 攝　　影	49.3	45.6	5.1	1.75	.89		64.3	32.3	3.4	1.53*	.82	
19. 釣　　魚	68.3	25.5	6.2	1.53	.90		88.4	10.4	1.2	1.17*	.51*	
20. 繪　　畫	84.8	12.3	2.7	1.22	.62		79.5	18.3	2.2	1.30**	.67**	
21. 讀 小 說	54.7	38.0	7.2	1.72	.94		46.6	44.2	9.2	1.91*	1.01	
22. 土 風 舞	94.1	5.7	.2	1.07	.30		80.7	17.2	2.0	1.27*	.63*	
23. 插　　花	96.5	3.4	.2	1.05	.28		67.8	27.8	4.4	1.50*	.84*	
24. 看　　戲	75.6	23.7	.7	1.32	.63		70.9	27.9	1.2	1.39	.67	
25. 收　　集	64.5	29.3	6.1	1.57	.90		69.3	25.4	5.3	1.50	.89	
26. 種　　花	55.7	35.9	8.4	1.76	.99		47.9	41.7	10.4	1.91*	1.04	
27. 家　　事	79.8	17.4	2.9	1.33	.72		17.4	42.9	39.7	2.87*	1.12*	4

28.	讀書誌	23.4	45.6	31.0	2.69	1.14	6	28.0	40.6	31.4	2.57	1.20	7
29.	參觀展覽	34.0	55.6	10.4	2.13	1.00		42.3	50.2	7.5	1.92*	.96	
30.	上廟燒香	34.5	56.4	9.1	2.03	.95		27.9	60.1	11.9	2.20*	.98	
31.	上教堂	90.7	6.7	2.5	1.17	.60		87.1	9.7	3.2	1.21	.63	
32.	交際舞	89.6	9.9	.5	1.14	.46		89.1	10.8	.2	1.13	.40*	
33.	書　法	77.4	20.0	2.5	1.33	.69		75.9	22.9	1.2	1.33	.66	
34.	手工藝	88.2	10.3	1.5	1.18	.54		85.9	12.9	1.2	1.21	.57	
35.	上館子	27.6	65.7	6.7	2.12	.89		30.7	63.2	6.1	2.07	.90	

** $p < .05$, * $p < .01$

說明: 平均數爲 t 檢定; 標準差爲 F 檢定; 檢定係指男女差異。
　　　最高頻率的 10 個項目係由平均數決定。

取 .05 或 .01 的顯著水準, 大部分均達到 .01 以上, 只有部分項目未達到差異的顯著度, 顯示男女在休閒活動方面的選擇, 的確有些不同。不過, 這種不同只是程度上的, 實質上並無太大差異。例如, 在最高頻率的 10 個項目中, 男性居第 9 位的看電影 (2.17), 女性在這一項 (2.15) 居第 12 名, 未進入 10 名內, 但平均數未達顯著差異; 女性居第 4 位的家事(2.87), 男性在這項相距甚遠(1.33), 兩者達到差異的顯著水準; 其餘各項目均相同, 只是順序不同。可見, 男女的休閒行爲實質上的差異不十分大, 差異祇表現在程度上, 男性閱報頻率最高 (3.60), 看電視次之 (3.51); 女性看電視最高 (3.51), 閱報次之 (3.30), 類多如此。男女平均數檢定無差異的共有 14 項, 多半屬於兩類情形, 一類是高頻率, 列於 10 名之內者, 如看電視、聊天、訪友, 共有 6 項; 一類是低頻率者, 如上教堂、手工藝之類, 共有 8 項。這就是說, 休閒活動最多的和最少的項目, 男女相似, 豈不是相當明顯地說明了在某些項目中, 連程度上的差異也不太大。在表15中也可以發現, 平均數和標準差, 有的兩者均達到差異的顯著水準, 有

的只有一種達到，有的則均沒有達到，主要我們可以從標準差了解，兩者分散的程度是不是也有分別，例如郊遊，男女活動的頻率，男較高 (2.37)，女較低 (2.24)，可是分散的程度相當類似；又如上歌廳，男女的頻率均很低 (1.25；1.20)，分散的程度卻有差別，男性的高低差別較大 (.53)，女性的較小 (.47)。許多項目都可以從這個方向作進一步了解。

現在我們可將男女休閒活動在頻率上的高低做一點比較，分別為平均數的最高前 6 種，以及百分比的「常常」、「有時」、「從不」的最高前 6 項。

從表 16 和表 17 的比較，可以發現幾種事實：(1) 休閒活動頻率的最高前 6 項，無論是平均數或百分比，不僅男女的項目相當一致，高低也相差不遠，只有「家事」一項為例外，女性特高，而男性特低，但這種差異可以說是在常識性範圍內。(2) 6 種最高頻率的休閒活動，男性有 4 種屬於傳播媒介，2 種為個人的或人際的接觸，而除了散步，其餘 5 種都是靜態的；女性的情況，除了增加家事，減少讀書外，其餘均和男性差不多，只有次序上的變動，如男性為閱報、看電視，女性倒過來，看電視、閱報。(3) 從這些高頻率的休閒活動來看，居民幾乎全是就身邊所及，隨便找點事情做做以打發時間，例如打開電視機、翻翻報紙，或找個人聊聊天，沒有計劃性的安排。每題最高為 4 點，前兩項差不多都接近這個數字。(4) 「有時」從事的活動，各項的百分比均相當接近，而且男女相當一致，顯示這類活動比較需要較多的時間，以及較低的頻率，不是也不便隨時去拜訪親友，或郊遊旅行。這類活動同時也是動態的，在 6 項最高頻率中，幾乎沒有一種是靜態的，這跟前述「常常」從事的休閒活動正好相反。這類活動雖然也有 10% 左右分配在常常做 (表 15) 一欄，但只能視為頻

表16　最高頻率休閒活動的性別間比較

	男 (594)				女 (588)			
	最高前 6 項		常常做前 6 項		最高前 6 項		常常做前 6 項	
	順序	平均數	順序	%	順序	平均數	順序	%
閱　　報	1	3.60	1	74.2	2	3.30	2	62.4
看 電 視	2	3.51	2	61.4	1	3.51	1	63.6
聊　　天	3	2.98	3	33.8	3	3.04	4	39.7
聽 廣 播	4	2.78	4	32.7	6	2.63	6	28.8
散　　步	5	2.76	6	24.9	5	2.79	(7)	(26.2)
讀　　書	6	2.69	5	31.0	(7)	(2.57)	5	31.4
家　　事					4	2.87	3	37.1

表17　有時及從不做的性別間休閒活動比較

	「有時」做前 6 項					「從不」做前 6 項			
	男 (594)		女 (588)			男 (594)		女 (588)	
	順序	%	順序	%		順序	%	順序	%
訪　　友	1	78.8	1	78.9	插　　花	1	96.5		
郊　　遊	2	74.6	3	70.1	土 風 舞	2	94.1		
逛　　街	3	69.5	2	74.1	上 教 堂	3	90.7	5	87.1
上 館 子	4	65.7	5	63.2	交 際 舞	4	89.6	2	89.1
看 電 影	5	63.3	4	63.9	手 工 藝	5	88.2	6	85.9
散　　步	6	62.8	6	61.4	繪　　畫	6	84.8		
					打　　牌			1	89.1
					釣　　魚			3	88.4
					喝　　酒			4	87.2

說明: 二表資料均來自表15，重新整理，以便討論。

率較高而已，並不是每天去郊遊或看電影。這種男女高度的一致性，正說明「有時」從事的休閒活動，需要較長的時間和較大的空間加以配合。將來工作時間縮短以後，這類活動的頻率就會提高。(5)「從不」做的前 6 項，也即是活動頻率最低的 6 項中，有三項男女相同，另有 6 項為男女分別拒絕，男性拒絕插花、土風舞、繪畫，女性拒絕打牌、釣魚、喝酒，表現了男女不同的嗜好。雖然仍有些男人承認從事過插花（3.6%）、土風舞（5.9%）、繪畫（15%）之類的活動，有些女性從事過釣魚（11.6%）、喝酒（12.6%）、打牌（10.9%）之類的活動，但究屬少數。(6) 休閒活動頻率較高的項目，一方面固然是容易獲得，另方面也為社會價值所稱許；反之，那些頻率較低的項目，如果不是不容易實行，就是為社會價值所不讚許，或被認為有負面影響，如打牌、上歌廳、喝酒等。可見社會價值對休閒行為會產生鼓勵或壓抑的作用。

事實上，休閒活動頻率的高低差異，不完全在於性別，其他變項也有差異，經以 t 或 F 檢定，在 35 個項目中發現達到差異顯著水準的：性別，21 項；社會階層，21 項；地區，15 項；教育程度，25 項；職業，29 項。除地區一變項外，有差異的佔多數。我們也沒有必要把每一種差異拿來分析和解釋，但是有幾種特殊現象，似乎值得提出來討論：第一，有 8 個項目（旅行、球類運動、健身運動、閱報、讀小說、種花、參觀展覽、上廟燒香）在上述五個變項中，每一個都達到 .05 以上的顯著水準的差異檢定，顯示這些項目對各類不同職業、教育等的人，都具有不同的選擇方式，也可以說是不同的需求。第二，有 2 個項目（聊天、看戲），對任何一種變項都無差異，顯示選擇的重要性不大，反正各種分配都看不出差異。第三，有 11 個項目在 4 個變項上表現有差異，分別在一個變項上無差異，這種情形，

跟上述第一類情形相當接近，表示選擇性仍然相當大。另外，在 2 種自變項上無差異的有 4 個項目，在 3 種自變項上無差異的有 6 個變項，在 4 種自變項上無差異的有 4 個項目。為了避免過份瑣碎起見，就不做進一步討論和分析了。雖然如此，我們還是選擇了幾種日常常見的活動用以比較，看看它們在不同的自變項中，有什麼特殊的現象，或可以作何種解釋，如表 18 所示。所有休閒項目在 4 個自變項的差異，除電視、電影在地區和社會階層未達顯著度，均在 2.2（電影）和 3.5（電視）左右外，其餘都達到顯著水準，我們可進一步了解它們的實際狀況，及為什麼有這樣的差異。

　　從教育程度而論，旅行、看電影、閱報三項，平均數由小學以下，經初中、高中，而大專以上有越來越高的趨勢；看電視、上廟燒香，平均數有越低的趨勢。這就是說，教育程度越高的人，從事前三項的活動越多，越低的人越少；後二項則反過來，教育程度越高的人越少，越低的人越多。這可能涉及三種原因：一是工作時間的多寡和合適分配問題，教育程度較低的人工作時間多半較長，不易在時間上獲得合適的調整；二是需要和選擇的不同，因工作方式和知識程度，而對休閒品質有較合理的要求和安排；三是對事物解釋的理性程度，以現有的電視節目和拜神的形式，均比較不易吸引高教育程度的人。

　　就職業而論，情形跟教育程度相同，旅行、看電影、閱報三項，由生產及體力工至專業人員，平均數有逐項升高的趨勢，即專業人員的頻率高於佐理、高於服務、高於生產人員；後二項看電視、上廟燒香反過來，專業人員最低，而生產人員最高。這種情況，可能是由於專業人員的職業聲望較高、收入較多、教育程度較高而影響到個人的理性程度及選擇方式。

　　就社會階層而論，前三項，旅行、看電影、閱報的平均數，由低

表18 幾種日常休閒活動的比較（平均數）

		旅　行	看電影	閱　報	看電視	上廟燒香
A. 教育	小 學 以 下	1.86	1.63	2.78	3.65	2.45
	初　　中	2.22	2.07	3.56	3.55	2.20
	高　　中	2.43	2.46	3.68	3.56	2.10
	大 專 以 上	2.64	2.41	3.84	3.31	1.77
	合　　計	2.30	2.15	3.45	3.51	2.11
B. 職業	專　　業	2.64	2.36	3.80	3.30	1.71
	佐　　理	2.46	2.34	3.79	3.52	1.92
	服　　務	2.22	2.04	3.48	3.54	2.24
	生產及體力	2.19	2.11	3.28	3.60	2.28
	合　　計	2.36	2.19	3.57	3.50	2.36
C. 地區	城　　中	2.19	2.16	3.81	3.63	2.03
	龍　　雙	2.31	2.15	3.32	3.53	2.37
	大　　安	2.46	2.20	3.64	3.45	1.95
	士　　南	2.21	2.11	3.28	3.52	2.13
	合　　計	2.30	2.15*	3.45	3.51*	2.11
D. 社會 階層	高	2.51	2.24	3.70	3.48	1.87
	中	2.36	2.17	3.50	3.48	2.10
	低	2.15	2.09	3.28	3.55	2.24
	合　　計	2.30	2.15*	3.45	3.51*	2.11

* 電影、電視兩項，在地區、社會階層未達差異的顯著水準。
　其餘各項目，在各自變項中，均達到 .05 或以上顯著水準。

階層至高階層逐漸增加；後二項，看電視、上廟燒香的平均數，由低
階層至高階層逐漸減少。其電影、電視未達顯著差異不計外，其餘各
項仍然顯示高、中、低三階層的差異程度，旅行、閱報在高階層為高
頻率，燒香在低階層為高頻率。這種情況，在我們的社會中似乎相當
普遍，低階層比較迷信，高階層比較尋求知識上的分析。就是旅行，
也可能受到經濟能力，對生活品質要求的影響。電影和電視顯然不受
階層的影響，或者說，這類休閒行為的取向與高低階層無關，只要有
興趣和購買能力，就可以產生行動。

　　就地區而論，也不因行政區的不同，而對電影和電視產生差異
（二項未達顯著水準），這是常識性的了解。但是在其餘三項，閱報、
旅行、燒香仍有差異，它們的頻率高低次序為：

　　　　閱報：城中→大安→龍雙→士南

　　　　旅行：　　大安→龍雙→士南→城中

　　　　燒香：　　　　龍雙→士南→城中→大安

即是，閱報以城中最高，依次而士林、南港最低；旅行是從最高的大
安，依次為最低的城中；上廟燒香則以龍山、雙園最高，依次至大安
最低。這種地區性差異，從前述地區的變項分析中也許可以獲得一些
解釋。例如，城中區各業比較平均，文教設施較多；大安區專業、行
政主管、佐理人員有偏高的傾向；龍山、雙園區的中低階層商業人口
較多，有階層偏低的現象；士林、南港區的商業人口較龍雙為低，但
製造、生產工作人員較多。這樣的居民成份，也許可以幫助我們作進
一步的了解。

　　我們雖然用了許多自變項來分析不同休閒間的差異，但這些自變
項也不是完全孤立的，它們間或多或少會有些關係，如下面表19的相
關係數。

表 19 幾個自變項間的相關係數

	性　　別	年　　齡	教育程度	職業聲望
年　　　　齡	−.14**			
教　育　程　度	−.12**	−.30**		
職　業　聲　望	.43**	−.07*	−.01	
收　　　　入	−.10**	.05	.07*	−.04

* p<.05　** p<.001

（另外，地區和社會階層經卡方檢定為極顯著差異， C＝.49)

上表顯示， 除職業聲望、 收入的關係較小外， 其他各變項間均有較大關係，例如教育程度與性別、年齡為負相關，顯示女性教育程度較高，年齡越輕者教育程度越高；職業聲望與性別呈正相關，表示男性的職業聲望較高，而地區和社會階層的列聯相關（C 值）達到 .49，表示兩者間的確具有較高的相關程度。這也說明，選擇休閒活動，往往不是單一因素，可能是許多原因的交互影響作用。

上述各種休閒活動的分析， 係就一般日常生活而論， 把一天 24 小時作一些劃分，並在自由時間內做些什麼活動，可以把它當做娛樂或休閒來看。如果在假日或星期日，是不是就做些不同的休閒活動？也許有可能，我們先來了解一下居民在假日最高的幾種活動是什麼，如表 20。

表 20 男女在假日的 11 項高頻率休閒活動中， 有 10 項完全相同，不同的一項「家事」，為中國女性較專屬的工作，所以可說假日的休閒活動，在項目上沒有性別差異，就是在程度上的差異也不大。以男女合計，假日休閒活動最高頻率的前 6 項為： 1.看電視 (762)；2.閱報 (452)； 3.旅行郊遊 (369)； 4.聊天 (365)； 5.散步 (359)；

表20　假日休閒活動最高的幾種項目*

項　　目	男	順　序	女	順　序
電　　視	369(48.4)	1	393(51.6)	1
閱　　報	247(54.6)	2	205(45.4)	3
旅　　行	181(49.1)	3	188(50.9)	6
讀　　書	163(53.4)	4	142(46.6)	10
聊　　天	159(34.6)	5	206(56.4)	2
散　　步	157(43.7)	6	202(56.3)	5
電　　影	134(47.2)	7	150(52.8)	9
訪　　友	117(43.7)	8	151(56.3)	8
餐　　館	111(48.3)	9	119(51.7)	11
廣　　播	109(51.2)	10	104(48.8)	12
逛　　街	100(36.0)	11	178(64.0)	7
家　　事	16 (7.3)		202(92.7)	4

* 全部項目見附表十七

6.讀書 (305)。這種高低頻率順序跟表 15 有什麼不同呢？把該表前
6 項平均數，男女合計 (表16)，它的高低順序為： 1.電視 (3.51)；
2.閱報 (3.45)； 3.聊天 (3.01)； 4.散步 (2.77)； 5.廣播 (2.70)；
6.讀書 (2.63)。兩相比較，其中 5 項不僅項目相同，連次序也相同；
唯一不同的是， 日常生活中廣播佔第五位， 假日則旅行郊遊佔第三
位。這跟我們以前的研究結果也相當類似，假日或週日的郊遊旅行頻
率會特別高些。平日和假日的休閒項目竟相同到這種程度，令我們不
得不懷疑，國人的休閒觀念和休閒行為是否能適應工業環境的需求？
可能仍然停留在農業環境中，只要有休息的時間，坐下來看看電視、
聊聊天也就滿足了。為什麼其他種類的休閒活動都無法提高？是由於

場地、時間的不足，還是沒有興趣？現有的休閒行為，不論是平日或假日，最大的缺點就是，過份集中於傳播媒介（三項或四項）；過於靜態化；也過於單獨的個人活動。

這種假日和平日的相同活動，可能使將來的休閒活動面臨兩個困境：一是如果工作時間再度縮短，如每週 40 小時，每週兩天的假日，將如何打發？二是如果需要開發休閒資源，目標將是什麼？開發那些項目，我們幾乎完全沒有把握。

經過上述對時間分配和休閒活動的內容與頻率的分析，我們可以獲得幾個主要的結果。

（1）以三類的時間分配而論，本市居民的工作時間較長，自由或娛樂時間較短，生活必需時間和睡眠時間大致合於一般標準；與國際間比較，也是這種趨勢。將來工作時間如再縮短，例如不加班或每週工作五天，自由時間必然相對增加，休閒時間就會多起來。較長的工作時間，為農業社會的特徵之一，國人由於勤勞成性，諺語所謂業精於勤，而荒於嬉，每日實際工作時間可能超過十個小時。這種習慣，對現代的工商業社會，仍可能產生影響，因而都不大主動去安排休閒活動。

（2）對於工作時間和娛樂時間的分配上，教育程度和職業的差異最有特殊意義。低學歷的人工作時間較長，娛樂時間較少，顯然他們的工作較不穩定；高學歷的人工作時間較正常（如八小時），娛樂時間較多，顯然比低學歷的工作較合理。就職業而言，服務業工作時間最長，娛樂時間最少；專業人員的工作時間和娛樂時間較合理；生產及體力工作人員的工作時間不穩定，娛樂時間卻很長。

（3）最高頻率的休閒活動是：1.閱報；2.看電視；3.聊天；4.聽廣播；5.散步；6.讀書。假日或週日的情形也一樣，只有旅行郊遊

取代聽廣播。這是很有意義的結果，即使有較長的時間，也沒有太多的戶外活動，主要的項目仍然是坐在家裏看電視、閱報。這是不是說明，中國人有把休息當做休閒生活的歷史淵源，只要不參與工作，就算是「享福」了，因而以致今天，仍然並沒有太多的人去利用時間做休閒活動。去年的結果跟今年的差別也不大，跟其他許多調查結果也相當接近。這種事實，似乎已經可以說明是一種習慣性的行為。

（4）在幾種特殊的休閒活動上，如旅行、看電視、閱報、燒香，旅行代表戶外活動，看電視是打發時間，閱報是求知，燒香是拜神。這些比較具有特別意義的項目，在教育程度、職業、社會階層上，多半有些不同的含意。看電視、燒香以低學歷、低職業聲望、低階層的人頻率較高，旅行、閱報則以高學歷、高職業聲望、高階層的人頻率較高，這顯然已形成兩種類型或模式行為。我們可以說，知識程度和社會地位較高的人，比較偏向於理性的休閒活動；知識程度和社會地位較低的人，比較偏向於情緒性休閒活動。

（5）這種戶內的、靜態的、單獨的休閒行為，一方面可能受了時間的影響，另方面也可能受了傳統習慣和勤勞的工作態度的影響，因而目前還不易發展出新的休閒方式。

二　休閒行為的類型

我們在前一節花了許多文字去分析和解釋一些休閒的特定項目，尤其是那些頻率較高的項目，如閱報、看電視，但這種說明幾乎永遠難以窮盡，不僅因人而異，也常常因地、因時而異。如果從類型的觀點去分析，就會簡單得多，像表10所提出來的幾種類型結果，就可

以概括許多類似的活動，不必一一解釋。從因素分析的觀點而言，類型分析不僅可以歸類，同時也可以了解類的意義，把不需要的項目排除，需要的歸納起來。

我們曾經做過幾次因素分析，結果大致相似（參閱表10），與國外比較，差異也不大，例如最常見的五分法，運動、藝術、實用、知識、社交（Dumazedier, 1974: 99-103），除了藝術一項外，我們都從因素分析中獲得。中國人的藝術活動實在太少，偶而有一點，也是少數人的參與，所以多次都無法在因素中得到藝術類，雖然別的類型中出現了藝術活動的項目，如繪畫、唱歌之類。

本次調查的休閒項目略有增減，共計 35 題，剔除超過 80％ 無人做的項目共 7 題，尚餘 28 題。這 28 題中，有些題目的共同性很低，仍然難以進入因素類型。上次北三區舊社區的因素結果，除了兩項（喝酒、家事）不同外，其餘相當一致，所以男女合為一種，用性別因素區分男女。這次因素結果的差異比較大，不得不把男女分開討論，如表21。從表 21 來看，男女因素差別相當大，可以說只有第二個因素社交型相同，也只是意義差不多相同，項目仍有差異。其次是所能解釋的變異量也約略相似，男性四個因素可以解釋總變異量的39％。第一個因素最主要，可以解釋 22％ 的變異量，其餘三因素僅能解釋變異量的 17％；女性四個因素可以解釋的總變異量為 44％，也是第一因素為最重要，可以解釋 26％ 的變異量，其餘三個僅能解釋18％，情形跟男性相似。每一個項目的變項變異量（共同性），男女性大致相同，雖有些項目男性稍高，另有些項目女性稍高。看電視可以說是一種特殊現象，男女性都非常普遍，經常看的比例雖沒有達到70％（表15），從未看過的人卻最少(1.1％)，它跟任何一項目的相關均很低，無法進入因素類型中。

表21　男女因素類型

	男性 (590)					女性 (586)				
	I 知識藝術型	II 社交型	III 運動消遣型	IV 健身型	共同性	I 知識健美型	II 社交型	III 消遣型	IV 家務型	共同性
郊遊旅行	.36		−.41	.43	.34	.58	.35			.42
球類運動	.41		−.57		.41	.66		.38		.45
健身運動	.40			.42	.31	.54				.35
登　　山				.52	.32	.50				.30
散　　步	.44				.27	.40	.40			.28
游　　泳			−.57	.37	.35	.52				.30
聊　　天		.57			.24		.44			.18
看 電 影			−.55		.33	.47	.55			.43
訪　　友		.54			.29		.40		−.39	.23
喝　　酒					.22			.46		.20
逛　　街	.37	.36	−.38		.28		.64			.33
打　　牌			−.44		.22			.44		.22
看 電 視					.10					.14
閱　　報	.47				.30	.54	.45			.47
聽 廣 播	.35				.22	.46	.41			.32
下　　棋					.21	.53		.55		.38
攝　　影	.57			.37	.35	.55				.34
釣　　魚				.43	.18			.45		.19
讀 小 說	.49		−.43		.33	.53	.44			.41
看　　戲		.40			.19			.39		.17
收集物品	.56				.32	.53				.30
種　　花	.38			.50	.28	.44				.25

	M1	M2	M3	M4	h²	F1	F2	F3	F4	h²
家　　事				.35	.16			−.45		.19
讀　　書	.77		−.43		.54	.81	.37			.68
參觀展覽	.69		−.43	.36	.51	.79				.60
上廟燒香		.38			.20				−.40	.13
書　　法	.46				.25	.57		.42		.38
上　館　子	.43		−.47		.37	.58	.52			.49
固　定　值	6.13	1.78	1.56	1.44		7.17	2.01	1.67	1.38	
變異量累積%	21.9	28.3	33.8	39.0		25.6	32.8	38.8	43.7	

說明：(1) 因素負荷量低於.35者未列入。

　　　(2) 本因素為斜角轉軸。因素相關係數，男性在.21—.37之間，女性在.20—.32之間。

　　男性的第一個因素為「知識藝術型」，主要的項目有閱報、讀小說、讀書以及攝影、收集物品、參觀展覽、書法，這類的休閒活動，都可以視為與求知和學習藝術有關。兩者可能不易分開，知識與藝術是互為影響的，因而落在一個因素上，並且是最主要的一個。我們可以說，男性對這類休閒活動相當重視，它佔了四個因素總變異量的21.9%。換個方式來說，知識傳播媒介和書畫活動，對本市男性居民具有相當大的吸引力，也是休閒活動的主要對象。如果規劃休閒活動，這一類的項目應該是重要資源，至少也應該是重要休閒資源之一。這個因素中還出現一些因素負荷量不算低的項目，如球類、健身等，但它們分散在幾個因素中且負荷量更大，顯然是彼此關係較大，不易劃分，故在本因素不加考慮。第二因素為「社交型」，主要項目有聊天、拜訪親友、看戲等，項目不很多，但類型的意義相當明顯，能解釋總變異量的6.4%，看起來在休閒活動中，社交不是頂重要的事

了。　可是，　國人是注重人際關係的，　為什麼社交型活動不佔重要地位？也許我們並不把它當作社交看待，尤其不認為是休閒，那是在辦事，「拉關係」是辦正事。第三個因素為「運動消遣型」，主要的項目包括有球類運動、游泳、看電影、打牌、上餐館等，運動和消遣成為一個因素，可以解釋為把運動和消遣併為一談，它的意義有別於單純的運動或單純的消遣，可以說打球是為了消磨時間，打牌也是為了消磨時間。這種休閒方式，國人利用的應該不在少數，但它只能解釋總變異量的 5.5％。第四個因素為「健身型」，主要的項目有郊遊旅行、健身運動、登山、釣魚、種花等，可以解釋總變異量的 5.2％。這類活動，在臺北市已經相當普遍，但它的解釋力跟第三因素一樣，仍然不高。現在我們可以說，男性休閒活動的類型，最重要的為知識藝術型。

　　女性的第一個因素為「知識健美型」，　主要項目有閱報、讀小說、讀書、郊遊旅行、球類運動、健身運動、登山、游泳、聽廣播、下棋、攝影、收集物品、參觀展覽、書法、上餐館、種花等，共16項，幾乎一大半的項目都進了這個因素，它可以解釋總變異量的25.6％。這個因素實際包括三個部分，第一部分為知識方面，如讀書，因素負荷量最高；第二部分為健康方面，如球類運動、郊遊旅行；第三部分為美或藝術方面，如參觀展覽、書法。三部分總合起來，就變成一個因素，這個因素即是求知的、健康的，又是求美或藝術的，合而言之，就是知識健美型休閒活動。它佔整個活動的大部分，可見是一個很重要的因素。事實上，臺北市的女性也的確有這種傾向，要求自己漫向知識健美型的活動，以增加自己的活力。很顯然，這是值得提倡的休閒活動。第二因素為「社交型」，主要項目為逛街、看電影、聊天、拜訪親友等，與男性的項目稍有不同，但意義

沒有什麼差別。如果前三項都有別人參加，則其為社交型活動尤為明顯。它所佔的變異量為 7.2%，比第一因素低很多，也就是不那麼重要，或者說，社交在女性的活動中跟男性一樣，不如想像的那麼受到重視。第三因素為「消遣型」，主要項目有下棋、釣魚、喝酒、打牌、書法、看戲等，這些項目歸納在一起，似乎不容易看出任何特定目標，只是打發時間而已，所以可以說是為了消遣，它可以解釋總變異量的 6.0%，能產生的作用不是很大。第四個因素為「家務型」，落在這個因素上的，不但變異量很低 (4.9%)，而且項目很少，較高因素負荷量的只有兩個，家事和去廟裏燒香。燒香為宗教行為，這裏卻跟家事連在一起，可能這種拜神和拜祖先一樣，只是為了祈福、保平安之類，完全是功利性的宗教行為，因而把這個因素叫做家務型的活動，大致是可以成立的。

從上述的分析，我們發現，男女休閒活動的類型頗為不同，男性強調知識和藝術的結合，社交、消遣和消遣式的運動，以及健身活動。女性強調知識、運動和美的結合，社交、消遣以及家務。除社交外，都不盡相同，雖然所能解釋的變異量相當接近。這種類型跟去年北三區的結果也有點不同，不過差異並不太大。去年的休閒類型是知識取向、健身取向、消遣取向、性別取向四個因素，總變異量稍高，為 46.9%。大致來看，今年也只是在知識因素上比較複雜些，這可能就是大臺北居民在休閒行為上的特色，究竟比北三區的較傳統社會更具有多樣性。特別是女性方面的第一因素，幾乎把主要的休閒活動都包含進去了，掌握這一個因素，大致就可滿足休閒行為的主要面向。

三　影響休閒行爲與滿意度的因素

在前述兩節中，我們已經了解時間分配、休閒頻率、休閒類型諸問題。對那些問題的分析和討論，我們也已經了解，居民中那些人的頻率高些，那種類型的解釋力大些，或不同變項之間的差異等。

這裏我們要用迴歸分析來了解兩個問題：一是休閒行爲類型可能受到那些變項的影響，以及它們的解釋力和影響量？二是休閒生活的滿意度受到那些變項的影響，以及它們的解釋力和影響量？在勞工的研究中，我們發現，影響休閒行爲類型的以教育程度、年齡、性別爲主要變項，影響休閒生活滿意度的主要變項則爲休閒時間、福利措施、工作單調感等；在臺北市舊市區（北三區）居民的研究中，發現影響休閒行爲類型的主要變項以教育程度、休閒滿意度、年齡、性別等。可見教育程度、年齡、休閒時間以及其他相關變項，對休閒行爲類型和休閒生活滿意度，有相當密切的關係。

在設定迴歸關係時，我們要測驗那些變項影響休閒生活的滿意度，除自變項外，並以休閒行爲的因素類型爲中介變項，如圖 1 所示。自變項的 A 類，年齡和教育程度，前節分析時已經使用過，年齡可分五段，24 歲以下、25—34、35—44、45—54、55 歲以上，教育程度分小學以下、初中、高中、大專以上，這兩個變項實際也可以視爲一種連續性。工作彈性是指工作時間是否很有彈性，有彈性或沒有彈性，對休閒的反應會有差異。工作長短是指工作時間是否過長或很短，過長或過短對休閒活動的反應也會有差異。休閒時間是指休閒活動的時間夠不夠，夠不夠可能是主觀的，但是會直接影響休閒活動。

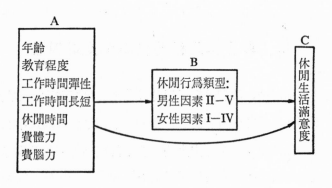

圖 1　休閒生活滿意度迴歸模式

這些變項可能直接影響休閒行為類型和休閒生活滿意度，也可能間接影響休閒生活。自變項 A 類中的兩個變項，一個是工作是否很費體力，另一個是工作是否很費腦力。在假設中有可能用休閒活動作為工作的延續或互補，也可能僅對休閒行為類型的 B 類變項產生影響。B 類的男女休閒行為類型可能影響休閒生活的滿意度，它的頻率高低直接與休閒生活有關。休閒生活滿意度是指休閒生活是否滿意，它可能受到A，B 兩類變項的直接影響，也可能間接受到 A 類某些變項的影響。

　　利用上列各種變項，我們可以獲得幾種迴歸分析的結果，如表22。就表 22 的整體性而論，男性因素 I 的解釋力 (R^2) 達到 32%，可以說相當高，其次為因素 III 的解釋力 23%，因素 II 及因素 IV 均為 .07，就很小了。女性也是以因素 I 的解釋力最高，達到 46%，比男性還高了許多，其次為因素 II 15%，其餘因素III, IV 各為 .02、.06，就很低了。顯示男女性均以第一個因素為重要的休閒活動，即與知識、藝術或健美活動有關的事項，如閱報、讀書、參觀展覽、健身運動等。這類活動事實上也是頻率較高的幾種，即使從日常生活中去觀察，工作以外的活動也多半如此，除了電視沒有進入這個因素。電視，幾乎所

表22　男女性各自變項因素類型的解釋力和影響量

A. 男　　性	I 知識藝術型		II 社交型		III 運動消遣型		IV 健身型	
	beta	R²	beta	R²	beta	R²	beta	R²
教 育 程 度	.55	.304	.17	.016	−.38	.181		
休 閒 時 間	.12	.014	.18	.030	−.15	.020	.13	.025
年　　　齡			.16	.023	.30	.076		
工作時間長短							−.56	.025
工作時間彈性							.21	.006
費　腦　力							.22	.014
總　R²		.318		.069		.227		.070

B. 女　　性	I 知識健美型		II 社交型		III 消遣型		IV 家務型	
	beta	R²	beta	R²	beta	R²	beta	R²
教 育 程 度	.66	.435	.31	.104	.11	.009	.22	.053
休 閒 時 間	.15	.024	.19	.030	.09	.006	−.10	.008
年　　　齡	−.08	.003	−.15	.020				
總　R²		.462		.154		.015		.061

說明：迴歸詳細結果，請參閱附表十八與附表十九。
　　　R²為決定係數，beta 為標準化係數。

有的人都有收看的經驗，經常收看的比例更是高得不得了，但是跟任何變項幾乎都沒有關係，或相關很低。我們可以這樣說，每個人都在看電視，卻沒有什麼明顯的目的。所以，知識性休閒活動的確非常重要，就現有的狀況來說，從事這類活動也比較方便。

　　男性的教育程度對因素 I, III 有最大的解釋力(R²)和影響量(beta 值)，特別是對因素 I，解釋力 30%，影響量 .55。這是可以理解

的，知識藝術型活動必然受到教育程度的影響，教育程度越高，對知識藝術性活動的參與率必然越多。其次是休閒時間夠不夠，對四個因素產生普遍性影響，雖然解釋力和影響量都不是很大，原因可能由於任何活動都受到時間的支配。年齡和其他幾個變項，對因素Ⅱ，Ⅲ或Ⅳ有關係，但都比較小，特別是因素的解釋力不大。所以，就整個男性休閒行爲類型而言，因素Ⅰ，Ⅲ最重要；有關的變項則以教育程度、休閒時間最重要。雖然年齡對因素Ⅲ的影響量有 .30，工作時間長短對因素Ⅳ達到 −.56，但它們對相關因素解釋力的百分比均不高，兩個變項的重要性因而降低。

　　女性影響因素類型的自變項只有三個，教育程度、休閒時間和年齡。年齡對因素Ⅰ，Ⅱ有關係，但關係很輕微，不足構成力量。教育程度對四個因素都有比較高的解釋力和影響量，而以對因素Ⅰ，Ⅱ爲最大，影響量分別爲 .66 及 .31，解釋力則分別爲 44%及10%，其餘就微不足道了。這種情形跟男性是一樣的，知識程度的高低，自然會影響對知識健美型休閒活動的選擇。這可能是現代婦女一種新型的休閒活動，把知識、健身、藝術三者視爲一種綜合性行爲。休閒時間的多寡也對四個因素產生影響關係，但重要性比教育程度低得多，例如對因素Ⅰ只能解釋 2.4%，因素Ⅱ也只有 3%，其餘就更少了。也可以說，時間對每個因素類型都有點作用，卻不大。

　　通觀男女性各自變項對四個因素類型的影響，以教育程度爲最重要，對因素Ⅰ尤其重要，它可以解釋男性總量 31.8% 中的 30.4%，以及女性總量 46.2% 中的 43.5%；其餘因素也多半以教育程度爲重要。第二個比較重要的變項是休閒時間，對每一個因素都有影響，但影響力不大。事實上，各因素的係數，除教育程度外，其他各變項佔的比例甚小，甚至小到可以不必考慮。

　　現在我們可以進行休閒滿意度的分析，前面已經從休閒行爲頻率上得知，那些項目的頻率較高或較低，現在要問的是，這樣的休閒活動是否令人滿意？而影響滿意度的又是那些項目？它們在男女或其他變項上有沒有差異？諸如此類的問題，必須有進一步的了解。

　　我們發現，對休閒生活很不滿意的只有 3.2%，不滿意的 29.2%，滿意的 63.1%，很滿意的 4.5%，也可以說，不滿意的佔 32.4%，滿意的總數佔 67.6%，或者概略的說，不滿意的人爲 1/3，滿意的爲 2/3，沒有性別上的差異。這個數字很難判斷休閒生活的好壞，因爲好與壞是比較的結果。去年臺北市北三區休閒生活滿意度是，很不滿意的佔 9.1%，不滿意的佔 18.8%，合計爲 27.9%；滿意的佔 40.5%，很滿意的佔 31.5%，合計 72.0%。1978 年美國人對休閒活動，不滿意的約佔 11%，相當滿意的約佔 31%，很滿意的約佔 58%（明德，民 71：217），合計起來，滿意的佔了 89%。這次的結果，比北三區的滿意度還要低一點，比美國人則低了很多，約 21 個百分點。不過；我們也必須知道，美國人不僅國民所得和生活水準比較高，社會也比較開放，這些都會影響休閒活動的品質。與北三區的差距很小，實質意義可能不大。

　　這種滿意度在性別、年齡上沒有差異，但在教育程度、職業、社會階層上有差異。從教育程度來看，學歷愈高不滿的人愈多，滿意的愈少（附表二十），而很不滿意和很滿意差別不大。可能是休閒項目本身的變異不多，對於知識程度較高的人，就不易滿足，反之，就較易獲得滿足。在職業方面，與教育程度有同樣的趨勢，專業行政人員的休閒生活，不滿意的較多，滿意的較少（附表二一），專業行政人員一般具有較高的教育程度和職業聲望。在社會階層上，高階層不滿意的較多，滿意的較少（附表二二），高階層通常擁有較多的經濟資

源和較高的社會地位。上述三個變項在休閒生活滿意度的方向是一致的，即教育程度、職業等級、社會階層越高，不滿意的就越多，滿意的越少。這種情形似乎與某些特殊因素有關，但又不易獲得解釋，因為它跟許多項目都沒有達到相關的顯着性。

我們可以從迴歸分析來了解，究竟有那些變項影響休閒生活的滿意度，結果如表23。

表 23　性別間休閒生活滿意度迴歸分析

	迴歸係數	標準化係數	複相關	決定係數	F檢定
A. 男　　　性					.000
1. 休閒時間	.57	.57	.596	.354	.000
2. 運動消遣型	−.11	−.16	.608	.367	.000
3. 年　　齡	.01	.10	.614	.374	.000
常　　　數	1.193				
B. 女　　　性					
1. 休閒時間	.64	.62	.637	.404	.000
2. 家　務　型	−.09	−.11	.646	.415	.000
3. 知識健美型	.04	.07	.649	.418	.000
常　　　數	1.062				

上表顯示，影響男女性休閒生活滿意度均只有三個變數，男性為兩個自變數，一個中介變項；女性為一個自變項，兩個中介變項。

男性三個變項可以解釋 37.4%，已經具有相當高的解釋力，其中以休閒時間的解釋力最大，佔總解釋力的 35.4%，其餘二項目只能解

釋 2％， 可見休閒時間的重要性； 休閒時間也有較大的影響量，為
.57， 其餘的影響量都很小。 幾個中介行為類型變項，僅運動消遣型
具有少許影響作用 (影響量 −.16，解釋力 .013)，其餘幾個中介變
項和自變項均沒有達到 .05 的顯着水準。 這表示對男性休閒生活而
言，休閒時間幾乎是唯一重要的影響因素，時間越多，休閒生活便越
滿意，連第一因素知識和藝術也沒有作用。

　　女性三個變項可以對休閒生活解釋41.8％，比男性還高了不少。
其中休閒時間可以解釋總量的 40.4％，其餘兩個變項只有 1.4％ 的
解釋力，可以說極為微小，雖然這兩個是中介變項。影響量也是休閒
時間最大，達到 .62，其餘兩個也很小。這樣我們可以了解，影響女
性休閒生活滿意度最大的，跟男性一樣，也是休閒時間，家務型和知
識健美型活動所佔份量極少，甚至可以說，不發生什麼作用。

　　現在我們了解，無論男性或女性，影響休閒生活滿意度的最主要
變項是休閒時間，運動消遣型和年齡對男性、家務型和知識健美型對
女性， 雖然也是變項之一， 但作用極小，另有些變項， 如知識藝術
型、社交型或其他有關變項，都對休閒生活的滿意度不發生任何影響
作用。這跟研究工人的結果相當類似，影響勞工休閒滿意度最主要的
變項為休閒時間。這種結果也許可以解釋為，一般人的工作時間都太
長，相對使自由時間減少，休閒生活的滿意度自然受到休閒時間的影
響了。

　　綜合上述休閒行為因素類型和休閒生活滿意度的迴歸分析，以圖
1 的變項關係加以描述，可獲得圖 2 和圖 3 的結果。

　　圖 2，圖 3 很明顯的指出，休閒時間和教育程度是影響男女休閒
活動兩個很重要的指標。教育程度是影響休閒活動的重要指標，休閒
時間卻是影響休閒生活滿意度的重要指標。休閒時間對四種休閒活動

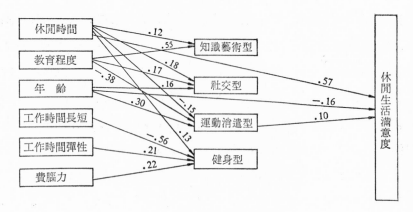

圖2 男性休閒生活滿意度

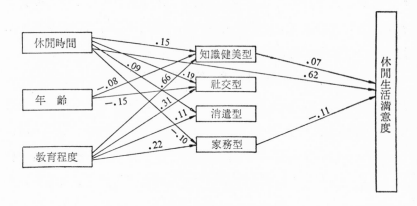

圖3 女性休閒生活滿意度

都有影響，男女性均以對社交型活動最高，男性為.18、女性為.19，
但對休閒生活滿意度的直接影響，男性達到.57，女性.62，可見差
距甚大。其餘兩個變項，直接的如男性的年齡（－.16），間接的如男
性的運動消遣型（.10），女性的知識健美型（.07）、家務型（－.11），
不僅兩者差異不大，影響量也很小。結論就可以說，休閒生活的滿意
度決定在休閒時間的因素上。為什麼休閒時間對休閒生活是否滿意這

樣重要? 我們先看下面這個相關表24。

表 24　休閒時間與休閒滿意度相關係數

	A休閒生活滿意度	B 休 閒 時 間	C工作時間長短
A	—		
B	.614	—	
C	−.338	−.389	—

上表休閒生流和休閒時間的相關達 .61 的高相關，表示休閒時間越多的話，休閒生活滿意度就越高，證實廻歸分析中直接高影響量的必然性。另一方面，休閒生活、休閒時間二者與工作時間長短分別有 −.338, −.389 的負相關，表示工作時間越長，休閒時間就越不夠，休閒滿意度就越低。這就是說，滿意的休閒活動取決於較短的工作時間和較長的休閒時間，其他因素影響甚微。

從上述各種角度的分析，我們獲得以下幾點結果:

(1) 影響休閒行爲因素類型的變項，無論男女，以教育程度爲最重要，其次爲休閒時間，這兩個變項對四類型行爲具有普遍性的影響力，雖然影響量和解釋力並不一致，而以教育程度對因素 I 的影響量和解釋力最大。年齡也具有某種程度的作用，但普遍性不夠。這顯示個人的知識高低，甚至是學歷的高低，對於與知識有關的休閒行爲，產生決定性影響。

(2) 影響休閒生活滿意度的變項，以休閒時間爲最重要，無論影響量或解釋力，無論男女均如此。它對滿意度的直接影響，比對休閒行爲的影響要大得多，其餘幾種變項的作用，多微不足道。這顯示休

閒時間的多寡爲影響休閒生活是否滿意的唯一因素，時間多則滿足程度高，少則低。

(3) 工作時間、休閒時間、休閒滿意度三者便成爲互相關聯性因素，工作時間過長的話，休閒時間便不得不縮短，休閒生活的滿意度便降低。所以，如果要獲得滿意的休閒生活，便必須降低工作時間，增加休閒時間。在這種情況下，我們已經可以充分了解，休閒滿意度幾乎與休閒行爲沒有什麼關係，做什麼活動都無關重要，重要的是時間。

四 討論與結論

從前述各節的分析，有幾個具體的結果，值得提出來再作一點綜合的討論和解釋，這樣，或許會獲得某些深一層的意義，對結論的抽象化層次也可能有點幫助。例如，一般居民的工作時間過長，自由時間過短，爲什麼會長期接受或忍受這種現象呢？一些休閒活動頻率較高的項目，爲什麼多屬靜態的、個人的、接觸傳播媒介方面的？爲什麼假日和平日的休閒活動幾乎沒有多少差別？男女休閒活動項目、頻率高低、因素行爲類型、休閒滿意度等，爲什麼那樣相似，甚至完全相同？爲什麼影響行爲因素類型的項目那麼少，並且是幾個相同的項目？更重要的是，作爲中介變項的因素類型對個人休閒生活滿意度，何以不能產生更大的影響作用，進入更多的變項？自變項對滿意度的影響，爲什麼也沒有太大的變化，依然跟因素類型相似？最後，我們要問，臺北市居民究竟過的是什麼形態的休閒生活，眞正滿意到什麼程度呢？

這要從中國人對工作的態度談起，特別是儒家倫理，總是強調「勤儉」，治家要克勤克儉，治國也要示天下以勤儉。勤就是不要偷

懶，要努力工作，所謂「欲求生富貴，須下死工夫」。讀書人的「鐵硯磨穿」，就是象徵夜以繼日不停地工作。儉就是不要驕奢遊戲，奢侈會浪費金錢，遊戲會浪費光陰，對工作都會產生不良影響，所以在民間也相當強調「勤有功，戲無益」這類行為標準。在今天來說，勤指的是利用工作時間，遊戲指的是利用自由時間，自由時間內可以從事休閒活動，但在農業社會傳統下，休閒被認為是耽誤工作的偷懶行為。這種想法，在臺灣雖有很大的轉變，但努力工作的態度還是相當強烈。因而現在在臺灣的農村裏每天仍有工作十餘小時的農民，工廠裏有工作十多小時的勞工，商店有工作十多小時的店員和店主或老闆，都毫無怨言。這就是說，我們雖然進入工商業社會時代了，日常生活卻相當程度的保留了傳統的方式：努力工作，不要貪玩。這樣，自然容易忍耐過長的工作時間。

工作時間既然較長，休閒和娛樂時間就必然較短，短時間內的休息或自由時間能做些什麼呢？最方便的，當然是看電視、閱報、讀書、散步、參觀展覽、拜訪必要的親友，假日最多增加一些家務（仍以女性為主）或郊遊旅行。這些行為都受到時間和空間的限制，對每個人的機會是一樣的，因而在性別、接觸項目、頻率高低、行為類型、滿意度等都沒有太大的差異，只要有時間，每個人，無論男女，都可以靜靜地坐在家裏看電視、閱讀書報，或偶爾去看看朋友。所以，除了前述五、六項休閒活動的頻率特別高些以外，居民對於其他的活動，都抱持一種可有可無的態度，有了不見得會熱心去做，沒有也未必感到遺憾。這可從一個小的因素分析可以看出端倪。問題是工作累了時會做些什麼活動：(1)做些輕鬆的娛樂活動；(2)做些費力的活動；(3)只要安靜地休息；(4)不覺得工作會累（本題有語意上的問題，分析時剔除）。(1)至(3)題實際代表三個不同的休閒方向，第一

題代表精神上的享受，第二題代表體力上的休養，第三題代表什麼活動都沒有。結果，三者的相關都相當高，如表 25。

表 25 工作後休閒選擇的相關係數

	(1)	(2)	(3)
(1) 做些輕鬆的娛樂活動	—		
(2) 做些體力的活動	.55	—	
(3) 只要安靜地休息	.30	.41	—

樣本＝1130（男女合計），p＜.001

　　這種方向不同， 實際的相關卻很高， 表示三者在本質上的一致性。它們的因素負荷量依次分別為.65, .82, .51，顯然是一個因素。這種情況，也可能表示做什麼活動都沒有太大的分別，娛樂、運動或休息，只要工作後有足夠的時間可資利用，就容易獲得休閒生活上的滿足感。我們從表 26 也可以看得出來。

　　表 26 無論是休閒時間或滿意度，都沒有性別間差異，顯示男女在這兩個變項上的態度是一致的。總計起來，不夠的約佔40%，剛好的約佔 60%，不滿意的約佔 32%，滿意的約佔 68%。兩相比較，時間夠的百分比比滿意的百分比要低些， 但差距不大，方向一致，兩者的相關又達到 .6（見表 24）， 這可以說明， 休閒時間的夠不夠的確影響了休閒生活的滿意狀況。這種狀況，雖然在教育程度、職業、社會階層上表現了若干差異，但差異並不太大。以社會階層為例，說休閒時間剛好的， 低階層比高階層多些； 認為不夠的， 高、中階層比低階層多些（附表二三）； 認為休閒滿意的， 低階層比高階層多些；認為不滿的， 高、中階層比低階層多些（附表二二）。兩者不僅方向相

表 26　男女休閒時間和休閒滿足情況（%）

A.休閒時間	十分不夠	不　　夠	剛　　好	合　　　　　計
男	6.1	36.3	57.7	50.2(593)
女	4.6	33.6	61.8	49.8(589)

$$x^2=2.66 \quad df=2 \quad p>.05$$

B.休閒滿意度	很不滿意	不　滿　意	滿　　　意	很　滿　意	合　　計
男	3.5	30.5	62.1	3.9	50.2(593)
女	2.9	27.8	64.2	5.1	49.8(589)

$$x^2=2.30 \quad df=3 \quad p>.05$$

同，滿意度也很接近（前者 $p<.07$，後者 $p<.03$）。高、中階層不夠和不滿意的趨勢顯然比低階層強烈些。這可能是由於休閒環境並無多大差別，而高、中階層所要求的較多。行政地區在這兩方面都無差異，但另外的調查指出，有些休閒與娛樂有差異（楊重信等，民 74：82）。

可是，那 40% 的時間不夠和 30% 左右的不滿意，原因究竟在那裏？根據北市居民的反應，休閒活動最感不足的原因共有四大類：(1) 事情太多，沒有時間，佔 41.36%；(2) 場地不足，佔 29.75%；(3) 經費不足，佔 6.10%；(4) 找不到合適的活動，佔 16.27%；(5) 其他，佔 6.53%。很明顯的，臺北市的居民在休閒生活方面，不太為經費、活動項目愁，愁的是沒有活動空間（30%）和時間（41%）。這種百分比分配跟前述因素分析和廻歸分析的結果，幾乎完全

相合。所謂事情太多、沒有時間，其實就是工作的時間過長，根本沒有計畫如何去做休閒活動以及到那裏去過休閒生活。另一方面，居民反映的，找不到合適活動的只有16%，是不是意味著找得到合適活動的有84%？很有可能，原因之一是除了幾種高頻率的活動外，他們不在乎做什麼休閒活動，只要能打發時間就可以。原因之二是他們多半偏好經常接觸的活動，不太能接受新奇的項目或創新。例如，問及急需開闢的休閒項目時，他們沒有什麼特殊的要求，如表27。

表27　急需開闢的休閒項目

1. 公園綠地	37.5(579)	6. 海水浴場	4.1(83)
2. 游泳池	15.8(320)	7. 划船	3.0(61)
3. 運動場所	14.1(285)	8. 活動中心	1.3(27)
4. 野餐區	13.3(270)	9. 圖書館	1.2(25)
5. 露營登山區	9.5(192)	10. 其他	.2(3)

說明：運動場所原為網球場，因選擇者過少，其他運動場所增加，故易今名。題目可複選，共得 2025 人次。表中前者為%，括弧內為實際人次。

可見除公園❶外，居民對戶外活動的興趣不大，對划船之類的新穎戶外活動，更沒有興趣，選擇的人都很少。活動既然多在戶內，就不太在乎什麼項目了。這種結果跟北三區的情況相當接近，也可以視為北

---

❶　公園太少也是事實，根據北市都計處的統計（民 67: 5-9），已開闢的公園綠地僅占總數的 12%，未開闢的占 88%。至民國 72 年（北市主計處，民 72: 176-7）增加了一些，但也不會超過 40%（估計）。

市居民對休閒生活的一致傾向。這就是爲什麼因素類型對休閒生活滿意度的影響甚少，而休閒時間的影響既廣且大。雖然臺北市居民對休閒生活可以獲得 68％ 左右的滿意度，這種滿意至少有 40％ 左右受到休閒時間的影響（表 23），可見時間具有決定性的影響力，而不必透過其他變數，如中介變項。最重要的是，居民在工作勞累之後，多半只是做點輕鬆的娛樂活動，或安靜地休息一下，而不是計畫去從事費時又需要較大空間的戶外活動。

　　根據這一連串的分析、討論和解釋，我們現在可以獲得幾點結論：

　　(1) 臺北市居民的休閒活動，跟其他研究結果相當類似，活動的高頻率仍然集中在以傳播媒介爲主的幾項活動上，如看電視、閱報、讀書、聽廣播，以及散步、聊天之類，這種休閒活動通常是靜態的、個人的、戶內的、習慣性的行爲。雖然在性別、教育程度、職業、社會階層上多有差異，但差距並不太大，即使把它當做一個整體來看，仍然是可以接受的。這種沒有變異的特性，也反映在假日的休閒活動上，除了增加一種戶外活動，幾乎跟平日完全相同。這是受到時間和空間的限制，只能從事一些比較方便的、不必計畫的活動。到了假日，又受到場地、交通工具之類的限制，何況並不是所有工廠、商店都在假日放假。

　　(2) 工作時間過長，相對的使休閒時間減少，也會影響正常的休閒活動，因而無法從事長途旅遊，或類似的海上、山野活動，使戶外休閒的機會大大降低。但是，居民對這種狀況並不感到不滿，並沒有企圖突破原來的休閒方式，而增加若干新的休閒項目，他們要求的，也不過是增加一些公園而已。居民的三分之二，差不多都已經滿意於現有的休閒方式。這可能與傳統農業文化有關，中國人強調努力工

作，而鄙視遊玩。休閒活動不是既浪費金錢又浪費時間嗎？當然不會受到重視。什麼樣的休閒活動都沒有人計較，祇要能安靜地休息就可以，能夠在休息中看看電視或閱讀書報，已經是一大享受了。

(3) 休閒行為類型主要仍集中於與知識有關方面，如知識藝術型、知識健美型，它可以解釋總變異量的大部分。至少就現有休閒行為而論，社交型、消遣型、健身型或家務型，都不是重要的休閒活動，重要的僅有知識型。這當然是居民休閒行為的類型化結果，也是說明居民實際休閒行為的具體指標。

(4) 居民在現有休閒活動方式下，影響休閒行為因素類型最大和最主要的只有兩個變項，即教育程度和休閒時間，而教育程度的解釋力和影響量都最大，這種影響又以對與知識有關的行為為最重要。它們具正相關的關係，可以說教育程度越高的話，這類行為就越多。這可能反映了一種事實，教育普及的結果，使人民在公餘之暇，都有較多的機會接觸知識性方面的活動。休閒時間雖對每一種行為類型都有影響，但都不大。我們只能說，休閒時間幾乎與每一種活動都有關係，卻沒有決定性的作用。電視可能是一個單一類型，它跟每一種因素都無關，居民在這方面的行動卻最多；行動時可能沒有任何目的，卻是打發時間最有效的工具。至於其他類型，如運動消遣型、消遣型、社交型、健身型、家務型，對行為的解釋力都不高，雖有行動，卻不重要。

(5) 休閒生活滿意度的影響力主要來自休閒時間，它們之間的相關極高，顯示只要休閒時間夠的話，休閒生活就會得到滿足。因而我們了解，既有 60% 的人認為休閒時間足夠，就有 68% 的人認為休閒生活滿意。這種關係建立在居民對休閒活動項目的選擇性不高，大抵只要能獲得休息或休閒的時間，做任何活動都不計較，而看電視、閱

讀書報、散步之類，又是最方便的方式。所以，另有三分之一的人認為休閒生活不滿意，主要還是由於工作太多，工作時間過長，缺乏休閒時間，或場地不足，至於找不到合適活動項目的人，實在很少。休閒時間的多寡，才是影響休閒生活滿意與否的決定性因素。在行政區無差異，社會階層的差異也不大。

(6)居民對休閒項目的選擇，顯然受到時間、環境和文化傳承或文化價值的影響。努力工作是中國人的傳統，好逸惡勞，通常都會受到責備，這點使居民在追求休閒活動時受到限制，在創新休閒項目方面更是難以突破。我們試圖讓受訪者提出一些新的構想，以增加新的休閒活動，結果並不令人滿意，甚至可說毫無新的創意，主張增加划船的人都甚少，他們只對公園有興趣。居民似乎早已習慣了戶內的、單獨的、安靜的休閒活動，而不再需要尋求戶外的、羣體的、動態的休閒生活方式了。

附表九　不同性別每日工作時間分配

單位: 小時

	2—4	5—7	8	9—16	合　　計
男	12 2.1	40 7.1	273 48.7	.236 42.1	561 51.3
女	67 12.6	82 15.4	194 36.4	190 35.6	533 48.7

$x^2 = 70.41$　　df＝3　　$p < .001$

附表十　不同年齡每日工作時間分配

	2—4	5—7	8	9—16	合　計
24以下	6 3.4	24 13.7	90 51.4	55 31.4	175 16.0
25—34	26 6.9	37 9.8	161 42.5	155 40.9	379 34.7
35—44	19 6.2	24 7.8	128 41.7	136 44.3	307 28.1
45—54	22 14.0	18 11.5	65 41.4	52 33.1	157 14.4
55以上	6 8.0	19 25.3	23 30.7	27 36.0	75 6.9

$x^2 = 44.87$　　df＝12　　$p < .001$

附表十一　不同地區每日工作時間分配

	2—4	5—7	8	9—16	合　計
城　　中	10 9.5	8 7.6	50 47.6	37 35.2	105 9.6
龍山、雙園	23 10.6	28 13.0	90 41.7	75 34.7	216 19.7
大　　安	24 7.0	40 11.7	145 42.5	132 38.7	341 31.2
士林、南港	22 5.1	46 10.6	182 42.1	182 42.1	432 39.5

$x^2=12.20$　　df$=9$　　p$>.05$

附表十二　不同社會階層每日工作時間分配

	2—4	5—7	8	9—16	合　計
高	21 8.9	25 10.6	104 44.1	86 36.4	236 21.6
中	24 5.9	36 8.8	180 43.9	170 41.5	410 37.5
低	34 7.6	61 13.6	183 40.8	170 37.9	448 41.0

$x^2=6.40$　　df$=6$　　p$>.05$

附表十三　不同性別每日社交娛樂時間分配

單位：小時

	無	1	2	3	4	5—8	合　計
男	50 9.2	100 18.3	153 28.1	78 14.3	69 12.7	95 17.4	545 50.8
女	67 12.7	88 16.7	157 29.8	66 12.5	62 11.8	87 16.5	527 49.2

$x^2 = 4.71$　　$df = 5$　　$p > .05$

附表十四　不同年齡每日社交娛樂時間分配

	無	1	2	3	4	5—8	合　計
24以下	15 8.5	26 14.8	45 25.6	24 13.6	33 18.8	33 18.8	176 16.4
25～34	38 10.5	68 18.8	108 29.8	46 12.7	44 12.2	58 16.0	362 33.8
35～44	33 11.1	46 15.5	98 33.1	45 15.2	25 8.4	49 16.6	296 27.6
45～54	19 12.5	27 17.8	44 28.9	17 11.2	16 10.5	29 19.1	152 14.2
55以上	12 14.0	21 24.4	15 17.4	12 14.0	13 15.1	13 15.1	86 8.0

$x^2 = 25.75$　　$df = 20$　　$p > .05$

附表十五　不同地區每日社交娛樂時間分配

	無	1	2	3	4	5—8	合　計
城　　中	22 22.0	19 19.0	29 29.0	7 7.0	6 6.0	17 17.0	100 9.3
龍山、雙園	10 4.7	53 24.7	70 32.6	30 14.0	23 10.7	29 13.5	215 20.1
大　　安	39 11.7	48 14.4	90 27.0	47 14.1	35 10.5	74 22.2	333 31.1
士林、南港	46 10.8	68 16.0	121 28.5	60 14.2	67 15.8	62 14.6	424 39.6

$x^2 = 49.87$　　$df = 15$　　$p < .001$

附表十六　不同社會階層每日社交娛樂時間分配

	無	1	2	3	4	5—8	合　計
高	16 6.8	36 15.3	60 25.4	38 16.1	35 14.8	51 21.6	236 22.0
中	41 10.8	61 16.1	112 29.6	43 11.4	39 10.3	82 21.7	378 35.3
低	60 13.1	91 19.9	138 30.1	63 13.8	57 12.4	49 10.7	458 42.7

$x^2 = 33.05$　　$df = 10$　　$p < .001$

附表十七　假日休閒活動

項　　目	男	女	項　　目	男	女
1. 旅行	181(49.1)	188(50.9)	19. 釣　　魚	65(84.4)	12(15.6)
2. 球類	89(67.9)	42(32.1)	20. 繪　　畫	15(46.9)	17(53.1)
3. 健身	75(63.0)	44(37.0)	21. 小　　說	42(37.2)	71(62.8)
4. 登山	94(55.3)	76(44.7)	22. 土 風 舞	3(21.4)	11(78.6)
5. 散步	157(43.7)	202(56.3)	23. 插　　花	1(3.8)	25(96.2)
6. 游泳	43(64.2)	24(35.8)	24. 看　　戲	19(5.4)	18(48.6)
7. 聊天	159(43.6)	206(56.4)	25. 販　　集	18(47.4)	20(52.6)
8. 電影	134(47.2)	150(52.8)	26. 種　　花	53(44.9)	65(55.1)
9. 訪友	117(43.7)	151(56.3)	27. 家　　事	16(7.3)	202(92.7)
10. 喝酒	40(90.9)	4(9.1)	28. 讀　　書	163(53.4)	142(46.6)
11. 逛街	100(36.0)	178(64.0)	29. 參觀展覽	82(54.7)	68(45.3)
12. 打牌	34(81.0)	8(19.0)	30. 燒　　香	83(46.4)	96(53.6)
13. 電視	369(48.4)	393(51.6)	31. 教　　堂	17(47.2)	19(52.8)
14. 閱報	247(54.6)	205(45.4)	32. 交 際 舞	6(54.5)	5(45.5)
15. 廣播	109(51.2)	104(48.8)	33. 書　　法	15(55.6)	12(44.4)
16. 歌廳	9(45.0)	11(55.0)	34. 手 工 藝	7(46.7)	8(53.3)
17. 下棋	50(73.5)	18(26.5)	35. 餐　　館	111(48.3)	119(51.7)
18. 攝影	68(58.6)	48(41.4)			

附表十八　　男性四因素的迴歸分析

因素變項	自　變　項	迴歸係數	標準化係數	複相關	決定係數	F檢定
I 知識藝術型	1.教育程度	.43	.55	.55	.304	.000
	2.休閒時間	.18	.12	.56	.318	.000
	常　　數　－1.641					
II 社　交　型	1.休閒時間	.23	.18	.17	.030	.000
	2.教育程度	－.12	.17	.22	.046	.000
	3.年　　齡	－.01	.16	.27	.069	.000
	常　　數　－.205					
III 運動消遣型	1.教育程度	－.27	－.38	.43	.187	.000
	2.年　　齡	.01	.30	.51	.257	.000
	3.休閒時間	－.20	－.15	.53	.277	.000
	常　　數　　.123					
IV 健　身　型	1.工作時間長　短	－.38	－.56	.16	.025	.001
	2.休閒時間	.18	.13	.23	.050	.000
	3.費腦力	.14	.22	.26	.064	.000
	4.工作時間彈　性	.13	.21	.28	.070	.000
	常　　數　　.055					

附表十九　女性四因素的迴歸分析

因素變項	自　變　項	迴歸係數	標準化係數	複相關	決定係數	F檢定
I 知識健美型	1.教育程度	.52	.66	.661	.435	.000
	2.休閒時間	.25	.15	.677	.459	.000
	3.年　　齡	−.01	−.08	.682	.462	.000
	常　　數　−1.899					
II 社 交 型	1.教育程度	.25	.31	.252	.104	.000
	2.休閒時間	.27	.19	.370	.134	.000
	3.年　　齡	−.01	−.15	.398	.154	.000
	常　　數　−1.187					
III 消 遣 型	1.教育程度	.08	.11	.103	.009	.05
	2.休閒時間	.13	.09	.136	.015	.01
	常　　數　−.515					
IV 家 務 型	1.教育程度	.14	.22	.235	.053	.000
	2.休閒時間	−.13	−.10	.254	.061	.000
	常　　數　−.020					

附表二十　教育別休閒生活滿意度（%）

	很不滿意	不 滿 意	滿　　意	很 滿 意	合　　計
小學以下	4.6	23.7	67.1	4.6	29.3(346)
初　　中	5.3	25.3	62.0	7.3	12.7(150)
高　　中	3.1	27.7	66.2	3.1	27.5(325)
大專以上	1.1	37.4	57.1	4.4	30.5(361)

$x^2 = 29.77$　　df=9　　$p < .001$

附表二一　職業別休閒生活滿意度（%）

	很不滿意	不 滿 意	滿　　意	很 滿 意	合　　計
專業人員	1.8	40.0	53.9	4.2	22.8(165)
佐理人員	0.7	30.5	66.0	2.8	19.5(141)
服務人員	3.1	32.8	58.4	5.7	36.2(262)
生產人員	7.7	25.6	64.1	2.6	21.5(156)

$x^2 = 23.87$　　df=9　　$p < .01$

附表二二　社會階層別休閒生活滿意度（%）

	很不滿意	不 滿 意	滿　　意	很 滿 意	合　　計
高	2.4	32.9	59.5	5.2	21.3(252)
中	3.0	32.3	59.2	5.5	36.9(436)
低	3.8	24.5	68.4	3.2	41.8(494)

$x^2 = 14.43$　　df=6　　$p < .03$

附表二三　社會階層與休閒時間（％）

	十分不夠	不　　　夠	剛　　　好	合　　　計
高	4.0	37.3	58.7	21.3(252)
中	4.4	38.1	57.6	36.9(436)
低	6.9	31.0	62.1	41.8(494)

$x^2 = 8.60$　　df $= 4$　　$p < .07$

青年工人的休閒問題

一　前言

　　從前，在農業社會裏，工作與休閒通常是季節性的劃分，除了農忙時節，有機會就可以休息或找消遣；卽使在農忙時間，許多節日也是用來調節日常生活，謂之爲休閒的方式之一，亦無不可。前者如春節、元宵，後者如端午、中秋。

　　到了工商業社會，情況就變了，除了假日，必須每天工作；每天工作的時間也有一定，工作後還有八個鐘頭的休息；假日也不能坐在屋子裏等待，得找些消遣的辦法。這就產生了打發工餘時間的休閒活動問題。

　　休閒問題旣然發生於工業社會形成之後，研究休閒問題自然也以這類社會爲多，如美國、英國、法國、乃至東歐各國。研究的結果，大致可以分爲三類❶：一類是把休閒當作目的，卽工作是爲了休閒，休閒爲人類提供了眞正的生活環境和樂趣；一類是把休閒當作工具，卽休閒是爲了達到某些社會目的的手段，具有象徵的意義；一類是把

---

❶　Kaplan (1975: 19-26) 對於三類觀念作了詳細的討論，並以 Bacon (1972), Manz (1970), Weiss (1968) 等人爲例作說明。

休閒當作時間，卽所謂休閒的自由時間，以別於工作或睡眠。實際上三者難以判然劃分，休閒自然需要工作和睡眠以外的時間，否則，根本無法實踐；有了時間，還需要用什麼方式去表現休閒；最後，是否達到了休閒的目的，如尋樂、社交、運動之類。所以，我們對於工人的休閒生活是指工人離開了生產線或工作崗位，自由自在的去打發時間(Friedman, 1960)，並尋求工作以外心理上的滿足。Dumazedier 強調的四類社會行為❷， Meyersohn 強調的四種個人意義❸， 本質上都是為了工作以外的滿足感。

　　從這個概念出發，我們可以了解，休閒活動因個人、社會或文化的不同而有差異，例如法國與俄國不同，北歐人與亞洲人不同，農人與工人不同，男工與女工也不同。本研究卽着重於後者，工廠中青年工人，男女有什麼差別？年齡有什麼差別？在不同的工作環境中有什麼差別？等等。這卽是後列研究架構中自變項與依變項間各種互為影響的結構。

二　研究方法

　　本研究以休閒頻率與休閒方式為依變項，卽所要研究變項；以工作環境，個人條件，社會化為自變項；態度為中介或干擾變項。自變項影響依變項，可能透個中介變項為間接影響，也可能不透過它而為直接影響。其間假設關係如圖 4 。

---

❷ Dumazedier (1974: 68-72) 的四類社會行為: 有報酬的工作， 家庭義務，社會精神義務，及自我充實活動取向。休閒可能是其中的一種，也可能為了全部。

❸ Meyersohn (1972: 211-18) 所說的四種， 沒有集體的意義， 如休息、享受、自我實現及精神復原。

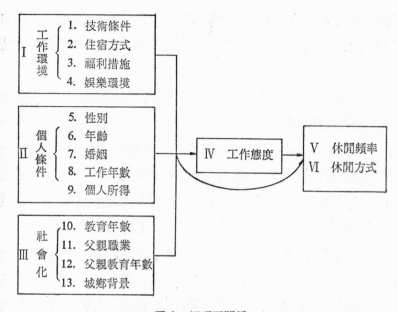

圖 4　變項間關係

　　上述的依變項係指休閒的實質與形式。所謂形式，卽休閒的方式或類型，也就是青年工人從事那些種類的休閒活動。到目前爲止，說法相當多❹：有的把休閒活動分爲十一類，如參加有組織的團體、參加無組織的團體、運動、知識活動……等；有的分爲六類，如社交、社團、遊玩、藝術、探索、固定；有的把它分爲五類，如體力的、藝術的、實用的、知識的、社會的❺。有的研究從另外一些角度去觀察：從個人性的活動，例如看電視，到全國性的活動，例如工會，分

---

❹　11 類的說法爲 Havighurst (1959) 研究 Kansas 城所作分類；6 類是 Kaplan (1960) 的分類標準，一般認爲相當系統化。並以 6 類興趣爲對應中心，卽私人、趣味、規則、傳統、外界、存在。

❺　Donfut (Dumazedier, 1974：99-104) 的 5 類英譯名爲 physical leisure, artistic leisure, practical leisure, intellectual leisure, and social leisure.

成許多種類 (Havighurst, et al., 1959)；從各種不同的行為，例如旅行，到各種不同的態度，例如對旅行的看法 (Miller, 1970)。這是一方面。

另一方面，我們要研究休閒的實質意義，這包括兩層：一是上述那些休閒活動的頻率，即在一定時間內，付出多少時間或從事多少次；二是品質，在休閒活動中，對個人是有益的，還是無益的，即所謂好或壞的休閒活動 (Ennis, 1968)。一般而論，如果休閒的方式越多，頻率越高，品質越好，則對個人的滿足程度也會越高。自然，這與個人的道德觀念，以及社會的價值標準，也有密切關係。

本研究就是企圖從休閒的頻率、類型、品質三方面來探討我國青年工人的休閒生活。在國內從事這方面的實徵研究，不僅工廠工人為第一次嘗試，即使在一般社會上也屬首創，困難一定不少。所以只能算是一種探索性研究。本次研究曾經使用下列幾種方法，搜集和分析資料。

(1) 為了了解工人休閒生活的實質意義，曾使用參與觀察及訪問法，由各廠駐廠研究助理作為期三個多月的實際觀察和訪問。這些資料可用以解釋問卷資料的不足處。在各廠中也曾舉行過許多次討論，檢討當時所發生的各種問題，並對假定加以修正。

(2) 休閒問卷，以六類 59 題為測驗標準（附表二四，二五），出題時的立意分類為：1.體力性，如運動、爬山等；2.實用性，如種花、編織等；3.社交性，如探親、訪友等；4.知識性，如看書、買書等；5.藝術性，如唱歌、繪畫等；6.玩樂性，如跳舞、賭博等。這六類59題分行為和態度兩部分施測，以驗證兩者間的差異程度，故實為118 題。這些題目均經過長時間的相互討論。

(3) 56題未經項目分析及信度分析，但從因素分析（各有五因素，

見後文討論）過程中，因素負荷量太低題目卽被淘汰，故實存不及 59 題。由於當時題目太多，故各因素所能解釋之總變異量並不十分理想。目前所分析的是把兩個男廠合併爲一組，兩個女廠合併爲另一組，共得因素四組：男行爲，男態度；女行爲，女態度。每組有五因素。男女總數之因素雖亦已算出，但由於男女工在實際休閒行爲和態度上相當接近，本文僅分析總人數的行爲和態度因素。

(4) 樣本來自四個不同性質的工廠，其中二廠以男工爲主，二廠以女工爲主，故在各廠依人數比例爲隨機抽樣標準。但因問卷有少數回答不完整，故每組所使用樣本並不完全相同。

(5) 相關係以因素與自變項及中介變項計算，以 r 值之大小作爲判斷的標準。比如自變項年齡與依變項休閒行爲和態度第 2 因素呈負相關，行爲 $= -.213$，$p < .001$；態度 $= -.127$，$p < .001$，卽年齡越大，實用性休閒活動越少，越不喜歡技藝性活動。這種分析，如不流於繁瑣，結果還是大有用處，可解釋的程度也相當高。

三　結果與討論

本節結果，將試從四個方向加以分析與討論：第一，受測者在各項休閒活動中所呈現的分佈狀況，以了解青年工人在休閒生活上的頻率；第二，各種休閒活動的因素類型，也卽是休閒品質的抽象意義；第三，休閒與有關變項間的相關，以了解它們間的互動關係，或互相影響的程度。從這三個層面，大致可以了解青年工人休閒生活的一般情形，或休閒活動的傾向和行爲模式。

(一)休閒行爲和態度的分佈狀況

　　我們要了解青年工人的休閒生活，首先要了解，在行動方面，他們究竟參與那些活動？其次，在態度上，他們喜歡那些活動？行爲表示已經有過這類活動的經驗，態度是一種取向，或將來的行爲趨勢。這部份問卷，總共有59題。這些題的得分，分配在三個方向，即「從不」，「偶爾」，「經常」的行爲層面，而以中間佔較多數。

　　把幾十種休閒活動依次排列，自無必要。此處以男女實際參與休閒行動頻率較高之前十項列表如下。

表 28　男工休閒行爲最多的前十項（樣本＝484）

休閒行爲項目	未　　答	從　　不	偶　　爾	經　　常	順序
(22)看報	9(1.86)	5(1.03)	98(20.25)	372(76.86)	1
(53)看電視	6(1.24)	8(1.65)	221(45.66)	249(51.45)	2
(34)看電視新聞	11(2.27)	25(5.17)	237(48.97)	211(43.60)	3
(14)幫助家務	9(1.86)	35(7.23)	271(55.99)	169(34.92)	4
(16)讀雜誌	10(2.07)	26(5.37)	296(61.16)	152(31.40)	5
(23)看電影	4(0.83)	17(3.51)	317(65.56)	146(30.17)	6
(4)聽廣播	13(2.69)	53(10.95)	274(56.61)	144(29.75)	7
(3)在家閒聊	17(3.51)	38(7.85)	289(59.71)	140(28.93)	8
(36)看小說或散文	11(2.27)	38(7.85)	295(60.95)	140(28.93)	9
(45)散步	8(1.65)	28(5.79)	322(66.53)	126(24.03)	10

括弧內爲百分比，其前爲實數（以下各表同）
前列爲問卷項目編號，最後一列數目字爲排名大小順序（以下各表同）

　　表 28 及表 29 係男女性各自承認，平常休閒活動較多的幾個項

表 29　女工休閒行為最多的前十項（樣本＝622）

休閒行為項目	未　答	從　不	偶　爾	經　常	順序
（1）看報	0	10(1.61)	171(27.49)	441(70.90)	1
(14)幫助家務	5(0.80)	18(2.89)	302(48.55)	297(47.75)	2
(23)看電影	4(0.64)	17(2.73)	341(54.82)	260(41.80)	3
（6）唱歌	5(0.80)	37(5.95)	334(53.70)	246(39.55)	4
(16)讀雜誌	2(0.32)	29(4.66)	347(55.79)	244(39.23)	5
(36)看小說或散文	4(0.64)	33(5.31)	369(59.32)	216(34.73)	6
(53)看電視	9(1.45)	12(1.93)	392(63.02)	209(33.60)	7
(45)散步	5(0.80)	35(5.63)	400(64.31)	182(29.26)	8
（4）聽廣播	10(1.61)	57(9.49)	375(60.29)	178(28.62)	9
(35)逛街	4(0.64)	18(2.89)	437(70.26)	163(26.21)	10

目，所謂最多係從「經常」去做這一項目判定。以男性而論，排列頻率最高的十項，祇前兩項為多數，後六項仍是「偶爾」為多數。女性休閒活動佔絕對多數的只有前一項，其餘九項仍以「偶爾」佔多數。

從男女「經常」從事的休閒活動來看，「看報」是大家最感興趣的，分佔 76.86％，70.90％，其餘九項的排列順序略有變動，從表上很清楚的看得出來。其中男性「看電視」佔第二位，女性為「幫助家務」；雙方互異的項目，男性為「看電視新聞」（第三位），「在家閒聊」（第八位），女性多「唱歌」（第四位）、「逛街」（第十位）；其餘各項，在男女性的休閒活動中，前後互見，唯第五位同為「讀雜誌」。

可見男女休閒生活的主要方式有相當高的一致性，在 10 項高頻率休閒行為中，有 8 項完全相同，雖然次序不完全一致。如表30。

表30 男女性休閒行為比較

休　閒　項　目	男工順序	女工順序	休　閒　項　目	男工順序	女工順序
(22)看報	1	1	(4)聽廣播	7	9
(53)看電視	2	7	(3)在家閒聊	8	
(34)看電視新聞	3		(36)看小說或散文	9	6
(14)幫助家務	4	2	(45)散步	10	8
(16)讀雜誌	5	5	(6)唱歌		4
(23)看電視	6	3	(25)逛街		10

表中除了「幫助家務」一項外，其餘約可分成兩種類型：一是屬於知識層面的或與知識有關的休閒方式；一是屬於隨便消遣層面的或只是打發時間的休閒方式。前者包含的項目較多，後者較少。根據觀察及訪問所得資料來說，即使是前者，也可能含有打發時間的性質，或根本就是打發時間，並非立意要從傳播媒介中尋求新知。這一點很重要，因而我們甚至很難肯定，究竟是「知識性」還是「消遣性」休閒活動。活動類型不祇說明了休閒的品質，也說明了男女間興趣的差異，或性格傾向。

　　現在我們再來看看青年工人「從不做」的項目有那些。一般的說，不做比做的比例要高得多。

　　表31中各項，被視為不好的行為，百分比都很高，如男工的1、6、9，女工的1、3，這種情形，如果不是受測者故意隱瞞，便是題目出得太明顯，以致得不到真實答案。不上教堂和不看平劇的百分比也相當高，可能由於平時缺乏這種訓練。其餘各項，都需比較高水準的設備，或付出較多費用，如繪畫、打保齡球等，工人很少或「從不」

表 31　男女工「從不」做的行為比較*

| 男　　工 (484) | | 項　　　　　目 | 女　　工 (622) | |
百　分　比	順　序		順　序	百　分　比
82.23	1	(55)上茶室		
80.99	2	(10)投稿	2	83.92
77.48	3	(56)收集影星相片	9	63.83
74.59	4	(32)學打字		
74.59	5	(52)上教堂	6	77.49
73.35	6	(18)打麻將	1	95.34
72.11	7	(24)跳交際舞	7	75.40
66.94	8	(35)看平劇	8	69.77
61.78	9	(5)打四色牌		
60.12	10	(11)繪畫		
		(31)健身運動	5	78.78
		(42)打保齡球	10	62.86
		(37)喝酒	3	83.12
		(12)玩橋牌	4	80.23

* 其中尚有數項「從不」做的高分未列入，因該等項目或爲男性所不做
　者，或爲女性所不做者，故不取，以免混淆。

去做，大致可以推想得到。「從不」做的項目雖比較分散，男女又較
不一致，但還是可以看出一個大概情形。

　　休閒行爲代表男女工實際的行動方向，上面是兩個極端，卽常做
或不做。事實上行爲是一種欲望的滿足（除了偶發性行爲），　如果我
們進一步去了解他們的態度，將更有助於對問題的分析和澄清。現在
再來討論休閒態度，卽喜歡或不喜歡那些活動。

表32 男女工休閒態度最高前十項*

（男樣本＝484，女樣本＝622）

項　　　　目	男　工　「喜歡」		女　工　「喜歡」	
	實數（％）	順序	實數（％）	順　序
(22)看報	399(82.44)	1	488(78.58)	1
(1)旅行	340(70.25)	2	417(67.04)	3
(53)看電視	280(57.85)	3		
(2)看電影	278(57.44)	4	400(64.31)	4
(34)看電視新聞		5		
(13)爬山露營	273(56.40)	6	383(61.58)	5
(7)游泳	271(55.99)	7		
(9)與異性約會	254(52.48)	8		
(14)幫助家務	242(50.00)	9	365(58.68)	7
(16)讀雜誌	261(53.93)	10	452(72.67)	2
(45)散步			380(61.09)	6
(44)學烹飪或料理			353(56.75)	8
(6)唱歌			331(53.22)	9
(36)看小說或散文			330(53.05)	10

* 兩種樣本不同，百分比未經標準化，此處僅作為男、女工優先順序的
指標。

從表32可以提出幾點來討論：(1)態度百分比普遍比行為高，可以視
為實際的休閒行為不夠，或未能滿足休閒的需要；(2)態度項目中，
男性有六項與行為項目相同，女性有七項相同，可見主要是程度上的
不夠，而非實質的差異；(3)休閒種類的差異只是少數，如男性的旅
行、爬山、游泳、找異性朋友，女性的旅行、爬山、烹飪，這種情

形，我們可以解釋為體力休閒活動沒有獲得滿足；（4）男性似乎應加強對異性的接觸機會，女性則在於烹飪方面。但為什麼女性不感到「喜歡」約會異性的需要呢？它的喜歡率在 622 個樣本中，只有 107 人，占 17.20%。因而，我們可以說，休閒態度和休閒行為有相當高的一致性。這一點是可喜的現象，似乎只要就現有的休閒行動加強，再增加若干體力或運動性的休閒活動，大致就可以使男女性工人在休閒生活上，獲得滿足的結果。不過，進一步分析，與這種表面上的結果，仍有距離。

就工人的喜好傾向而言，「不喜歡」的又是什麼呢？大致有如下的趨勢：男性「不喜歡」做的休閒活動最多的是上茶室 370(76.45)，其次是收集影歌星相片 351(72.52)，再其次依序為打麻將 350(72.31)，看平劇 340(70.25)，上教堂 329(67.98)；女性「不喜歡」做的休閒活動，最多的是打麻將 579(93.09)，其次是喝酒 551(88.59)，其餘依序為玩橋牌454(72.99)，看平劇450(72.23)，上教堂383(61.58)。這種態度，不但與前述行為的先後次序有高度的一致性，男女工間的一致性也很高，甚至可以說相同。

我們從上述休閒行為和休閒態度的分析，可以了解：（1）除了少數幾種活動，男女間行為和態度的一致性極高，即是休閒的方式和需要程度大體相似或相同；（2）無論男女，休閒活動均尚未達到滿足的程度；（3）在休閒品質上，性角色的差別雖不多，但在程度上，還是有它不一致的地方，也就是行為和態度間的差距並不完全相同。這種高相關的情況，我們從 59 項行為和態度對應項目的顯著相關程度 p<.01）也可以看得出來。

現在我們可以進一步從平均數來了解行為與態度的差異（表33）。平均數所顯示的結果，與前述實數和百分比的結果，在內容和高

表 33　休閒行為與態度的平均數和標準差

| | 行為 | | | | | | 態度 | | | | | |
| | 男 (351) | | | 女 (474) | | | 男 (384) | | | 女 (493) | | |
	平均數	標準差	順序	平均數	標準差	順序	平均數	標準差	順序	平均數	標準差	順序
22. 看報	2.78	.44	1	2.70	.48	1	2.81	.42	1	2.77	.44	1
53. 看電視	2.50	.52	2	2.34	.51	4	2.53	.56	3	2.42	.55	10
34. 看電視新聞	2.39	.58	3	2.16	.53	9	2.49	.62	5	2.60	.55	4
23. 看電影	2.28	.50	4	2.37	.53	3	2.52	.56	4	2.69	.53	2
14. 幫助家務	2.27	.59	5	2.44	.54	2						
16. 讀雜誌	2.25	.54	6	2.33	.57	5	2.48	.58	7	2.52	.58	7
36. 看小說或散文	2.20	.56	7	2.29	.55	6	2.32	.65	10	2.46	.63	9
45. 散步	2.19	.53	8	2.24	.55	8	2.38	.62	9	2.57	.57	5
21. 拜訪親友	2.11	.46	9	2.24	.48	7						
25. 逛街	2.11	.51	10	2.08	.56	10						
28. 逛書店												
1. 旅行							2.65	.56	2	2.63	.54	3
13. 爬山或露營							2.49	.62	6	2.54	.62	6
7. 游泳							2.44	.72	8	2.49	.63	8
44. 學烹飪或做料理												

低排列的順序上都沒有什麼差別，個別差異也不大，因爲標準差大致還相當接近，行爲的標準差低些，.44－.59，態度的大些，.42－.65，只有「游泳」一項爲 .72 最大。

閱報、看電視、看電影，工人們都顯示出高程度的需要和實際行動。但是這種休閒活動，是否也受到娛樂環境和設備的影響呢？事實上，我們抽樣的四個工廠，以及參觀過的許多工廠，幾乎都有這種設備，還包括桌球、籃球、插花、烹飪、語文補習等之類的工餘作業。這種情形，可能造成：一方面是行爲遷就環境，另方面是環境又轉過來塑造了行爲模式，以致休閒的行爲和態度都受到影響。其次，像爬山、旅行、游泳這一類的活動，限於時間和環境，無法經常舉行，行爲的頻率自然會減少；而青年人又喜歡戶外活動，所以表現在態度上就有比較強烈的需求。不過，從駐廠研究人員的觀察與訪問發現，有些是與問卷資料的方向一致，如看電視、旅行；有些卻不一致，如異性約會、賭牌。有不少男工一下班就賭，大多數男女工都希望找到異性朋友，可是，他們在問卷上卻不肯承認，這可能是受到整個社會價值觀的影響。

（二）休閒行爲和態度的因素分析

由於上述的分析，我們發現，男女工的休閒行爲和態度有相當高的一致性。在因素分析上就祇以總人數爲對象，即從男女工總數的休閒因素分配來看行爲和態度模式。用主成份因素分析，經直角轉軸後，行爲與態度各得 5 因素（每因素所包含的項目，因素負荷量，及共同性，見附表二四、二五）之結果如下。

因素Ⅰ表示在休閒行爲上多作工藝技術或學習某些事物之類，如學打字、集郵、繪畫等，這個因素的變異量佔 13.8%，不算高；但第

表34 休閒行為因素

因　　　　　素	固　定　值	總變異量累積百分比
I　技藝學習取向	8.15	13.82
II　不愛玩樂的實用取向	5.14	22.54
III　不愛熱鬧取向	3.27	28.09
IV　求知與消遣取向	2.21	31.86
V　休息取向	1.78	34.88

II因素祇能解釋 8.7%; 直至第V因素，總變異量是 34.88%。在5個因素中，第I因素偏向於技藝及學習行為方面; 第II因素偏向於實用而排斥玩樂; 第III因素偏向於個人的安靜; 第IV因素偏向於求取知識和消遣; 第V因素偏向於不願做任何事，有休息的意思。態度的因素如表35。

表35 休閒態度因素

因　　　　　素	固　定　值	總變異量累積百分比
I　不愛實用的玩樂取向	6.69	11.34
II　技藝學習取向	4.56	19.03
III　不愛熱鬧取向	3.04	24.24
IV　求知與消遣取向	2.29	28.13
V　休息取向	1.79	31.18

因素I，II與表34的行為位置正好互換，其餘與行為完全相同。但表35的因素I與表34的因素II，在意義上相反。休閒態度5因素的意

義是，因素Ⅰ偏向於愛好玩樂而非實用性的行為方式；因素Ⅱ偏向於愛好技藝與學習工作方面；因素Ⅲ偏向於愛好個人的安靜休閒方式；因素Ⅳ偏向於愛好求知識和消遣；因素Ⅴ偏向於愛好休息，不採積極行動。

以因素的行為和態度相較：（1）兩者所能解釋的程度，大致相同，行為僅略高；（2）後三因素（因素Ⅲ-Ⅴ）完全相同，雖然各因素所占項目稍有出入，但意義的一致性很高；（3）前二因素（因素Ⅰ，Ⅱ）中，有一因素，即技藝學習取向，在行為和態度上的位置互換，在行為中所占比例較大，態度中較小，可以解釋為態度上並不十分喜好這種休閒活動，雖然目前的行為比例高些；（4）另一因素，不愛玩樂的實用取向或不愛實用的玩樂取向，在休閒行為和休閒態度上表現出相反的意義。這種情形，可以解釋為「行為」和「態度」間的不一致或衝突，也可以解釋為現有的休閒活動尚未滿足個人的心理需求。

從因素模式的建構來說，青年工人的實際休閒行為和休閒態度因素，可以簡化如表36。

表36　休閒行為和態度的因素模式

休　閒　行　為	休　閒　態　度
Ⅰ　技　藝　取　向	Ⅰ　玩　樂　取　向
Ⅱ　實　用　取　向	Ⅱ　技　藝　取　向
Ⅲ　清　靜　取　向	Ⅲ　清　靜　取　向
Ⅳ　求　知　取　向	Ⅳ　求　知　取　向
Ⅴ　休　息　取　向	Ⅴ　休　息　取　向

從這個結果可以看出，前述的頻率和平均數，可能只是顯示一種表面的現象，深一層的意義，似乎還是如休閒態度所指出的結果，最好是在那些屬於自己的時間「玩樂」；其次是從事一點「技藝」的工作，以打發休閒時間；然後才是清靜、求知或休息。這是從因素的解釋程度推論而言。因而，同樣是看報或看電視新聞，所尋求的東西可能完全不同。不過，如「玩樂」因素中，實際上包含了運動和運用體力的活動，但因與其他項目混在一起，性質變了；也可能本來就是為「玩樂」而運動。這樣，前後的狀況就相當一致，而不是互異。不過，這次的因素分析，頗多不能令人滿意之處，唯尚不知問題出在那裏。將來的分析，可能會把問題澄清。

（三）變項間的相關分析

相關分析，根據研究設計，可以分為四部份：①休閒行為和態度因素（依變項）與工作態度（中介變項）間的相關；②休閒活動與工作環境，個人狀況及社會化（自變項）間的相關。

但是，經過相關分析的結果，發現休閒行為和態度 10 因素與工作態度 5 因素間的相關係數， 除極少數外， 均未達到顯著水準。因而，我們可以假定，休閒與工作態度沒有什麼關聯；或者說，休閒活動的是否滿足不牽涉到工作態度的滿足或疏離。

如果這個假定可以成立，休閒活動可能與三種自變項間有較大的相關。我們現在先討論休閒諸因素與工作環境的相關程度。工作環境包括四個變數： 技術條件、 住宿方式、 福利措施和娛樂設施， 如表37。

（1）技術與休閒態度的技藝取向及休閒行為的實用取向成正相關，即具有技術性的青年工人較非技術性工人，更有這種傾向，在行

表37　工作環境與休閒的相關

	態　度　因　素					行　為　因　素				
	I 玩樂取向	II 技藝取向	III 清靜取向	IV 求知取向	V 休息取向	I 技藝取向	II 實用取向	III 清靜取向	IV 求知取向	V 休息取向
1. 技術條件		.093**					.071*			
2. 住宿方式	−.386****	.189****	−.078*	−.151****		.201****	.456****		.064*	−.228****
3. 福利措施	−.141****	.084**	−.064*		−.078*	.087***	.185****			
4. 娛樂設施	−.229****	.070*				.066*	.295****		.082***	−.062*

* p＜.05　** p＜.01　*** p＜.001

空格為未達顯著水準，係數未計入（以下各表同此）。

爲上多做點實際的工作，在態度上喜歡技藝。這在休閒活動的模式上屬於「相似」類型，卽休閒活動與工作活動的性質相似。技術與其餘各因素均無差異。

(2) 住宿舍係指住工廠宿舍；非住宿舍包括：住自己家裏、親友家或租房子，及其他方式。這裏顯示，住宿舍的工人，不僅喜歡技藝，而且對於技藝、實用、求知的行爲也較多；非住宿舍的工人，較喜歡玩樂、清靜、求知，而較少休息。這可能是由於兩種不同環境所促成。

(3) 福利滿意程度包括下列各項：福利措施、伙食、宿舍、康樂活動、休假制度、休息時間，以及與他廠福利的比較。這一項與態度、行爲的「技藝」因素均呈正相關，與「休息」因素均呈負相關。這可以說，福利措施越令人滿意，越不喜歡玩樂、清靜、休息，卻喜歡技藝的休閒活動；另方面，在行爲上技藝、實用活動較多，休息較少。

(4) 娛樂設施包括本廠及工廠附近的營業性遊樂設備。娛樂設施越好，越不喜歡玩樂性休閒，卻越喜歡技藝性的休閒活動；在行爲上，則對於技藝、實用、求知都做得較多。這是很容易理解的。

四個變項與態度因素Ⅱ及行爲因素Ⅰ，Ⅱ的相關性，不但較多，而且是正面的，與態度因素Ⅰ則爲負面的。與其餘各因素的相關多未到顯著程度。把「工作環境」作爲整體來觀察，無論態度或行爲，顯然以第Ⅰ，Ⅱ因素爲重要。

其次，我們要分析個人條件與休閒諸因素的關係。個人條件也可以視爲個人特質，包括性別、年齡、婚姻、工作年數、個人所得五項。其與因素的相關如表38。

表 38　個人狀況與休閒的相關

	態度因素					行為因素				
	I 玩樂取向	II 技藝取向	III 清靜取向	IV 求知取向	V 休息取向	I 技藝取向	II 實用取向	III 清靜取向	IV 求知取向	V 休息取向
5. 性別	.572***	−.239***	.165***		.168***	−.189***	−.701***			.270***
6. 年齡	−.127***				.227***	−.127***	−.213***	.065*		.225***
7. 婚姻	−.149***				.241***	−.142***	−.136***			.258***
8. 工作年數	−.083**				.088**	−.120**	−.082**			.076*
9. 個人所得							−.076*			

* p<.05　** p<.01　*** p<.001

(5) 以休閒態度來說，男性偏向於玩樂、清靜、休息，女性偏向於技藝；在行為上，男性仍偏向於休息，女性則偏向於技藝和實用。行為和態度一致。

(6) 年輕的在態度上喜歡玩樂，在行為上卻偏於技藝和實用；年紀越大，則在態度上越喜歡休息，在行為上也是偏於清靜和休息。

(7) 婚姻取向與年齡相當一致，未婚的喜歡玩樂，行為偏於技藝與實用；已婚的則喜歡休息，行為、態度均如此。

(8) 工作時間越短越喜歡玩樂性休閒活動，越常從事技藝和實用的休閒工作；越長，越趨向於休息性休閒。

(9) 個人所得多少，幾乎與休閒無關，其中祇與一項，實用性行為成負相關。即賺得越多，越少實用性休閒活動。

五種個人特質，除第 5 項無法合計，第 9 項無關外，其餘三項 (6-8) 表現為一個類型，即越在初期越趨向於玩樂（態度）、技藝和實用（行為）；越在後期越趨向於休息。

最後，我們來分析社會化與休閒的相關問題。社會化變項有四：自身教育年數、父親教育年數、父親職業、城鄉背景。其與休閒因素相關如表 39。

(10)大部份變項均係正相關，表示教育程度越高，越有喜好玩樂、技藝……的傾向，祇有休息及實用二項呈負相關，隨教育年數之增加而遞減。不過，所謂高低，主要在小學至高中這一階段，而以小學、國中人數為最多。

(11)父親教育程度所產生的結果與自身似乎相似，方向也相當一致，但達到顯著水準的因素少些。

(12)兒女的休閒活動，無論態度或行為，與父親的職業（非農與農）完全無關。

表 39　社會化與休閒的相關

| | 態　　度　　因　　素 | | | | | 行　　為　　因　　素 | | | | |
	I 玩樂取向	II 技藝取向	III 清靜取向	IV 求知取向	V 休息取向	I 技藝取向	II 實用取向	III 清靜取向	IV 求知取向	V 休息取向
10. 自身教育年數	.254***	.151***	.252***	.067*	-.064*	.156***	-.264***	.155***		
11. 父親教育年數	.169***		.089**				-.145***	.087***		
12. 父親職業										
13. 城鄉背景	.249***	-.102***	.069*		.081**	-.080***	-.291***		-.084***	.085***

* p<.05　　** p<.01　　*** p<.001

(13)從城市出身的工人，對玩樂、清靜、休息有增高的傾向；鄉鎮出身的人，則對技藝（行為及態度）、實用、求知有增高的傾向。這也許就是環境所造成的結果，以致影響了休閒活動的需求方向。

幾個社會化變項與休閒因素間的關係，除城鄉背景外，似乎不太清楚。尤其是教育年數所呈現的相關係數，頗不容易解釋。比如，為什麼教育程度越高的人，越不去做實用的休閒活動？而這種較高教育程度又並未高到足以成為知識份子，像讀書人那樣。這是不是意味着，卽使較高，也具備了那種氣質？

現在我們可以就十個因素的相關情形作一點總的探討。很顯然，三組自變數的較多相關都集中在第Ⅰ，Ⅱ因素，最少相關的是第Ⅲ，Ⅳ因素，適中的是第Ⅴ因素，無論行為或態度均如此。較多相關，是指兩者間的相互影響程度較多而言。這也就是說，工作環境、個人狀況、社會化影響玩樂性、技藝性、實用性的休閒活動較多，或者反過來，這些因素迫使他們採取自變數中某些行為方式。但就此處而言，前者的可能性似乎大些。

就相關較少的三因素來說，求知與休息二因素最不容易理解，因為從前述的頻率和平均數分析可以看得出來，看報之類的知識性活動所占休閒比例最大，而與三自變項的相關卻最少。可能的解釋就是，「求知」因素不受這三組自變項的影響，但與其他因素或有較高關係，而我們在設計中忽略了。下面是幾點我們已經獲得的資料（相關分析）。

從表40可以了解，如果工作越有價值、越有貢獻、越受到重視、越為主管所鼓勵，休閒的求知取向便越高，無論態度或行為均如此；而離職傾向越高的人，便越不想求知。在資料中顯示，這五個變項與其他休閒因素沒有相關的顯著性。

表 40　休閒求知取向的相關變項[a]

	(1)[b] 工作取向	(2) 工作貢獻	(3) 工作重視	(4) 主管評價	(5) 離職傾向
Ⅳ求知取向 （態度）	.076*	.087**	.069*	.106***	−.097**
Ⅳ求知取向 （行爲）	.085**	.080**	.094**	.067*	−.084**

* p<.05　　** p<.01　　*** p<.001

a. 休閒求知取向已見於前表的相關資料，此處不贅。

b. 變項(1)係工作對人生的價值；變項(2)係指工作對社會的貢獻；
變項(3)係指工作受社會的重視；變項(4)係指主管對下級工作的
評估；變項(5)係指離職傾向程度。

四　結論

從表面上看，青年工人的休閒生活似乎着重於知識性和體力性的活動，而沒有不良嗜好，比如賭博、酗酒、鬧事之類的行爲；同時，除體力活動稍嫌不足外，工廠環境也頗能提供這類活動所需的物質條件。所以青年工人的休閒活動似乎沒有什麼問題，休閒的態度和休閒的實際行爲有相當高的一致性。但這是表面的情形。

進一步分析，我們雖可以把休閒行爲和休閒態度各分爲兩個模式，即動態的層面，包括前二因素；靜態的層面，包括後三因素。但在動態層面中，休閒行爲和休閒態度的內容頗不一致。可以說，青年工人目前的休閒活動並不能完全滿足心理上的需要。急於要增加的便是「玩樂」性活動，也可以說是娛樂方面；其次是「技藝」性活動。

再進一步分析，我們發現，求知性休閒活動，不但可以加強工人對工作的正面價值觀念，甚至還可以減少離職的傾向；而合適的娛樂

性和技藝性休閒活動，除極少數外，對不同環境和不同性質的青年工人也是有利的。這已經可以看出，休閒生活和工作生活有不可分離的關係。但以目前我國的工廠主而論，不但沒有幾家做到這一點，甚至也沒有幾家重視這一點。

最後，我們要指出，青年工人的休閒問題相當嚴重，因為他們在休閒活動中最主要的幾個因素上，沒有獲得滿足。休閒類型與工作態度無關，是否意味著休閒未必能增加工作效率，某種程度驗證了休閒與工作無關說？

附表二四　休閒行爲因素

項　目　　　行爲因素	I 技藝學習取向	II 不愛玩樂的實用取向	III 不愛熱鬧取向	IV 求知與消遣取向	V 休息取向	共同性
(1)旅行					−.413	.256
(2)編織		.536			−.321	.475
(3)在家閒聊				.338		.173
(4)聽廣播				.369		.159
(5)打四色牌或玩撲克等		−.458				.278
(6)唱歌					−.396	.227
(7)游泳		−.480				.360
(8)釣魚		−.302				.228
(9)與異性朋友約會		−.495			−.329	.388
(10)投稿	.564					.336
(11)繪畫	.639					.434
(12)玩橋牌		−.515				.330
(13)爬山或露營					−.383	.298
(14)幫助家務		.394		.331		.338
(15)跳土風舞	.422				−.478	.423
(16)讀雜誌				.476		.412
(17)玩樂器	.433					.321
(18)打麻將		−.529				.352
(19)從事球類運動	.345	−.359				.305
(20)學插花	.480	.450				.524
(21)拜訪親友				.507		.350
(22)看報				.556		.339
(23)看電影				.357	−.447	.352
(24)跳交際舞					−.531	.460
(25)逛街			−.422		−.347	.400
(26)學裁縫或自己做衣服	.351	.545				.519
(27)隨便找人聊天			−.339			.188
(28)逛書店	.503			.405		.451
(29)參觀球類或運動比賽	.345			.374		.355
(30)去電動遊樂場玩			−.446			.273

(31)健身運動（如跆拳、太極拳）	.353	−.490				.425
(32)學打字	.594					.442
(33)乘機車兜風		−.368			−.407	.359
(34)看電視新聞				.541		.377
(35)看平劇	.327					.121
(36)看小說或散文				.444		.326
(37)喝酒		−.586				.380
(38)上廟燒香			−.415			.342
(39)下棋	.304	−.492				.370
(40)撞球		−.626				.457
(41)學化粧或美容		.529			−.437	.581
(42)打保齡球	.340				−.467	.387
(43)養盆景或種花	.526					.390
(44)學烹飪或料理	.391	.439				.479
(45)散步				.423		.318
(46)寫信				.420		.256
(47)參觀電視或廣播現場表演			−.449			.261
(48)吃拜拜			−.529			.368
(49)參觀書畫展	.580			.312		.435
(50)看歌仔戲或布袋戲			−.567			.347
(51)上歌廳			−.523			.395
(52)上教堂	.400					.206
(53)看電視			−.319	.394		.285
(54)集郵	.569					.357
(55)上茶室		−.307	−.480			.367
(56)收集影歌星相片			−.572			.354
(57)上夜校或補習班	.532					.295
(58)收集火柴盒、紀念章等	.504					.305
(59)攝影	.339					.264
固定值	8.15	5.14	3.27	2.21	1.78	
總變異量百分比	13.82	22.54	28.09	31.86	34.88	

因素負荷量低於.30者未列入

附表二五　休閒態度因素

項目 \ 態度因素	I 不愛實用的玩樂取向	II 技藝學習取向	III 不愛熱鬧取向	IV 求知與消遣取向	V 休息取向	共同性
（1）旅行					−.352	.200
（2）編織	−.528					.451
（3）在家閒聊				.397		.170
（4）聽廣播				.329		.118
（5）打四色牌或玩撲克等	.410					.247
（6）唱歌					−.471	.273
（7）游泳	.603					.403
（8）釣魚	.482					.301
（9）與異性朋友約會	.363				−.314	.263
（10）投稿		.524				.311
（11）繪畫		.490				.273
（12）玩橋牌	.525					.340
（13）爬山或露營						.247
（14）幫助家務				.368		.271
（15）跳土風舞		.399			−.391	.343
（16）讀雜誌				.517		.378
（17）玩樂器	.390	.310				.277
（18）打麻將	.510					.346
（19）從事球類運動	.390					.285
（20）學插花		.589				.436
（21）拜訪親友				.428		.271
（22）看報				.595		.380
（23）看電影					−.572	.397
（24）跳交際舞	.360				−.378	.391
（25）逛街			−.351		−.425	.370
（26）學裁縫或自己做衣服		.420				.356
（27）隨便找人聊天						.145
（28）逛書店		.429		.465		.459
（29）參觀球類或運動比賽	.377			.304		.279
（30）去電動遊樂場玩						.203

(31)健身運動（如跆拳、太極拳）	.613				.469
(32)學打字		.499			.275
(33)乘機車兜風	.427				.319
(34)看電視新聞				.540	.406
(35)看平劇					.129
(36)看小說或散文				.465	.348
(37)喝酒	.621				.418
(38)上廟燒香			−.417		.268
(39)下棋	.533				.347
(40)撞球	.720				.531
(41)學化粧或美容	−.409	.325	−.395		.495
(42)打保齡球	.323		−.303		.377
(43)養盆景或種花		.510			.390
(44)學烹飪或料理		.456			.397
(45)散步				.434	.279
(46)寫信				.359	.209
(47)參觀電視或廣播現場表演			−.391		.193
(48)吃拜拜		.479	−.453		.270
(49)參觀書畫展					.344
(50)看歌仔戲或布袋戲			−.520		.277
(51)上歌廳			−.479		.336
(52)上教堂		.339			.147
(53)看電視				.394	.315
(54)集郵		.446			.239
(55)上茶室			−.354		.296
(56)收集影歌星相片			−.442		.244
(57)上夜校或補習班		.406	.363		.342
(58)收集火柴盒、紀念章等		.462			.307
(59)攝影					.209
固定值	6.69	4.56	3.04	2.29	1.79
總變異量百分比	11.34	19.03	24.24	28.13	31.18

因素負荷量低於.30者未列入

青年工人的休閒行爲及其類型

一　前言

　　休閒是工業社會的特殊問題，特別是高度工業化的國家，工作時間越來越短，相對的，休息時間卻越來越長。以民國 66 年幾個國家的製造業員工爲例，奧國每週工作爲 33.9 小時，每天平均以八小時計算，每週僅工作四天多一點；美國 40.3 小時，日本 40.2 小時，每週約五天；加拿大 38.7 小時，不到五天；英國 43.6，法國 41.3，五天多；韓國 52.9，六天半。像這樣，每週只工作四、五天，餘下來的時間，自然得想法子花掉。怎麼花，就是休閒問題。我國臺灣地區製造業的每人每月平均工作日數，自民國 61 年以來，大致都是 25 日，每日工作時數爲 8.8 小時❶，如每週以六天計算，則需工作 52.8 小時，與韓國相當，比英、美、日本均高出甚多。這可以說是發展中國家的普遍現象，一方面晚開發國家的自動化程度，不如早開發國家那麼高，另方面對工作和休閒的觀念也有很大距離。可是，無論如何，工作時間過多，休閒時間就必然相對減少。這就是說，如果我們要討

---

❶ 《中華民國勞動力統計月報》，民國 67 年 9 月。

論休閒問題，便需了解工作狀況。

每週平均工作幾乎達到 53 小時，則需六天半（每天 8 小時）的時間，只能休息半天；每月以四週計算，總共才能休息兩天。兩個禮拜才輪到一天休息，要做的事情真是太多了；所以，有時候也會影響情緒，不知做什麼才好。這只是就原則或一般而言，事實上，工廠裏還有許多特殊的處理辦法，如輪班方式不同，工作性質不同，都會產生不同的休閒時間和休閒種類。例如一班制、二班制或三班制；紡織廠、電子廠或鐵工廠；由於工作時間、性質不同，也影響到休息的方式。所以，當我們的工作員每週還需要工作六天半這種時候，休閒問題可能不會十分嚴重，可是，越到後來就會越嚴重，每個工業化國家的情形都相當相似。

雖然如此，比起二、三十年前來，國人的休閒活動也改變了許多，起碼現在已無法做到「日出而作，日入而息」的境界，而必須按時計酬，按假日而休息了。工廠裏的作業員受到機器的限制，自由休閒的機會更少了，因而，要求自由支配時間的欲望就更強烈些。

什麼叫「休閒」？ 到現在還是一個很有爭論的問題。 例如 Dumazedier 提出四種說法， 即有酬勞的工作， 家庭義務， 社會精神義務，和自我充實活動取向 (Dumazedier, 1974: 68)， 休閒是其中一種，也可能為全部。 更多的人卻是強調離開工作，自由利用時間 (Park & Smith, 1976: 41-3)。我個人還是認為：工人的休閒生活是指，離開生產線或工作崗位，自由自在的去打發時間，並尋求工作以外，精神上或物質上的滿足。如果工人每天工作八小時，就有十六小時是屬於自己的，扣除七、八小時必須用於睡眠，其餘的時間就可用來從事休閒活動了；每個月還有星期日或國定假日，必然可以做些更有持久性的休閒活動。

工業社會旣然產生了休閒問題，休閒又是指工作以外的活動，在這個前提下，我們就可以進一步來探討工人的休閒問題了。這個問題，不僅在我國很少從事實徵研究，就是在國外也不多。國外的一些研究，多半是普遍討論，不設立特定對象。最早的研究，如 Pace，只是作了點休閒頻率的比較 (Pace, 1970: 294-7)；後來有許多研究，也還是停留在用百分比作比較的階段，雖然有時指出了若干分類的辦法，如 Dumazedier (1974) 書中所提到的一些研究結果；較爲具有理論性分析的休閒研究，是 Kaplan (1975)、Rapoports (1975) 和 Leigh (1977) 等人，他們分別以一般現象，或家庭關係，或青年人爲前提，作爲討論與分析的對象。上述這些人的研究，對本文都或多或少提供了一些幫助，例如，休閒活動的項目，主觀的分類標準，男女的差異性，評分方式等等。不過，許多人把工人的休閒當作特別的研究對象，如 Dumazedier (1974) 的工廠工人與非工廠工人的休閒比較研究❷，或 Meissner 的工人時間分配的研究❸，都還停留在嘗試模式化階段。無論是休閒補償工作，休閒延續工作，或休閒與工作無關（林素麗，民 66: 27-35），都是企圖用休閒解釋工作，卽是，休閒或休閒滿足之後，對工作產生什麼樣的意義？這個問題，事實上涉及許多不同的層面：第一，如果不把睡眠計算在內，工作以外的八小時，是否必須做點什麼，或滿足體力以外的需要？第二，如果承認休閒對工作有幫助，則不適當的休閒行爲是否必然導致不良後果，或浪費了休閒時間？第三，從事休閒或適當的休閒，與沒有獲得這方面滿足的人，差別究竟在那裏？第四，休閒是人的態度或行爲，顯然與文化有關，研究者如何自變項中找出不同的答案，或取得不同的結

---

❷　他還引用了許多別人的例子，可供參考，例如俄國、法國。

❸　Meissner 的意見 (1972)，轉引自林素麗（民 66）的文章。

果，而又能作普遍性的推論？類似的問題還很多，我們實在很難在一兩個研究中找到所有的答案。無論如何，這類休閒的研究，將遠離 Veblen 的有閒階級休閒觀念，自不成問題❹，同時且將擴及所有人羣。

　　我國在傳統社會裏是排斥隨便休閒或娛樂，必須不斷的工作。《論語》裏有一則故事：宰予白天裏睡大覺。孔子見了，就說：「朽木不可雕也」。宰予是孔子的學生，白天睡覺都要受到責備。在農村裏，大抵也都是如此。休閒不能亂來，那是有季節性的，例如，元宵、端午、中秋之類。現在當然不同了，許多活動，如爬山、郊遊、跳舞、聽音樂，都興起了。可是，到現在為止，我們對於休閒，幾乎沒有實徵性的研究；對工人的休閒，就更沒有了。偶而有些人討論這個問題，卻不是實徵研究。民國 65-66 年間，我們做了一次四個工廠的研究，部分結果在〈青年工人的休閒問題〉中提出。男工休閒行為最高的前三項為，看報 76.86%，看電視 51.45%，看電視新聞43.60%；女工為，看報 70.90%，幫助家務 47.75%，看電影 41.80%。兩者休閒行為的平均數順序也相同，並且相差不大❺。因而，在研究設計上，除參考西方學者研究結果外，就只有依靠上年度研究所得，作為修正的基礎。

　　由於我們還在開始的階段，對於影響工人休閒的因素，及休閒滿足的狀況，並不十分清楚，又不能完全抄襲外國的研究方式，所以在研究構想上，只能提出幾個比較粗略的假設，主要的有下面幾項：

---

❹　Veblen 寫《有閒階級論》，臺銀已有趙秋岩譯本（民 58）。李文朗（民 65）強調「休閒活動大眾化」這一點，是與現代情形符合的。

❺　不過，當時的男女順序，其百分比和平均數，並未標準化。

(1) 工廠中工人受到時間和環境的限制，休閒活動頻率的高低，無論行爲或態度，均會呈現某種一致的現象，卽相關的某幾類活動偏高，另外幾類偏低。

(2) 工廠中工人的休閒活動，有某些類型存在，這些類型行爲和態度，使休閒的品質產生某種一致性，卽有的偏向於好的一面，有的偏向於不太好的一面。

(3) 類型的因素模式與實際的休閒行爲和休閒態度之間，有某種程度的差異，這種差異受到抽象原則的影響。

(4) 休閒活動與工作環境，個人特質，及各種態度之間具有不同的關係層面，卽工人的休閒生活和工作生活會有某種程度的一致或差異。

在驗證上述假設的過程中，我們必須提出許多不同方式的分析結果，並討論它的眞實性。適用於這一分析的研究架構，如圖5。

下列自變項共二類15項，中介變項一類7項，依變項一類2項。這些變項，與第一年研究所列項目，稍有出入，這是依據實際分析結果所作的一些改變。我們的假定是，工作環境中的這些條件，例如作息時間的差異，住宿地點的不同，都可能影響休閒行爲和態度，也可能影響生活滿足，工作滿足之類；個人特質也一樣，因性別的不同，可能有不同的生活滿足程度，不同的休閒行爲和態度。中介變項諸項目是作爲測定自變項與依變項間的中間變數，它可能僅與一端有關，也可能與兩端均有關。我們將從這些方向去分析青年工人休閒態度和行爲的平均數、百分比、類型❻、相關和影響量。

---

❻　一般的休閒研究，多以項目、頻率、種類、與工作關係等爲目標。本文試圖進一步了解它們間的相關和互爲影響程度，但結果不十分理想，只能視爲初步的探索性結果。

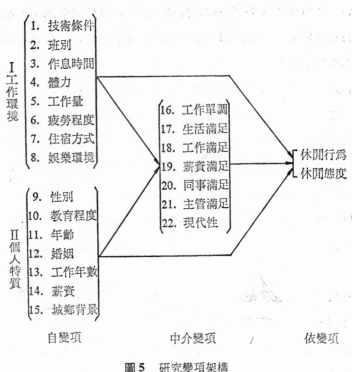

圖 5　研究變項架構

二　研究方法

　　依照上述假設和研究架構，以及第一年研究的若干結果，便確定
了此次工廠青年工人研究的樣本（包括工廠和人數）和問卷。有關休
閒的問卷共有兩部分：量表 34 題，其中 29 題男女通用，2 題限男
性，3 題限女性，每題分「行為」和「態度」，以 4，3，2，1 給分，
「常常」和「很喜歡」給 4 分，餘類推，每題的有效人數並不完全一
致，最高的 4211 人，最低的 4114 人；休閒問卷共 8 題，其中 2 題
問行為，6 題問休閒活動的滿意程度，每題的有效人數約三千餘（見

以後各表)；關於自變項的各種問題，多爲各部分研究所共用，如性別、教育程度、換工次數等，各題有效人數多不一致，將在各表中說明。

　　問卷在每個工廠集體塡答，每次均有訪員二至四人在場照應，被訪人不懂時，由訪員略加解釋，如太多不了解，則視爲廢卷。訪員曾經集體講解與討論，臺語翻譯亦曾作某種程度的統一。收集問卷時，均個別當場檢查，如有遺漏，即請當事人補塡，無法補塡的問卷，當即作廢。問卷最先做南部，然後中部、北部，歷時約二月餘。共測工廠60家，得問卷 4541 份，除去廢卷 281 份，實得 4260 份。但其中仍有若干題目不適用，或拒絕回答，故每種計算人數不完全一致。廢卷爲塡答不合用，或不完整，或遺漏太多。拒絕回答者，整個訪問中僅屬少數。關於休閒部分的樣本分配情形如下表。

表 41　樣本分配

總樣本數	4260	因素分析樣本	4114–4211
平均數樣本	4114–4211	卡方分析樣本	4192
假日樣本	3714	迴歸分析樣本	2321
下班後樣本	3680		

　　上述樣本分配頗不一致，其中平均數、因素、卡方少數樣本有可能不同，依實際能用之數目而定；假日、下班、廻歸則每題相同。所有數字均由電腦計算，除假日和下班之百分比用手算外❼。由於各種

---

❼　電腦分析資料共有兩種，一種是三類工廠分別計算百分比；另一種是四類工廠合計之百分比。總數均用人工計算，並定其高低。

分析的樣本數不完全相同，將來在討論時，一一分別標明。

本文資料之分析，均用 SPSS (Statistic Package for the Social Sciences) 程式處理，例如平均數、標準差、卡方、因素分析、廻歸分析等。在分析方法上分三個層次討論：(1) 瞭解樣本在實際行爲和態度上❽的分配，及某些特殊事項的差異，如平均數、卡方檢定之類；(2) 瞭解行爲和態度的休閒模式，以因素分析討論；(3) 瞭解自變項，如教育程度與研究變項，如社交因素間的互爲影響關係，有時也許還可以解釋爲自變項對依變項的影響，如相關及廻歸分析。

量表 29 題係經第一年研究後選擇出來的題目，未作信度分析，但因素的相關係數矩陣，均達顯著水準（參閱附表三十，三一）。用於廻歸分析的因素值，止於高因素負荷量，卽所選用題目的因素負荷量較高者，其餘未計入。

三　研究發現與討論

本研究初步所得結果甚多，目前暫從下列三個方面加以分析和討論：(一) 實際的休閒行爲和態度，包括休閒活動的頻率，假日和下班後的休閒行爲，不同行業的休閒方式，不同變項間的休閒差異；(二) 休閒的因素模式，包括行爲模式和態度模式；(三) 變項間的相互關係或相互影響，如簡單相關和廻歸分析。從這些面向，大致可以了解今日靑年工人的休閒生活，例如，從事或喜歡從事那些活動，活動的品質和類型，行爲間相互關係或影響。

---

❽　行爲係指已經有的行動，態度係指喜不喜歡該類行動。以下各處所說行爲或態度，都是這個意思。

（一）實際的休閒行爲和態度

對於實際的休閒活動和態度傾向，完全是強迫性的選擇，如前所述，男女工人可以選擇的休閒意見共 34 項，其中 29 項爲男女共選， 2 項限男性選用， 3 項限女性選用。以下的平均數，假日和下班後休閒活動，均出自這個問卷。

1. 平均數和標準差

在上年的研究裏，我們發現，男女工人偏高的休閒行爲和態度的百分比，與平均數的高低順序，幾乎沒有差異，所以，這次的實際行爲和態度，首先用平均數來討論這些休閒活動的高低。表 42 所用項目僅限男女共用的 29 項，樣本爲男女總數，每題樣本不完全一致，以免遭受淘汰的題目太多（附表二六，二七）。

表 42 最高 10 項休閒行爲和態度的平均數顯示幾點相同和相異的意義：（1）兩者的樣本數相當接近，平均數以態度較高，標準差與相對離差以態度較小， 較整齊， 但兩者究竟相差甚小， 無實際上的意義；（2）在十種最高的行爲和態度中，六種完全相同，四種不同，其中 1 , 2 兩項， 不僅項目相同， 連順序也相同，這與上一年四個工廠的研究結果相當一致❾；（3）就六項相同的項目而論， 看報 、 看電視、讀雜誌、看電視新聞、看電影都是日常生活中最容易接觸到的傳播媒介，幫助家務則爲工作**後**的家內活動，也是最常碰到的事，可見通常所謂的休閒生活，是非常簡易的行爲和想法；（4）就四項不同的而

---

❾　去年「幫助家務」一項， 男性行爲占第 5 位， 態度不在最高 10 項之內；女性無論行爲或態度均占第 2 位。此處女性樣本約多一倍，排名占第 2 位， 可能受其影響。崔麗蓉（民 70: 74-75)的結果與此大致相似，特別是第 1 項。

表 42　休閒最高前十項的平均數和標準差

項　　　　　目	行				為	態				度
	順序	平均數	標準差	相對離差	樣本數	順序	平均數	標準差	相對離差	樣本數
17. 看　　　報	1	3.47	.71	20.5	4179	1	3.65	.55	15.0	4196
7. 幫助家務	2	3.30	.80	24.2	4173	2	3.54	.67	18.9	4193
25. 看　電　視	3	3.12	.80	25.6	4162	10	3.32	.66	19.8	4167
9. 聊　　　天	4	3.09	.78	25.2	4186					
16. 讀　雜　誌	5	3.08	.80	26.0	4174	4	3.42	.65	19.0	4180
19. 看電視新聞	6	3.02	.83	27.5	4188	9	3.32	.70	21.0	4187
21. 唱　　　歌	7	2.95	.88	29.8	4181					
10. 看　電　影	8	2.93	.76	25.9	4173	6	3.39	.67	19.7	4204
13. 寫　　　信	9	2.93	.81	27.6	4186					
24. 看散文或小說	10	2.92	.85	29.1	4156					
1. 郊遊或旅行						3	3.48	.64	18.4	4211
5. 散　　　步						5	3.40	.69	20.0	4169
4. 爬山或露營						7	3.35	.75	22.3	4178
18. 逛　書　店						8	3.34	.69	20.6	4183

論，行為的聊天、唱歌、寫信、看散文或小說，偏向於消遣性的，態度的郊遊或旅行、散步、爬山或露營、逛書店，偏向於體力性的，這也許可以解釋為，前六項在行為上已獲得足夠的滿足，後四項則未獲得足夠的滿足，故在行為和態度上的平均數高低不同；(5)休閒最高前十項的行為和態度分配在十四個項目上，這十四個項目可以略分為三類，即求知性的（或大眾媒介）、消遣性的和體力性的休閒，前二類在行為和態度上出現，後一類僅在態度上出現，不僅「求知性」占

最高比例，且與上一年結果幾完全相同，就相對離差❿來看，行爲在
個人間的差異，比態度大得多，也就是較不整齊；在同一範疇內，
則均以「看報」的差異爲最小（行爲 20.5，態度 15.0）；在六項相
同的項目上，則均以「看電視新聞」的差異爲最大（行爲27.5，態度
21.01）。

　　從上述平均數的行爲和態度的比較得知，休閒不滿足的情形似乎
並不嚴重，除了體力的活動稍嫌不足外。這種情形和上年度四個工廠
的研究結果相當一致，似乎並非偶然。

　　再看休閒行爲與休閒態度平均數最低的10項，這種最低的意義是
相對於最高而言，表示被訪者對這些活動做得比較少，或不太喜歡。
最低的 10 項如表 43。

　　打牌和喝酒仍然是占最小比例，上年度用的項目名爲，上茶室、
打麻將、喝酒，占比例甚低⓫，當時懷疑所用名稱不當，有導向作
用；今年改用，和朋友打打小牌、和朋友喝酒，結果還是相同。可見
一般對這類休閒的行爲和態度的確不十分高。事實上，在工廠裏的男
性作業員，不少人在賭博，甚至酗酒，但從以萬計的工人來說，畢竟
還是少數。最低的 10 項中，行爲與態度相同的竟達七項，表現一致
性相當高。無論相同的或不相同的項目，似均不容易歸類，有屬於應
酬或消遣者、有屬於體力者、有屬於社交者、有屬於休息者等等。這
些做得少的項目，大致都具有下列三種特徵之一或全有：(1) 不爲社
會所讚許的行爲，如打牌、喝酒；(2) 住所附近沒有休閒設備，如游

---

❿　使用相對離差（標準差除以平均數，乘 100），乃因各項目樣本不完全
　　相同；不過，可以看得出來，兩者相差並不太大。

⓫　項目有些出入，因當時共有 53 項，今年簡化爲 34 項，男女共同的僅
　　29 項。

表43　休閒最低十項的平均數和標準差

項　　　目	行				為	態				度
	順序	平均數	標準差	相對離差	樣中數	順序	平均數	標準差	相對離差	樣中數
15. 打　小　牌	1	1.50	.76	50.6	4114	2	1.90	.83	43.7	4144
12. 和朋友喝酒	2	1.51	.77	51.0	4150	1	1.82	.83	45.6	4156
27. 上歌廳聽歌	3	1.65	.79	47.9	4155	3	2.40	.92	38.3	4147
6. 游　　　泳	4	1.84	.94	51.1	4148	5	2.76	.94	34.0	4165
26. 玩　樂　器	5	2.07	.88	42.5	4132	6	2.80	.85	30.3	4151
23. 下　　　棋	6	2.13	.91	42.7	4120	4	2.73	.88	32.2	4165
4. 爬山露營	7	2.26	.82	36.2	4155					
8. 種　　　花	8	2.31	.95	41.1	4163					
2. 球類運動	9	2.37	.84	35.4	4170	9	3.06	.79	25.8	4186
3. 健身運動	10	2.50	.84	33.6	4138					
11. 拜訪親友						7	3.02	.76	25.1	4173
28. 小　　　睡						8	3.03	.75	24.7	4164
22. 照　　　相						10	3.14	.74	23.5	4192

泳池、健身房；(3) 短時間無法實行的活動，如爬山或露營。如果上述解釋可以接受的話，那麼，工廠裏似乎應加強一些休閒工具的設置了，如游泳池、露營、各種運動器具。否則，工人的休閒活動，就可能永遠限於原有的簡陋設備，例如看報、看電視、聊天之類（如表42所述的休閒行為）。

　　從最高和最低休閒行為和態度的討論，事實上已涉及了 29 項中的27項（前者共14項，後者共13項），未包括的僅餘「20. 聽廣播」（行為 $\bar{X}=2.82$, SD＝.86, n＝4170；態度 $\bar{X}=3.16$, SD＝.75, n＝

4162)和「29.休息」（行為 $\overline{X}=2.76$, SD=.81, n=4161; 態度 $\overline{X}=$ 3.15, SD=.77, n=4174）兩項（附表二六，二七）。不過，行為和態度分別而言，則兩者各有九項為中數，行為屬於中數之平均數從 2.85 至 2.58，態度屬於中數之平均數從 3.29 至 3.14。這就是說，行為的平均數集中在：高頻率，3.47 至 2.92，中頻率 2.85 至 2.58，低頻率 2.50 至 1.50。態度的平均數集中在：高頻率，3.65 至 3.32，中頻率 3.29 至 3.14，低頻率 3.06 至 1.82。從整體來說，行為平均數的幅度是 3.47 至 1.50，態度的幅度是 3.65 至 1.82。這種分配，可略如圖 6。

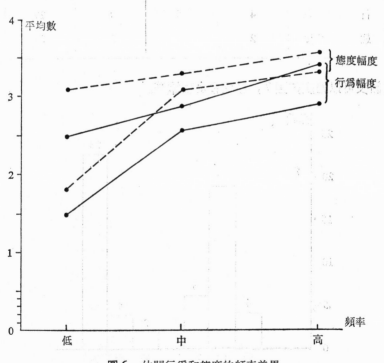

圖 6　休閒行為和態度的頻率差異

上圖很明顯的顯示，態度比行為高，中度頻率上差距最大，高、

低二部分有少許重疊現象。不過上述現象，係以題目區分，卽最高與最低各 10 題，中間 9 題。這是遷就各題在三種平均數中所涉及的範圍而論，與分配多寡無關。

　　如以 1-1.99 爲平均數低分，2-2.99 爲平均數中間分，3-4 爲平均數高分，以了解工人在休閒行爲和休閒態度上的分配狀況，以29題的平均數爲計算標準，如表44。

表 44　29題的平均數分配

休　　　閒	低 (1-1.99分) 題 數	中 (2-2.99分) 題 數	高 (3-4分) 題　　數	總　　數
行　　爲	4	19	6	29
態　　度	2	4	23	29

這個表可以繪成如圖 7，結果會更明顯些。

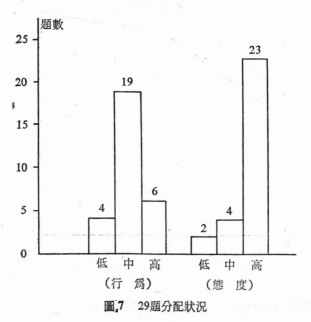

圖7　29題分配狀況

很明顯，行為的衆數集中在中度平均數，態度的衆數集中在高度平均數。我們可以從這種趨勢下結論說，工人的休閒活動未獲得眞正的滿足。態度趨向高分，表示願望強烈，有行為的動機；但行為僅達中等程度，顯示休閒願望未完全實現。

2. 假日和下班後的百分比

這是指在特定情況下，工人如何從事休閒活動。特定的情況有兩種：一種是指每日工作之餘，卽工作八小時下班後，通常做些什麼；一種是指在輪休日或星期、國定例假日，通常做些什麼。

我們要求被訪者填答「下班後」和「假日或輪休日」通常做些什麼，並且限定在 34 項中選出做得最多的各三項❷。經統計結果，發現二、三項的數字很小，相當分散，而各以第一項為最有效，表 45 是分別統計的結果。

表 45 下班後的活動，顯然由於時間較短，只能從事一些就便的休閒活動，而以看電視、看報的人最多。散步、休息、逛街也佔了不少份量。假日或輪休日就很不同了，最高的是家務（這些可能受女性作業員比例較大的影響）、旅遊，看報、讀書的量大為減少。這與工廠作業員的實際生活習慣頗相合。兩者的項目合起來，與休閒行為和態度的平均數分佈狀況，也大致相似。這種情形，似乎仍可以說是受到時間和環境的影響較大，與個人興趣的關聯要小些，甚至不容易看得出來。雖然受到限制填答的約束，項目卻是受訪者自由選擇。有時也許抹殺了一點個人獨特的嗜好，但從上年比較開放選擇的趨勢來看，今年的 29 個項目，仍屬於多數。

再以木材、食品、化學業為例，對於下班後和假日活動的選擇，

---

❷　此處分析的為每題第 1 項選擇，第 2, 3 項未計入。

表 45　假日及下班後的休閒活動

項　　　目	下班後（總數＝3680）			假日或輪休日 （總數＝3714）		
	順序	實　數	百分比	順序	實　數	百分比
25. 看　電　視	1	376	10.2	3	283	7.6
17. 看　　　報	2	357	9.7	9	173	4.6
7. 幫　助　家　務	3	267	7.2	1	313	8.4
24. 看小說或散文	4	261	7.1	10	157	4.2
16. 讀　雜　誌	5	224	6.1	8	178	4.8
13. 寫　　　信	6	193	5.2			
10. 看　電　影	7	185	5.0	4	249	6.7
5. 散　　　步	8	181	4.9			
29. 休　　　息	9	172	4.7	7	193	5.2
14. 和朋友逛街	10	161	4.4	5	225	6.0
1. 郊　遊或旅行				2	296	7.9
11. 拜　訪　親　友				6	204	5.5

說明：所有百分比，均係以實數除以總數之結果。假日女性「學烹飪」
　　　者甚多（n＝178，佔 4.8%），因係女性，未合計入。表中下班
　　　後 10 項最高的活動佔總數的 64.5%，假日佔總數的 60.9%。

幾乎完全相同，如表46。

　　表 46 及表 47 各業休閒活動的高低，均未經標準化，無法比較，
只能就各業本身所代表的高低次數來了解它的意義。例如，下班後的
活動，各業均集中於兩種類型的活動，即家務和大眾傳播，傳播又可
分爲影、視和書、報兩類；假日的活動，除了家務和電影與下班後的
活動相同外，增加了旅遊和訪友，四類占各業中的高百分比項目，屬
於四個不同的類型，顯然很分散，不像下班後的活動，各業那麼類似。

表46　三類業別* 休閒活動比較（下班後）

項　　　目	木材業(251)			食品業(203)			化學業(278)		
	順序	次數	%	順序	次數	%	順序	次數	%
7. 幫 助 家 務	1	39	16	2	28	14	1	60	22
25. 看 電 視	2	36	14	3	24	12	2	34	12
17. 看　　　報	3	22	9	1	30	15	3	33	12
10. 看 電 影	4	21	8						
16. 讀 雜 誌				4	17	8	4	18	6

* 其餘四業別為合計，且分男女，故未用以比較。此處為男女總數。下表47同。

表47　三類業別休閒活動比較（假日）

項　　　目	木材業(252)			食品業(197)			化學業(279)		
	順序	次數	%	順序	次數	%	順序	次數	%
1. 郊遊或旅行	1	44	17	1	42	21	2	53	19
7. 幫 助 家 務	2	36	14	2	33	17	1	55	20
10. 看 電 影	3	25	10	3	20	10	3	17	8
11. 拜 訪 親 友	4	20	8	4	11	6	4	13	6

　　事實上，各業工人休閒活動，無論在下班後或假日，分散在 29 個項目中還是相當大，最高四個項目所能代表的百分比仍不高：下班後，木材 47%，食品 49%，化學 52%；假日，木材 49%，食品 54%，化學 53%。不過，其餘的項目，代表性就更為有限了。

　　這個結果，和所有的平均數高分項目作一比較，趨勢還是相當一致。在下班後的活動中，食品和化學項目完全相同，但順序不一致，前者以「看報」為第1位，後者則為第3位；木材業則無讀雜誌，而

多了看電影一項。再以假日三類業別作比較，木材與食品，不但項目相同，次序也相同； 化學也只是在１，２項的次序上互換， 其餘完全相同。三業「郊遊」均佔較高百分比，自然因有較多時間可資利用的原因，其他三項也是需要較長時間。可見在青年工人的休閒活動上，受到時間和環境的影響很大。

　　3. 卡方分析

　　上述平均數和百分比是就全部樣本或某些特定樣本加以分析，以了解實際行為和態度的分佈狀況，例如，看報的行為頻率較高，郊遊的嗜好態度較強烈。這種比較，可以明瞭行為和態度的一般傾向；但無法明瞭特定狀況下，有沒有差異，例如，同是工人，對同一問題，來自城市的和鄉村的，有沒有不同的反應？技術的和非技術的，或已婚的和未婚的，有沒有不同的反應？這類問題，大概用卡方檢定就可以獲得比較滿意的結果。本研究中，這種問題問了很多，下面僅提出兩方面作為討論的對象。

　　(1) 對休閒生活是否感到單調？

　　對於這個問題的反應，自變項可以分為三部分：屬於工作環境的有，技術條件、組別、班別三項；屬於個人特質的有，年齡、婚姻、工作年數、本廠工作年數、城鄉背景五項；屬於態度的有，工作目的一項。今分三類列表如表48。

　　在表 48 三項屬於工作環境的條件中，技術條件男女均達到 .05 的顯著水準，組別無差異，班別達到 .001 的顯著度。以技術而論，男工不感單調的以技術和半技術的人居多； 感到單調的屬於無技術的人。也就是說，技術較高的男工，對休閒生活較不感單調。這可能是工作本身的複雜性影響到對休閒生活的感覺， 最明顯的例子是， 工作的單調感與休閒的單調感之間的相關程度達到 .267(p<.001, n=

表 48　工作環境與休閒生活的單調感程度

	男		工				女		工			
	很單調%	單調%	不單調%	很不單調%	合計		很單調%	單調%	不單調%	很不單調%	合計	
					n	%					n	%
1. 技術條件												
技　　術	6.1	35.3	54.7	3.8	479	37.9	9.2	40.2	48.7	2.1	569	23.5
半 技 術	4.8	37.9	53.1	4.2	433	34.2	7.5	40.9	49.9	1.5	598	24.7
無 技 術	5.4	47.3	42.5	4.8	353	27.9	7.2	41.4	47.4	4.1	1258	51.9
合　　計	5.5	39.6	50.8	4.2	1265	100.0	7.7	41.0	48.3	3.0	2425	100.0
	$x^2=15.50$　df$=6$　$p<.02$						$x^2=13.48$　df$=6$　$p<.05$					
2. 組　　別												
班 組 長	6.9	42.8	47.4	2.9	173	14.0	10.3	38.4	47.8	3.4	203	8.0
操 作 員	5.2	39.7	50.5	4.7	1064	86.0	7.5	41.8	47.6	3.0	2482	92.0
合　　計	5.4	40.0	50.2	4.4	1237	100.0	7.8	41.7	47.5	3.0	2685	100.0
	$x^2=3.23$　df$=3$　$p>.05$						$x^2=5.32$　df$=3$　$p>.05$					
3. 班　　別												
常 日 班	5.8	35.0	53.6	5.6	825	63.2	7.0	36.0	54.3	2.7	1310	47.3
輪　　班	5.0	47.9	45.4	1.7	480	36.8	8.3	47.2	41.4	3.0	1460	52.7
合　　計	5.5	39.9	50.5	4.1	1306	100.0	7.7	41.9	47.5	2.9	2770	100.0
	$x^2=29.74$　df$=3$　$p<.001$						$x^2=47.50$　df$=3$　$p<.001$					

4000)，這表示兩者的一致性相當高。工作越單調的話，休閒也會越感單調。從工廠的觀察可以得知，越不是技術性的工作，的確越感到

無聊。女工在三種不同技術條件上也有差異，但分配較一致，即不單調較高，單調較低。

不同組別的男女工休閒單調感無分別，也就是說，無論班長、組長，或作業員，也無論男工或女工，有 50% 以上的人，對休閒生活不感單調，另有 40% 以上而不到 50% 的人，對休閒生活感到單調。但這種分配，與操作員或非操作員無關，工作部門不影響休閒生活的情緒。在相關分析中，組別與這個依變項也無關。

就班別而論，男女工均達到 .001 的顯著度，同時，趨勢差不多一致，即男女工的常日班，約 40% 左右休閒生活感到單調，57% 左右對休閒生活不感到單調，滿意的高於不滿意的；男女工的輪班，約 53—55% 對休閒生活感到單調，不單調的只有 47—45% 左右，不滿意的高於滿意的。即是，常日班感到單調的較少，輪班感到單調的較多。這種現象是比較容易解釋的，常日班有較多的時間可以自由支配；而輪班受到環境和時間的限制，當有時間的時候，也許其他行業正在休息。這由班別與休閒變項為負相關（r = −.108, p < .001）也可說明。

這種對休閒生活的感覺，很顯然，技術的差異可能由於它影響到情緒，班別的差異可能由於受到時間和環境的限制，組別無差異可能由於這種職位上的微小差別，不足以影響兩者間的休閒活動。

現在再從個人特質來討論。

表49的五個項目中，先就年齡而論，男女工的休閒單調感均達到 .01 的顯著度，即因年齡不同而有不同的休閒感受，從肯定方面說，男女似乎有相同的趨勢，即年齡越大，單調感越來越少，例如「不單調」一項，男工從 18 歲以下的 40.9% 到 31 歲以上的 55.8%，滿意的程度增加很多；反過來，從否定方面說，卻是因年齡增加而漸減，

表49　個人特質與休閒生活的單調感程度

	男		工			女		工			
	很單調%	單調%	不單調%	很不單調%	合計 n	合計 %	很單調%	單調%	不單調%	很不單調%	合計 n	合計 %
1. 年齡												
18歲以下	6.7	44.3	40.9	8.1	149	11.1	8.4	46.2	42.5	2.8	1306	45.9
19—22歲	3.0	49.8	43.8	3.5	201	15.0	7.1	40.8	49.1	3.0	1092	38.4
23—26歲	7.1	36.1	53.1	3.7	518	38.6	8.4	31.7	56.8	3.2	347	12.2
27—30歲	4.4	39.3	51.7	4.7	387	28.9	6.8	35.2	55.7	2.3	88	3.1
31歲以上	7.0	34.9	55.8	2.3	86	6.4	9.1	27.3	63.6	0	11	0.4
合計	5.7	39.9	50.1	4.3	1341	100.0	7.8	42.0	47.3	2.9	2844	100.0
	$x^2=26.56$　df$=12$　p$<.01$						$x^2=34.82$　df$=12$　p$<.01$					
2. 婚姻												
已婚	5.6	33.3	56.5	4.6	501	37.2	5.6	33.9	58.2	2.3	177	6.2
未婚	5.7	43.8	46.4	4.1	845	62.8	8.0	42.6	46.4	3.0	2669	93.8
合計	5.6	39.9	50.1	4.4	1346	100.0	7.8	42.1	47.2	2.9	2846	100.0
	$x^2=37.01$　df$=3$　p$<.001$						$x^2=9.77$　df$=3$　p$<.05$					
3. 工作年數												
1年以下	3.1	51.0	41.3	4.6	196	15.0	9.5	50.9	38.0	1.5	652	23.2
1—3年以下	4.7	36.8	53.0	5.4	296	22.5	7.4	41.4	48.0	3.1	880	31.3
3—5年以下	7.7	34.2	55.4	2.8	325	24.7	6.6	41.7	47.0	4.6	604	21.5
5—7年以下	4.5	43.5	48.0	4.0	177	13.4	8.7	34.6	54.6	2.0	355	12.6
7年以上	6.2	39.6	50.2	4.0	321	24.4	6.3	32.9	58.0	2.8	319	11.4
合計	5.6	39.9	50.4	4.1	1315	100.0	7.8	41.8	47.5	2.9	2810	100.0
	$x^2=24.19$　df$=12$　p$<.02$						$x^2=59.6$　df$=12$　p$<.001$					

4. 本廠工作年數											
1 年 以 下	5.8	44.3	44.9	4.9	485	36.6	9.7	46.4	41.3	2.6	1043	36.7
1—3年以下	5.8	35.3	55.4	3.6	448	33.7	6.9	40.3	49.5	3.3	1061	37.2
3—5年以下	3.9	37.2	52.8	6.1	180	13.5	6.2	42.5	47.7	3.6	388	13.6
5—7年以下	5.6	39.3	49.4	5.6	89	6.7	6.9	34.9	55.4	2.9	175	6.1
7 年 以 上	6.3	42.9	48.4	2.4	126	9.5	7.7	32.0	59.7	.6	181	6.4
合　　計	5.6	39.8	50.2	4.4	1328	100.0	7.9	42.0	47.3	2.9	2848	100.0
	$x^2=15.69$　df$=12$　p$>$.05						$x^2=39.22$　df$=12$　p$<$.01					

5. 城鄉背景											
城　　市	4.8	37.3	52.3	5.7	459	34.2	5.8	39.0	52.0	3.3	639	22.5
鄉　　鎮	6.0	41.3	48.9	3.7	883	65.8	8.4	43.0	45.8	2.8	2204	77.5
合　　計	5.6	39.9	50.1	4.4	1342	100.0	7.8	42.1	47.2	2.9	2843	100.0
	$x^2=5.28$　df$=3$　p$>$.05						$x^2=10.77$　df$=3$　p$<$.02					

例如「單調」一項，男工 18 歲以下為 44.3％，到 31 歲以上減為 34.9％，即單調的程度，因年齡越大而減少。女工也一樣。這就是，年齡越輕，對休閒生活的單調感越高，不單調感越低；年齡越大，情況相反。其中僅 27—30 歲的男女工人稍有例外。

婚姻對休閒生活的單調感也達到了極顯著或顯著程度，即已婚的單調感較低於未婚的，不單調感較高於未婚的，男女工相同。但兩者本身的滿意程度均高於不滿意的一邊。

工作時間的長短對休閒生活的感覺不同，男女工均達到顯著或極顯著水準（表 49）。男工以 1 年以下者最感單調，51％，最少單調感的是 3—5 年以下的人，僅 34.2％，最感不單調的也是這批人，佔

55.4％。就整個男工而論，對休閒生活單調感的次序相當亂，為什麼造成這種現象，不十分清楚。女工比較一致，大概是，工作年數越久，單調感越少，1年以下佔 50.9％，7年以上僅佔 32.9％；不單調感則正好相反，做得時間越長，越不覺單調，1年以下佔38％，7年以上佔58％。這可能顯示女性工人的耐力比較高。

　　本廠工作年數指在某一工廠連續工作的時間。在這個變項上，男工無差異，但單調與不單調的全體分配情況，與前一變項工作年數相近。女工則達到很顯著的差異水準，分配狀況大致與前一變項相似，只有少許差異。這兩個變項實際上相差不大，結果近似是可以料得到的。

　　城鄉背景變項上，男工未達顯著水準。女工達到 .05 的顯著度，即從城市來的或從鄉鎮來的女工，對休閒生活有不同的單調感，城市的認為單調感較低於鄉村的，而不單調高於鄉村的。即是從單調來看，城市低於鄉村；從不單調來看，鄉村低於城市；從各自為獨立變項來看，單調都低於不單調。可是如果把肯定和否定兩兩相加，則顯然鄉村工人比城市工人更感不適應，前者單調的百分比為 51.4，後者為 44.8。反過來看，城市女工覺得休閒生活不單調的佔55.3％，鄉鎮來的佔 50.1％（均包括很不單調），可見城市的比鄉鎮的女工，休閒生活要好些。城鄉與這個依變項呈顯著相關（r = − .061, p<.01）。

　　在五個自變項上，大致的說，年齡越大越不容易感到單調，工作年數越多（無論累積的或一個廠的）單調感會越低，已婚的比未婚的更不覺得單調，城市的比鄉村的也更不覺得單調。這些關係，實際上均可能受到整個工廠環境的影響，在其中生活的時間越長，越有較好的機會去打發休閒生活。

　　工作目的是否與休閒生活的單調感有某種關係？在這個中介變項

的幾種目標上是否有差異？如表50。

表 50　工作目的與休閒生活的單調感程度

工作目的	男				工		女				工	
	很單調%	單調%	不單調%	很不單調%	合 計		很單調%	單調%	不單調%	很不單調%	合 計	
					n	%					n	%
賺錢養家等	8.0	43.6	43.3	5.1	275	21.2	8.2	42.2	46.8	2.8	564	20.2
尋求自立等	4.5	38.1	53.6	3.8	969	74.6	7.7	41.3	48.3	2.6	1989	71.2
增加經驗等	12.7	38.2	41.8	7.3	55	4.2	7.5	46.7	40.8	5.0	240	8.6
合　　　計	5.6	39.3	50.9	4.2	1299	100.0	7.8	41.9	47.4	2.8	2793	100.0
	$x^2=18.88$　df=6　p<.01						$x^2=9.10$　df=6　p>.05					

　　表 50 工作目的的三個變項，詳細的說明，應該是：1.賺錢養家、賺取零用錢、準備結婚費用；2.尋求自立的機會、發展自己的事業、學取一技之長；3.增進生活經驗、嚮往都市生活、離開家庭環境。三個變項實際代表三種方向，由於方向不同，是否也影響到休閒生活？以男工而論，顯著度達到 .01，表示三者因目的不同，休閒生活的單調感確有差異，尋求自立的男工，單調感最低，不單調感最高（分別為 38.1%，53.6%），很單調最低 (4.5%)，很不單調也最低(3.8%)；其餘二者相差不多。也許這種自立的人，比較不受外在環境的約束。女工的休閒生活則與目的無關，顯著度大於 .05。

　　經過上面的分析，大致可以了解，不同的工作環境，個人特質，或工作目的，對休閒生活的單調感有不同的反應，例如與組別無關，與班別卻有關，三種變項的結果，可簡述如下：1.工作環境的：技術工人比無技術工人較沒單調感；常日班較輪班工人為佳；班組長與操作員間無差別。 2.個人特質的：年齡越大的工人越少單調感；已婚

的比未婚的工人較好；大致工作時間越長的工人（女工）越沒有單調感，但男工以工作 1 — 5 年者適應較好；城市女工比鄉鎮女工較沒有單調感，男工則無分別。3.工作目的的：自立的工人較為了賺錢和增加經驗的工人，更沒有單調感。以上各點，男女工的休閒活動方向相當一致，除少數例外。

(2) 對休閒的選擇

由於工業化日益增加的結果，青年工人對於休閒的選擇可能有些改變。我們提出的問題是：假如只有下面兩種情況，你要選那一種？延長工作時間，以增加收入；（或）縮短工作時間，以增加休閒活動。答案的確使我們對青年工人的看法，有些不得不轉變的地方。以下主要是從個人特質的幾個自變項加以討論，即年齡、婚姻、本廠工作年數、月薪、城鄉背景、教育程度，以及一個中介變項，即工作的目的。

從選擇休閒還是選擇收入兩個依變項來說（表51），在年齡自變項上，男工各階段差異未達顯著度，雖選擇休閒的總數超出18.6%；女工有極顯著差異，不但總數（選擇休閒）超出29.2%，從 18 歲以下至30歲，寧願放棄收入而選擇休閒者，有隨年齡增加而漸增的趨勢，但31歲以上就減少了。這種現象，可能是年輕的女工對休閒觀念不甚清楚，年長的比較有需要，所以選擇休閒的高分集中在 19—30 歲之間，她們比較在乎工作與休閒的事實上的差別，都願意多享受一點休閒的樂趣。

對自變項婚姻而言，男工達到極顯著水準，願意延長工時以增加收入的人，已婚者高於未婚者甚多（50.6：34.5），但願意縮短工時以增加休閒的人，未婚者高出於已婚者甚多（65.5：49.4）。就已婚者來看，增加休閒者較低；就未婚者來看，增加休閒者較高。女性在婚姻關係上無差異，而普遍願意增加休閒時間，佔 65% 左右。這似

表51 個人特質與休閒的選擇

	男		工		女		工	
	延長工時增加收入%	縮短工時增加休閒%	合 計 %	計 n	延長工時增加收入%	縮短工時增加休閒%	合 計 %	計 n
1. 年　　齡								
18 歲 以 下	34.0	66.0	11.0	144	38.1	61.9	46.2	1274
19 － 22 歲	39.8	60.2	14.9	196	33.9	66.1	38.1	1051
23 － 26 歲	40.4	59.6	38.9	512	32.2	67.8	12.2	335
27 － 30 歲	42.9	57.1	28.7	378	26.7	72.1	3.1	85
31 歲 以 上	45.9	54.1	6.5	85	40.0	60.0	.4	10
合　　　計	40.7	59.3	100.0	1315	35.4	64.6	100.0	2755
	$x^2=4.41$ df=4 p>.05				$x^2=40.21$ df=4 p<.001			
2. 婚　　姻								
已　　　婚	50.6	49.4	37.3	492	33.7	66.3	6.2	172
未　　　婚	34.5	65.5	62.7	628	35.4	64.6	93.8	2586
合　　　計	40.5	59.5	100.0	1320	35.3	64.7	100.0	2758
	$x^2=33.74$ df=1 p<.001				$x^2=1.55$ df=1 p>.05			
3. 本廠工作年數								
1 年 以 下	42.3	57.7	36.4	475	38.8	61.2	36.6	1011
1 － 3 年以下	35.4	64.6	33.8	441	31.6	68.4	37.2	1026
3 － 5 年以下	43.5	56.5	13.6	177	36.6	63.4	13.6	377
5 － 7 年以下	43.0	57.0	6.6	86	41.0	59.0	6.3	173
7 年 以 上	48.4	51.6	9.6	124	30.5	69.5	6.3	173
合　　　計	40.7	59.3	100.0	1303	35.4	64.6	100.0	2760
	$x^2=9.31$ df=4 p<.07				$x^2=16.36$ df=4 p<.01			

4. 月　薪

2500 元以下	37.9	62.1	4.4	58	34.5	65.5	11.6	322
2501 — 3000	43.0	57.0	8.1	107	30.5	69.5	24.0	666
3001 — 3500	41.4	58.6	9.7	128	35.8	64.2	28.9	798
3501 — 4000	37.9	62.1	10.0	132	40.6	59.4	18.8	520
4001 — 4500	46.3	53.7	11.4	149	32.3	67.7	10.7	297
4501 — 5000	42.8	57.2	12.7	166	41.1	58.9	4.0	112
5001 元以上	39.0	61.0	43.7	575	50.0	50.0	2.0	56
合　　計	40.7	59.3	100.0	1315	35.4	64.6	100.0	2770

$x^2=5.29$　df$=6$　p$>.05$　　　$x^2=21.06$　df$=6$　p$<.01$

5. 城鄉背景

城　　市	36.7	63.3	34.3	452	30.1	69.9	22.8	628
鄉　　鎮	42.7	57.3	65.7	864	36.1	63.1	77.2	2126
合　　計	40.7	59.3	100.0	1316	36.4	64.6	100.0	2754

$x^2=4.15$　df$=1$　p$<.05$　　　$x^2=9.83$　df$=1$　p.<01

6. 教育程度

小　　學	55.2	44.8	13.8	181	43.1	56.9	28.2	778
初　中（職）	45.0	55.0	21.4	282	38.4	61.6	40.1	1104
高　中（職）	37.5	62.5	52.3	688	24.6	75.4	31.2	860
大　　專	29.7	70.3	12.5	165	38.5	61.5	.5	13
合　　計	40.6	59.4	100.0	1316	35.4	64.6	100.0	2755

$x^2=29.28$　df$=3$　p<001　　　$x^2=69.97$　df$=3$　p$<.001$

乎很合乎一般人的想法，已婚的人，特別是男工，對收入總是比較看重。

本廠工作年數對男工的休閒選擇只有 .07 的差異，但有 59.3% 的男工願意增加休閒時間，而不願增加工作時間。女工有很顯著的差異程度，以工作 7 年以上的女工選擇增加休閒者最高，佔 69.5%，其後依次為 1—3 年， 3—5 年， 1 年以下， 5—7 年。為什麼是這種分配？也許是做得太久了就比較厭倦；而 1—3 年為多數選擇休閒者之一，所以女工總數多偏向於選擇增加休閒時間。

以月薪高低為自變項，男工未達顯著度，但約 60% 的人願意選擇增加休閒時間。 女工有很顯著的差異， 但沒有依月薪漸增減的趨勢。增減的趨勢可以分成三個段落：2500 元以下的女工，願意增加休閒時間者為中等程度，佔65.5%，此為一組；2501—4000元月薪者，因薪津漸增而選擇休閒時間漸減，從 69.5—59.4%， 此為第二組；4001—5000 元以上，亦月薪漸增而休閒漸減，從 67.7—50.0%， 此為第三組。後二組之休閒均與月薪之漸增呈遞減趨勢，以 4000 元為分水嶺，以 2501—3000 及 4001—4500 為願意增加休閒時間之最高峯。為什麼如此？實在需要進一步研究。

城鄉背景不同的工人，對於選擇休閒都達到 .05 或 .01 的顯著度。無論男女工，願意增加休閒時間的，都是城市的高於鄉鎮的。從依變項總數來看，也都是休閒的百分比高於收入的百分比。這可能是早期生活環境所養成的習慣，也可能是鄉鎮工人比較看重收入，或比較不在乎休閒時間的多少。

教育程度影響對休閒的選擇是非常明顯的， 男女工均達到 .001 的顯著度。從男工來看，教育程度越高，越願意增加休閒時間，越不願意延長工作時間以增加收入。 女工也是如此， 但到高中階段為最

高，達 75.4%；大專卻只有 61.5%，比高中低甚多，與初中的百分比接近 (61.6)，是否受到人數過少（樣本僅 13 人）的影響，不得而知。一般而論，教育程度越高，似乎越了解或需要較多的休閒時間。

就上述所有六個自變項而論，無論那一種都偏向於選擇縮短工作時間以增加休閒，佔 50% 以上。在年齡變項上，20—30 歲的女工為最高；在婚姻上，未婚男工較高；本廠工作年數則以 1—3 年及 7 年以上為最高；月薪則以 2500—3000 及 4000—4500 元之女工為最高，以後各級，依薪資升高而漸減；來自城市的工人比來自鄉鎮的工人（無論男女），較高的百分比為增加休閒時間；教育程度越高，選擇休閒的比例也越高，男女工相同。

現在再來討論工作目的這一中介變項的情形（表52）。

表52　工作目的與休閒的選擇

工作的主要目的	男	工			女	工		
	延長工時增加收入%	縮短工時增加休閒%	合 計 %	n	延長工時增加收入%	縮短工時增加休閒%	合 計 %	n
賺錢養家等	52.0	48.0	21.3	271	41.0	58.8	20.0	543
尋求自立等	37.2	62.8	74.5	949	34.0	66.0	71.4	1936
增進經驗等	38.9	61.1	4.2	54	33.6	66.4	8.6	232
合　　計	40.4	59.6	100.0	1274	35.4	64.6	100.0	2711
	$x^2=19.31$　df=2　p<.001				$x^2=9.69$　df=2　p<.01			

這個中介變項對於選擇休閒有顯著的差別，達到 .001（男工）及 .01（女工）的顯著水準。無論男女工，賺錢的目的，顯然影響到選擇休閒的意願，尤其是男工，有52%的人願意為了收入而延長工作時間；自立與經驗二項，則明顯的表示願意縮短工時而增加休閒活動，兩項

的比數相當接近，可見差別不大。這種情形，完全視男女工需要錢的程度而定，似乎無需多作解釋。

在上述卡方分析中，我們發現，除了極少數變項沒有差異外，多數都在休閒的單調感上或休閒的選擇上，達到顯著的差異程度，也就是，多數的變項會影響到對於休閒的感覺或選擇，或者說，它們間有某種程度的關係。如果從整個分配來看，這些男女樣本所表現出來的態度是，過半數的人認為，休閒生活不感到單調，這可以說是一種好現象。如果要調整的話，也只是那些屬於 40% 左右的人，他們感到單調。也有過半數的人認為，寧願縮短工作時間，以增加休閒活動，這是明顯的說明工業社會的特徵，離開機器，去找屬於自己的生活。其中有幾個變項的差異，如工作目的，技術條件，班別，教育程度，更說明了在工業社會中休閒的重要性。

（二）休閒的因素類型與模式*

前面係就青年工人休閒生活中的實際行為和態度加以分析，了解其頻率上的高低，以及在不同自變項上，對於休閒活動有些什麼差異，滿足到什麼程度等。

現在我們可以進一步來了解，這些青年工人的休閒行為，有沒有一定的模式或類型？設計問卷的時候，曾經把 29 個題目歸併為六類加以考慮：體力，1—6 題；實用，7—8 題；社交，9—15 題；知識，16—19 題；消遣，20—27 題；休息，28—29 題。這是從理論上的主觀分類。

29 項相關係數矩陣，除極少數外，均已達 .05 以上之顯著度，

* 本計畫第一年的研究，楊國樞先生、黃光國先生、謝英雄先生均曾給予協助，謹藉此感謝。

雖然僅有低度相關程度。29 項各別的共同性以及在五因素上的因素負荷量，係先用主成分因素法，再用直角轉軸求得。共同性(communality) 和固定值 (eiganvalue) 均不十分高 (見附表二八，二九)，類型的因素模式卻很明顯。經過因素轉軸以後，決定用主觀方式選擇一些相關數值: 項目的共同性值取 .20 以上，凡在二類 (行為與態度) 因素低於 .20 者，不取，計淘汰四題 (5, 8, 28, 29)；因素負荷量取 .40 以上 (.30 至 .40 之間者，作為命名參考值)，因此，不適用者亦有四題 (21, 22, 23, 26)。所有行為和態度因素均為總人數，約 4100 餘人。因素結果如表 53, 54。

　　表中諸因素相關係數矩陣太大，無法抄錄。每一因素各項目間的相關係數矩陣則比較簡單，也較有意義 (附表三十，三一)。無論行為或態度，每一因素中各項目間的相關，均達到很顯著 (.01) 或極顯著(.001) 的相關程度。這表示休閒活動集中在知識性、社交性、運動性、玩樂性、消遣性五類行為上。

　　各因素中諸項目分數與該因素總分數的相關均很高 (附表三二，三三)，最高的相關係數為 .750，最低的為 .515，多數在 .600 左右，顯著度均達到 .001 (其中僅一題的相關係數為 .105，顯著度仍為 .001)。可見各因素中諸項目的一致性相當高，也顯示因素本身的類型化是可能的。為了進一步了解因素模式的可能性，我們先來檢討行為因素和態度因素的相關矩陣。

　　表 55 各因素的相關係數，有兩個非常明顯的現象: (1) 行為因素和態度因素間，各相同因素的相關係數特別高，知識性為 .64，社交性 .51，運動性 .47，玩樂性 .42，消遣性 .62，其餘的行為和態度間均較低，這表示，因素本身的確顯示了各別的特殊意義，尤其是玩樂性和消遣性二因素，在因素表的位置上互換，相關係數也在位置

表 53　行為因素（轉軸後）

	I 知識	II 社交	III 運動	IV 玩樂	V 消遣	共同性
（ 1 ）郊遊或旅行			.422			.303
（ 2 ）球類運動			.522			.322
（ 3 ）健身運動			.525			.337
（ 4 ）爬山或露營			.435			.278
（ 5 ）散步						.171
（ 6 ）游泳			.377	.459		.357
（ 7 ）幫助家務				-.368		.240
（ 8 ）養盆景或種花						.159
（ 9 ）聊天		.447				.234
(10)看電影		.465				.249
(11)拜訪親友					.320	.196
(12)和朋友喝酒				.632		.450
(13)寫信		.349				.238
(14)和朋友逛街		.604				.397
(15)和朋友打打小牌				.535		.310
(16)讀雜誌	.722					.550
(17)看報	.502				.313	.363
(18)逛書店或參觀書畫展	.579		.302			.445
(19)看電視新聞					.591	.471
(20)聽廣播					.401	.246
(21)唱歌		.330				.162
(22)照相		.358				.253
(23)下棋				.383		.280
(24)看小說或散文	.534					.373
(25)看電視					.401	.215
(26)玩樂器			.369			.270
(27)上歌廳聽歌				.409		.240
(28)小睡						.184
(29)休息						.180
固　　　定　　　值	4.434	1.603	.977	.746	.677	
變　異　量　百　分　比	15.3	5.6	3.4	2.6	2.3	

表 54　態度因素（轉軸後）

	I 知識	II 社交	III 運動	IV 消遣	V 玩樂	共同性
(1)郊遊或旅行			.507			.304
(2)球類運動			.532			.341
(3)健身運動			.426	.326		.307
(4)爬山或露營			.563			.381
(5)散步						(.168)
(6)游泳			.470		.322	.334
(7)幫助家務				.434		.295
(8)養盆景或種花						(.171)
(9)聊天		.425				.216
(10)看電影		.419				.222
(11)拜訪親友				.508		.315
(12)和朋友喝酒					.647	.422
(13)寫信				.409		.244
(14)和朋友逛街		.543				.360
(15)和朋友打打小牌					.524	.302
(16)讀雜誌	.666					.471
(17)看報	.526					.358
(18)逛書店或參觀書畫展	.577					.413
(19)看電視新聞	.300			.416		.315
(20)聽廣播				.350		.216
(21)唱歌		.377				.221
(22)照相		.348				.240
(23)下棋			.342		.314	.274
(24)看小說或散文	.475					.311
(25)看電視		.418				.258
(26)玩樂器			.340			.225
(27)上歌廳聽歌		.357			.357	.288
(28)小睡						(.161)
(29)休息						(.125)
固　　定　　值	4.102	1.410	1.254	.808	.671	
變異量百分比	14.1	4.9	4.3	2.9	2.3	

表55 行為和態度因素的相關係數矩陣

		行為因素					態度因素				
		I	II	III	IV	V	I	II	III	IV	V
行	知識性 I	—	.26	.35	.50	.18	.64	.19	.24	.08	.37
為	社交性 II		—	.30	.36	.41	.08	.51	.10	.16	.23
因	運動性 III			—	.34	.59	.22	.16	.47	.36	.16
素	玩樂性 IV				—	.16	.26	.23	.23	.12	.42
	消遣性 V					—	.11	.07	.30	.62	.19
態	知識性 I						—	.34	.48	.27	.66
度	社交性 II							—	.33	.20	32
因	運動性 III								—	.56	.39
素	消遣性 IV									—	.34
	玩樂性 V										—

r＝.049　　p＜.001

上互換了高低數值，因素IV與IV僅達 .12，因素 V 與 V 僅達 .19，而因素 iv 與 v 的相關係數提高了，分別為 .42，.62。這表示兩者間內部的一致性甚高。(2) 在行為因素中知識性與玩樂性的相關高達 .50，運動性與消遣性高達 .59；在態度因素中，也是這兩對因素的相關特別高，分別為 .66 及 .56。這是否顯示兩者的實質意義相當接近？也許需作進一步的分析。

暫時撇開第二點不談，最少可以從上述的討論過程中了解到，這些因素的內部一致性相當高，因素類型的模式確實可以成立，雖然其中尚有少許問題，需進一步探討。我們可以看得出來，知識、社交、運

動、玩樂、消遣五個因素⑱，的確各有其特性。知識因素偏重於閱讀
書報，在所有休閒活動中所佔份量最大，比例最高，與前述實際行為
的現象是一致的，並且也可能是環境所造成的；消遣因素主要是接受
電視與廣播媒體，在實際行為上，它們所佔的比例也很高，但在因素
上只能解釋2.3%，與知識因素的變異量15.3%比較，差了很多。這兩
個因素雖然內容不同，形態卻相似，都是屬於個人性的，單獨的，及靜
態的休閒活動。社交因素是指與別人發生關係的休閒活動，顯然是非
個人性的行為，變異量佔5.6%，它在實際行為頻率上，也是屬於中度
的活動；運動因素可以是個人的，也可以是團體的，顯然是非靜態的
行為，它的變異量佔3.4%，與前述實際行為相差不遠，屬低度頻率；
玩樂性因素主要是指喝酒、打牌、上歌廳，可能與社交或消遣有點相
似之處，卻不是同一回事，它的變異量只有 2.6%，在實際行為上也
是最少，這裏比消遣因素稍高。這三個因素有一點相同的地方，就是
偏向於羣體的和動態的休閒活動。所以五個休閒因素，實際可分成兩
個模式：知識性、消遣性休閒類型，屬於個人的和靜態的行為；社交
性、運動性、玩樂性休閒類型，屬於羣體的和動態的。以上係就休閒
行為因素而論。休閒態度因素也相當接近，僅有兩點差別：一是運動
因素的變異量較高（佔4.3%），知識和社交因素變異量較低（分別為
14.1%，4.9%）；二是消遣因素提高至第四位，佔 2.9%，玩樂因素
成為最後一位，佔 2.3%。但它的休閒模式，和行為因素是一致的。

　　我們再進一步分析各個因素的一些內含，也許就會更了解青年工
人在這些休閒活動中的真正意義。

　　因素 I 知識性。這個因素所包容的幾個主要項目是雜誌、報紙、

---

⑱　前次所得五因素與此次略有不同，主要原因是項目頗多出入。上次共59
　　題，此次經過修正後，僅29題。可見受到項目影響相當大。

書店、書畫展、小說、散文之類，行爲與態度因素完全相同。這種工作之餘的休閒方式，幾乎包括了所有的求知活動，它在五個因素中，所佔的變異量最大。造成求知取向爲重要休閒活動的原因，可能有兩個：一是靑年男女對於愛情小說之類的書刊，多存嚮往之心去閱讀，又多剛離開學校，或正在不得已的失學狀況中，於是，有空就去找書報來讀；二是各類具規模的工廠多設有圖書館或書報室，養成了閱讀習慣。據我們的觀察，的確經常有不少人，特別是女靑年人在那裏靜心閱讀，雖然多爲一般書刊，如雜誌、畫報、小說、散文等。第一個原因是心理的，第二個原因是環境的，這兩個原因使休閒活動偏向於大衆傳播工具中的書報雜誌。就個人和廠方而言，這種設備不但易爲，而且廉價。事實上，當我們看到許多靑年工人，坐在圖書館或躺在床上，安靜的閱讀小說時，也可以了解這種休閒方式，相當程度地滿足了他們的需要。

因素Ⅱ社交性。社交因素主要包含聊天、看電影、和朋友逛街三項（態度中還包括看電視），次要的有尙有唱歌、照相等。當然還可能有些類似的項目，如約朋友親戚做點什麼，參加親戚朋友的什麼活動，都可以算做社交性取向的休閒。這種活動，多半是與別人在一起，無論是小團體或大團體。如果是一人行動，就不能視爲社交了。這類行爲，在工廠中經常存在。如果是許多工人來自一個村落，他們便常常一起活動，看電影、郊遊等等；甚至共進退，當一個人要離開工廠時，他們便同時回去，或轉到另一個工廠。他們偶而也會向外面找自己的朋友或異性朋友，但除了工廠的同事外，社會生活圈子實在不大。

因素Ⅲ運動性。這個因素主要包括郊遊、旅行、球類運動、健身運動、爬山、露營、游泳（行爲中因素值較低），次要的有玩樂器等。

幾乎大部分的運動項目都有了，其實也就是一種消耗體力的休閒活動。他們由於年輕，可以說都很熱中這類活動，只是因爲時間不夠，或設備不足，常常無法達成願望。例如許多工廠沒有籃球場，有些工廠連桌球設備也沒有，健身房或網球場就更不用談了。這可能就是爲什麼態度的變異量高於行爲的原因。

　　因素 Ⅳ 與 Ⅴ 玩樂性與消遣性（行爲），或消遣性與玩樂性（態度）。這兩個因素在行爲和態度方面所包含的項目差不多相同，但位置互換，故合併討論。

　　玩樂性因素主要包括和朋友喝酒、打打小牌、上歌廳聽歌，次要項目則有游泳、下棋（行爲的幫助家務爲負值，表示反面或不做這類行爲的意思）。玩樂的重要意義在於找尋刺激，特別是官能上的刺激，而打牌、喝酒、聽歌比較具有這種功能。這些活動，與社交因素有點類似，但目的不在「和朋友」，所以不能當作社交性因素理解。上年度的題目沒有「和朋友」三字，平均數爲最後兩項，今年加上「和朋友」，平均數仍然是最後兩項，由此也可看出青年工人在塡此二題的心理狀態，與因素結果是一致的。一般工廠都禁止賭博、酗酒、打架，可是這類事還是不斷發生，不過，在女工方面，似乎少得多。玩樂性行動也還有別的，如丟機車鑰匙，就是用機車帶女孩出去玩（報上曾載過，女孩隨便撿一個機車鑰匙，就乘那輛機車出遊）；參加家庭舞會；或其他娛樂節目，都可以說是玩樂性取向的休閒行爲。這是年輕人最喜歡的一種，但青年工人未必有太多的機會和時間去從事這類活動。

　　消遣性因素主要包含看電視新聞、聽廣播、訪友，以及寫信、幫助家務之類。行爲和態度兩邊的因素值與項目不十分一致，但所顯示的意義相當接近，這種意義就是打發時間，或享受一下工餘之暇的情

趣。這種行動可能沒有太多積極的目的，但接觸的機會很多，電視、廣播，每個工廠都不少，下班就可看到或聽到，回到裏家也一樣。所以，這類休閒活動，非常容易獲得，也應很容易滿足。有的工廠在宿舍，或飯廳，或休息遊樂室，設置三臺電視，每臺固定收視一家公司的節目，只要有時間，隨時可以看到自己想看的節目。

從上述分析可以明瞭，五個因素的確各有其獨立性。也許從表面上來看，社交、玩樂、消遣三因素有些重疊，其實並不如此，表55的因素矩陣很清楚，三者間彼此的相關均不太高，遠不如行為與態度同類因素的相關程度，所以，三因素的獨立性相當明顯。

就行為和態度因素的模式而論，前面已經約略提過，很顯然的可以分成兩個模式：知識性和消遣性因素為一種模式，偏重個人的欣賞，靜靜的坐下來享受，無論是閱讀書報，還是看電視新聞，或聽廣播，都是偏向單獨的和靜態的活動，可以叫做個人的和靜態的休閒方式；社交性，運動性，和玩樂性因素是另一種模式，偏重於多數人交往，一起活動，無論是聊天，打球，逛街，聽歌，或喝酒，都是偏向於團體的和動態的活動，可以叫做團體的和動態的休閒方式。所以五種因素類型的休閒活動可以歸納為兩種模式：個人靜態的休閒，團體動態的休閒。

(三)變項間的簡單相關和迴歸分析*

從前述的實際行為，行為差異，以及因素模式，可以了解青年工人的休閒方式，休閒頻率，和休閒類型的大概情形了。無論在那一方面，不但行為的一致性相當高，男女間的差別也極少。現在我們可以

---

* 黃登源先生在迴歸分析的過程上曾予指正，謹致感謝。

進一步分析有關自變項、中介變項與依變項間的相關程度，也卽是它們間互相關聯的大小❿。照我們的研究架構，自變項可能影響中介變項，再影響依變項，或直接影響依變項。從相關係數的大小，和有無達到差異的顯著度，也許可以作一些初步的了解；然後與前述各種結果，作一比較分析。

從表 56 來看，七個中介變項顯然都或多或少受十四個自變項的影響或相互影響，其中以技術、班別、城鄉三個自變項與中介變項間關係少些，不但有好幾項無關，卽使有關，其相關係數也很低。與七個中介變項相關較大的，以自變項工作環境中的「作息時間」、「工作量」、「疲勞程度」與「娛樂設施」四項，其中以中介變項的「工作滿足」爲最大。這些變項，除娛樂設施外，多與工作有關，這也許可以解釋爲，工作與休閒之間有相當高的關係。例如，對作息時間越滿意的，對生活滿足至主管滿足六個變項也表示越滿足，成正相關，但其現代性越低，成負相關，均達極顯著或很顯著程度；疲勞程度、娛樂設施、工作量的相關情形也一樣。敎育程度的結果則相反，它與所有六個中介變項成負相關，而與現代性成正相關，卽敎育程度越高，越感到不滿足，但現代性越高。值得注意的是，月薪越高的工人，生活越不滿足，但其他各項越滿足，現代性越高；工作年數越多的，對生活越不滿足，對工作、薪資也越不滿足，但對其他各項越滿足，現代性越高。自兩類自變項整體來看，大部分均與中介變項達到顯著程度的相關，但工作環境比個人特質的相關係數大些，表示與前者的關係較大。

從表 57 來看，自變項工作環境比個人特質對依變項因素的相關

---

❿　其中有一部分自變項和中介變項會與依變項作迴歸分析，但所用自變項與此不完全相同，下節再擇要討論並分析。

表 56　自變項與中介變項的相關

	D37 生活滿足	G5 工作不單調	X6 工作滿足	X7 薪資滿足	X8 同事滿足	X9 主管滿足	X13 現代性
(I)工作環境							
C2 技術條件	.033*	-.070***	-.193****	—	—	-.047**	-.064****
C3 班　別	.071***	—	—	.090***	—	.039***	-.105****
C14作息時間	.272***	.208***	.240***	.211***	.096***	.195****	-.045***
G23體力(不費)	.073***	.104***	.145***	.122***	.039**	.135***	.047*
P3 工作量	—	.120***	.411****	.153***	.154***	.157**	-.59**
P20疲勞程度	.102***	.175****	.507****	.251***	.167***	.229***	-.051***
G4 娛樂設施	.352***	.198***	.226***	.309***	.116***	.214***	-.154***
(II)個人特質							
A1 性　別	.189***	-.028*	-.099***	.083***	-.034*	—	-.122****
A3 年　齡	-.124***	.078***	.123***	-.096***	.062***	.051***	.124****
D1 薪資(月)	-.029*	.089***	.154***	.073***	.052***	.128***	.113****
A6 婚　姻	.065***	-.089***	-.133***	.065***	-.043***	-.031*	-.058****
A4 教育程度	-.180***	-.149***	-.114***	-.099***	-.046***	-.035*	.239****
A2 城鄉背景	.057***	—	—	.057***	—	—	-.068****
B1 工作年數	-.026*	.119***	-.105***	-.063***	.063***	.029*	.031*

* p＜.05　** p＜.01　*** p＜.001　**** p＜.001

要小得多，大部分工作環境項目均未達顯著度，而個人特質幾均達到顯著度。態度中介變項與依變項間的相關，有相當多變項未達顯著程度，其中以現代性、主管滿足、薪資滿足較多無關。

中介變項中的生活滿足與依變項的知識、運動、消遣因素成負相關，與社交、玩樂因素成正相關，表示生活越滿意的工人，越不做和越不喜歡前三種休閒活動，而對後二種休閒做得越多和越喜歡。這可能跟個人情況和薪資有關，因為生活滿意的條件，多牽涉到這兩點。事實上，薪資滿足與依變項的相關情形，還與生活滿足相當一致。現代性與依變項休閒因素相關，與上述二中介變項有相反的趨勢，即現代性越高的，越多做和越喜歡知識與運動的休閒活動，越不多做社交活動；但其餘各項有的無關，有的成正相關，兩邊頗不一致。我們可以解釋為這是適應現代社會要求的結果。同事滿足均為正相關，除兩項未達顯著水準外。這就是說，同事關係越好，對所有休閒活動都感興趣，不管是行為或態度。這是很容易理解的，人都願意生活在愉快的氣氛中。工作滿足與休閒因素，前二項成負相關，後二項成正相關，中間一項（運動性因素）與行為成負相關，與態度成正相關。就是說，工作越滿意，越不喜歡和越不做知識、社交活動，越多做和越喜歡消遣、玩樂活動，對運動不做而有興趣。這可能是對工作不滿意時，可以從知識和社交中獲得某種慰藉，而無意消遣和玩樂。可是，這與我們常識的想法有點不一樣，一般人總認為，人在不如意時，就會流於做些無謂的玩樂和消遣，以打發時間。工作不單調感的情形與滿足感相關，這應該是可以理解的，不單調與滿足，具有差不多相同的意義，雖然後者的程度可能深些。主管滿足僅在行為休閒上與三個依變項有關，情形與生活滿足相似。這種情形，我們可以解釋為對運動、消遣沒有興趣，而多做玩樂性活動。

表 57　自變項、中介變項

	行	為	因	素	
	I(X14) 知識性	II(X15) 社交性	III(X16) 運動性	IV(X17) 玩樂性	V(X18) 消遣性
(I)工作環境					
C2技術(無)	—	−.028*	−.096***	−.079***	−.101***
C3班別	−.041**	—	−.064***	—	−.083***
C14作息時間	—	−.046**	—	.041**	—
G23體力(不費)	.039**	—	—	—	—
P3工作量	—	−.041**	—	—	—
P20疲勞程度	−.031*	—	—	.030*	—
G4娛樂設施	−.080***	.029*	−.147***	.069***	−.099***
(II)個人特質					
A1性別	—	.107***	−.223***	—	−.397***
A3年齡	.084***	−.107***	.029*	.061***	.254***
D1薪資(月)	.051***	−.087***	.061***	—	.219***
A6婚姻	—	.073***	—	−.045**	−.171***
A4教育程度	.174***	−.129***	.267***	−.044**	.142***
A2城鄉	−.041**	—	−.057***	.080***	−.106***
B1工作年數	.038**	−.044**	−.107***	.053***	.076***
(III)態度(中介變項)					
D37生活滿足	−.056***	.064***	−.113***	.087***	−.121***
G5工作不單調	−.080***	—	−.065***	.061***	—
X6工作滿足	−.061***	—	−.052***	.106***	—
X7薪資滿足	−.058***	—	−.095***	—	−.061***
X8同事滿足	.045**	.037*	—	.132***	—
X9主管滿足	—	—	−.055***	.073***	−.035*
X13現代性	.194***	−.078***	.140***	—	—

* p<.05　　** p<.01　　*** p<.001

說明：前面已交待者，此處不再說明。C14作息時間係指對作息時間是否
滿意；G23體力指工作費不費體力；P3工作量指工作是否過重；
P20疲勞程度指工作是否疲勞；G4娛樂設施(59:4)本廠是否令人
滿意；D1薪資指月薪多少；D37生活滿足指目前生活是否滿足；X

與依變項間的相關

態　　　　度　　　　因　　　　素				
Ⅰ（X19） 知　識　性	Ⅱ（X20） 社　交　性	Ⅲ（X21） 運　動　性	Ⅳ（X22） 消　遣　性	Ⅴ（X23） 玩　樂　性
−.038*	.053***	−.083***	−.095***	−.087***
−.100***	.039**	−.150***	−.132***	−.136***
—	−.040**	—	—	.051***
.032*	—	.028*	—	—
—	—	.043**	.029*	—
−.027*	—	.059***	—	—
−.099***	.036*	−.070***	−.097***	−.040**
−.101***	.197***	−.241***	−.446***	−.220***
.169***	−.231***	.093***	.277***	.301***
.138***	−.124***	.106***	.245***	.204***
—	.257***	—	−.164***	−.174***
.213***	—	.197***	.137***	.074***
−.076***	.058***	−.068***	−.117***	−.077***
.093***	−.134***	—	.093***	.193***
−.081***	.055***	−.044**	−.098***	—
−.050***	−.031*	.029*	.043**	.039**
−.057***	−.055***	.048**	.054***	.077***
−.056***	—	—	−.047**	—
.048**	.040**	.074***	.048**	.088***
—	—	—	.073***	.073***
.219***	—	.085***	—	.111***

6工作滿足七題總分；X 7薪資滿足五題；X 8同事滿足五題；X 9
主管滿足八題；X13現代性十四題總分。上述中介變項諸題（D37-
X13），均爲非常同意至非常不同意四點給分，即4，3，2，1。

表 57 自變項直接與依變項間的關係，以工作環境各變項來說，以技術、班別、娛樂三項較多，其餘四項較少。技術、班別與社交性休閒成正相關，與其他各項休閒成負相關，卽越沒有技術和輪班的，越常做和喜歡社交活動，越不常做和不喜歡其他四類活動；反過來，技術越高和常日班的，越喜歡知識、運動、玩樂、消遣活動，而不喜歡社交活動。娛樂設施相關的正負情形，大致相似，僅玩樂一項，在行為正相關，在態度為負相關。卽對本廠娛樂設施越滿意的，社交、玩樂活動越多，知識、運動、消遣越少。這可能是技術較高的工人，較能或較願接受知識這類活動，常日班較有時間和情緒去從事這類活動，對本廠娛樂不滿意的人，則比較願意去尋求多目標的活動。

作息時間僅與社交有顯著負相關，與玩樂有顯著正相關，卽對本廠作息時間越滿意的，越不喜歡社交活動，而越喜歡玩樂性活動。這可能是玩樂性活動較具有刺激性，可以調劑單調的工作或不足的休息，社交活動就不如玩樂那麼具有動態感。體力的消耗程度與知識性休閒呈正相關（行為和態度），與態度之運動也呈正相關，其餘各項均未達顯著水準，卽越不費體力的工作，越願意做知識活動，越費體力的工作，越不願做知識休閒活動。這可以解釋為體力的確影響求知活動。工作量過重，就不去做社交性休閒活動，卻喜歡運動和消遣，這是休閒上的相似說，卽工作上所費體力愈多，愈喜歡費體力的休閒活動。疲勞程度的方向也和這兩題一樣，卽越疲勞時，越不願意做知識性休閒活動，卻喜歡運動（態度）和從事玩樂（行為）。

表 57 個人特質與依變項的相關比較高，可以分為下面幾類：性別、婚姻、城鄉為一類，與社交為正相關，其他各項為負相關，卽女性、未婚、鄉鎮的工人願意多作社交活動，男性、已婚、城市的工人不願意多作社交活動，卻願意其他四種活動；年齡、月薪、教育程

度、工作年數大致爲一類，卽與社交性成負相關，與其餘各項成正相關（例外是教育與玩樂行爲，工作年數與運動行爲，成負相關），卽年齡大的、月薪高的、教育程度高的、工作年數多的，越不喜歡和少從事社交性休閒活動，而越喜歡和多從事知識、運動、玩樂、消遣性休閒活動。這種情形，正與前述三項相反。爲什麼年齡越大，月薪、教育越高，工作年數越多的工人，會有這種現象？

　　從上面各種比較煩瑣的解釋，可以了解自變項，中介變項，和依變項間的相關方向與程度以及相關的顯著水準。雖然相關係數不十分大，一般的顯著度還相當高。十四個自變項對中介變項的相關係數比較大，對依變項的相關係數比較小，其中尤以工作環境各變項爲小；中介變項對依變項多數均達顯著相關，但相關係數較弱。

　　現在我們可以進一步，以行爲五因素及態度五因素對自變項和中介變項中，相關係數較大者，提出來討論。然後用迴歸分析❺來了解它們間的實際影響程度。

　1. 知識性休閒

　　行爲知識性因素與教育程度 (.174)、現代性 (.195) 有較大正相關，卽教育程度和現代性越高的工人，越從事知識性休閒活動，如看報、讀書等。這是很容易理解的，也正是一種現代化的趨勢。這也可以說，如果工人的教育程度和現代化程度高的話，工廠主就必須充實圖書設備，以滿足工人的休閒活動。態度知識因素在這兩點上與行爲一致，但相關係數還大些（教育 .213，現代性 .219），更說明了這種

---

❺　迴歸分析所得結果不甚理想，原因可能有二：其一爲所用變項不合適，致 R^2 不大；其二爲休閒因素本就不易控制，難以用具體變項測定。此處仍然提出來討論，只表示一種嘗試過程而已。並感謝吳聰賢先生的指正。

變項的重要性。知識（態度因素）也與年齡（.169）、月薪（.138）有較高正相關，卽年齡越大、薪資越高，越喜歡知識性休閒活動。這也有助於工廠主在休閒設施上的考慮，以滿足青年工人對知識上的要求，並達到休閒的目的。不過現代性與教育程度、年齡、月薪的相關也很高，其相關係數分別 .239，.124，.113。

　　再從迴歸分析的結果來看，就不祇可以了解相關程度，還可以知道變項間的影響量。

表 58　知識性休閒的迴歸分析

	自　變　項	R	R²	R² 變量	B	beta	F檢定	p
X 14 行 爲 因 素	A 4 教育程度	.155	.024	.024	.452	.183	58.24***	.000
	A 1 性　別	.173	.030	.006	.762	.179	41.88***	.000
	A 3 年　齡	.222	.049	.020	.328	.176	24.55***	.000
	G 5 工作不單調	.228	.052	.003	−.138	−.045	4.63*	.032
	P20疲勞程度	.231	.054	.002	−.079	−.038	2.79	.058
X 19 態 度 因 素	A 4 教育程度	.189	.036	.036	.595	.189	63.65***	.000
	B 1 工作年數	.241	.058	.022	.172	.088	10.04**	.002
	A 3 年　齡	.249	.062	.004	.457	.193	30.06***	.000
	A 6 婚　姻	.267	.071	.009	.696	.103	16.73***	.000
	G 5 工作不單調	.273	.074	.003	−.198	−.051	6.04*	.014
	A 1 性　別	.277	.077	.002	.338	.062	5.20*	.023

　　B表未經標準化係數。

　　beta 已經標準化表係數R²表決定係數。

　　表58對行為因素預測力較大的自變項依次為，性別（.76），教育（.45），和年齡（.33）；對態度因素預測力較大的依次為，婚姻（.70），教育（.60），年齡（.46），和性別（.34）。行為和態度的情形相當一致，雖然婚姻為休閒態度的最高預測係數，但就影響量而言，對知識性休閒行為影響最大的為教育（.183），其次為性別（.179）和年齡（.176）；對知識性休閒態度影響最大的為年齡（.193），其次為教育（.189）和婚姻（.103）。無論是未標準化預測係數或已標準化影響量，均達到很顯著或極顯著水準。也就是說，這些預測能力或影響量，具有實質上的差別意義，可以表現自變項對休閒活動的不同解釋或影響程度。例如，教育的影響量在行為休閒中雖佔第一位，但在預測上比性別為低；正如婚姻狀況在預測休閒態度佔第一位，影響量卻退居第三位。這種結果，和簡單相關顯然有點差異⑯。

　　從整個自變項來看，對休閒行為的四個變項迴歸係數為.228，只能解釋總變異量的.052，也即是5.2%；態度的六個自變項 R 為.277，R^2 為.077即7.7%。這個解釋程度是太小了點，雖然預測係數和影響量比較高些。也許我們要懷疑教育之類的幾個主要自變項，是否為真正的影響條件？可是，在簡單相關中，除了多一現代性和薪資外，也沒有更有效的變項出現。

　2. 社交性休閒

　　社交性行為因素與教育程度（-.129）、年齡（-.107）有較高負相關，與性別（.107）有較高正相關，即低教育程度和年輕的工人，以及女性從事社交性休閒活動較多。社交性態度因素與年齡（-.231）、

---

⑯　迴歸分析並非根據這次的相關所作的選擇，而係主觀選擇，並參考去年的結果。主要以 14 個自變項為依據，因去年的中介變項少有影響。下同。

薪資（－.124）、工作年數（－.134）有較高負相關，與性別（.197）、
婚姻（.257）有較高正相關，即是越年輕的、薪資少的、工作時間短
的，以及女性、未婚的工人，越喜歡社交性休閒活動。所謂社交性休
閒多屬聊天、看電影、逛街之類，這種人比較有興趣和時間。所以，
如果一個工廠多的是低年齡、低教育程度、低薪資、低工作時間、女
性、未婚的青年工人，就必須設法多充實社交性休閒項目，越多越
好，以滿足他們的需要。其次，這些變項與中介變項的相關均較低，
甚至未達顯著程度。這就是，社交性休閒活動，無論行為或態度，只
是與幾個自變項有較高相關；多半與中介變項相關較小，或無關。

我們再從迴歸分析作進一步了解。這次用了十三個變項，達到顯
著度的只有四個，以下就從四個變項對休閒行為和態度加以分析。其
未達顯著水準者，不列入表中，亦不加討論（表59）。

表59　社交性休閒的迴歸分析

	自　變　項	R	R²	R²變量	B	beta	F	p
X 15 行 為	A 4 教育程度	.138	.019	.019	－.383	－.111	20.70***	.000
	A 3 年　齡	.159	.025	.006	－.192	－.073	4.17*	.041
	D 5 薪夠用*	.185	.034	.009	－.336	－.091	17.62***	.000
	X 8 同事滿足	.195	.038	.004	.392	.071	11.31***	.001
X 20 態 度	A 6 婚　姻	.266	.071	.071	1.078	.153	36.28***	.000
	A 3 年　齡	.296	.088	.017	－.273	－.110	9.99**	.002
	A 1 性　別	.305	.093	.006	.497	.088	10.55***	.001
	X 8 同事滿足	.309	.095	.002	.278	.053	6.98**	.008

* 指薪資是否夠用，三點給分。

　　本題迴歸係數也很低，行爲約 .20，態度約 .31；解釋量，行爲爲 .038，卽 3.8%，態度爲 .095，卽 9.5%。這是就四個自變數的總影響量而言。就個別自變數來看，對休閒行爲較高的影響量爲，教育 (−.11) 和薪資 (−.09)；對休閒態度影響力較大的爲，婚姻 (.15) 和年齡 (−.11)。但除婚姻外，均爲否定的。預測係數則對行爲以同事滿足 (.39) 及教育 (−.38) 的預測能力較大，對態度以婚姻 (1.08) 及性別 (.50) 的預測能力較大。在行爲，前三自變項爲負，在態度，僅年齡爲負。這種結果，與較高簡單相關有某種程度的一致性，例如教育、年齡、婚姻、性別有較大的影響力，但也有些不一致處，如薪資夠用、同事滿足，不過，這些變項對休閒活動的影響量較小。

　　3. 運動性休閒

　　運動性行爲因素與娛樂設施 (−.147)、性別 (−.223)、工作年數 (−.107)、生活滿足 (−.113) 有較高負相關，與教育程度 (.267)、現代性 (.140) 有較高正相關，卽從事運動性休閒較多的工人，爲不滿意廠內娛樂設施的、男性、工作時間短的、生活不滿足的、教育程度高的、現代性高的。也就是說，如果工廠中這類屬性的工人特別多的話，必須增加各種運動設備，如球類、郊遊、健身房等，以滿足他們的休閒要求。運動性態度因素與班別 (−.150)、性別 (−.241) 有較高負相關，而與薪資 (.106)、教育程度 (.197) 有較高正相關，卽喜歡運動的工人，爲常日班的、男性、薪資高的、教育程度高的，如果廠中這類人多，運動設備卽應及時加強。其中生活滿足和現代性係中介變項。生活滿足與娛樂 (.352)、性別 (.189)、教育 (−.180) 有較高相關，但現代性與班別 (−.105)、娛樂 (−.154)、性別 (−.122)、薪資 (.124)、教育 (.239) 有較高相關。雖然二中介變項與六個自變項有較高相關，卻只對行爲依變項達到 .10 以上的相關；依變項主要

還是與自變項產生直接和較高相關，而且有九項之多。

我們現在可以從表 60 的迴歸分析來看看它的結果。

表 60　運動性休閒的迴歸分析

	自　變　項	R	R²	R² 變量	B	beta	F	p
X 16	A 4 教育程度	.246	.061	.061	.593	.154	43.08***	.000
	A 1 性　別	.281	.079	.018	−1.367	−.206	58.01***	.000
	B 1 工作年數	.298	.089	.010	−.173	−.072	6.87**	.009
行	C 2 無技術	.304	.092	.004	−.283	−.073	12.52***	.000
	A 3 年　齡	.308	.095	.002	−.229	−.079	5.12*	.024
	A 2 城　鄉	.312	.097	.002	−.329	−.048	5.62*	.018
為	G 5 工作不單調	.315	.099	.002	−.186	−.039	3.64	.057
X 21	A 1 性　別	.242	.058	.058	−1.814	−.231	72.67***	.000
	A 4 教育程度	.276	.076	.018	.574	.126	28.68***	.000
	A 6 婚　姻	.300	.090	.014	1.350	.138	30.55***	.000
態	G23不費體力	.304	.092	.002	.276	.037	3.23	.073
	A 2 城　鄉	.307	.094	.002	−.377	−.046	5.24*	.022
度	C 2 無技術	.310	.096	.002	−.187	−.041	3.88*	.049

　　無論休閒行為或態度，它的 R 和 R² 幾乎沒有差異，也即是，這
些自變項對於行為和態度的總解釋力是相同的，行為 9.7%，態度 9.6
%。對運動性休閒行為預測力最大的是性別 (−1.367)，其次為教育
(.594)；影響量也是這兩個變項最大，分別為 −.206 (性別)，.154
(教育)。這些變項，除教育外，均為負值，以性別為例，即女性的
影響量大於男性。對運動性休閒態度預測力較大的有性別(−1.814)、

婚姻 (1.350)，其次爲敎育；影響量則以性別爲最大 (−.231)、婚姻 (.138) 與敎育 (.126) 次之。可見，運動性休閒活動的行爲和態度，所受到的影響大致相同。

4. 玩樂性休閒

玩樂性行爲因素僅與中介變項工作滿足(.106)、同事滿足(.132) 有較高正相關，卽是在工作上、同事關係上越滿足的，越常從事玩樂性休閒活動。所謂玩樂性包括喝酒、打牌、聽歌等，與同事去玩樂，理所當然；但一般認爲工作上有了挫折或焦慮，才從事這類活動，現在的結果卻是工作滿足，顯然是另一種意義。工作滿足事實上與娛樂滿意程度 (.226)、工作不單調 (.402) 有很高的相關，這正表示與玩樂休閒因素的一致性。玩樂性態度因素與班別 (−.136)、性別 (−.220)、婚姻 (−.174) 有較高負相關，與年齡 (.301)、薪資 (.204)、工作年數 (.193)、現代性 (.111) 有較高正相關，卽越是常日班、男性、已婚、年長、高薪資、工作時間長、現代性高的工人，越喜歡玩樂性休閒活動，每種自變項可能涉及不同的情況，但多半會與時間、興趣、情緒、金錢等有關係。也就是說，如果工人具有這些特徵時，工廠主就必須用玩樂性方式去滿足他們的休閒需要。可是，這種休閒需要較多的錢和時間，也許應該謀求別的辦法，以改變工人的休閒觀念。這些變項中還牽涉到三個中介變項，工作滿足，同事滿足，和現代性。工作滿足與婚姻(−.133)、年齡(.123)、薪資(.154)、工作年數(.105) 有較高相關。現代性與班別(−.105)、性別(−.122)、年齡 (.124)、薪資 (.113) 有較高相關。

很明顯的可以看得出來，幾個自變項係直接與中介變項、依變項的休閒態度有較高相關，而中介變項與依變項的關係較少。也許可以這樣說，影響態度依變項者，主要來自六個自變項，透過中間變項者

甚小。就是說，一個工廠中的玩樂性休閒活動，在於滿足常日班、**男**性、已婚、高年齡、高薪資、高工作年數一類工人的需求。工廠主在設計玩樂性休閒時，必須注意這類自變項的特徵，不能偏頗。

迴歸分析的結果，卻沒有這樣複雜，如表 61。

表 61　玩樂性休閒的迴歸分析

	自　變　項	R	R²	R²變量	B	beta	F	p
X 17	A 3 年　　齡	.085	.007	.007	.315	.144	22.92***	.000
	A 1 性　　別	.120	.014	.007	.428	.086	9.35**	.002
	G 5 工作不單調	.142	.020	.006	.245	.069	10.38***	.001
行	A 2 城　　鄉	.157	.025	.005	.277	.053	5.95*	.015
	A 4 教育程度	.162	.026	.001	−.100	−.034	2.30	.130
為	A 9 住　　宿	.166	.027	.001	−.244	−.051	4.20*	.041
X 23	A 3 年　　齡	.327	.107	.107	.482	.227	46.01***	.000
	A 9 住　　宿	.353	.125	.018	.688	.147	43.35***	.000
態	G23 體　　力	.358	.128	.003	.252	.055	7.49**	.006
度	A 1 性　　別	.360	.130	.002	−.308	−.064	6.08*	.014

很明顯的，自變項對於玩樂性休閒行為的影響非常小，六個變項只有 2.7% 的解釋力，最大的影響量僅 .144 (年齡)，預測能力較高的兩個也只有 .428 (性別)，.315 (年齡)。這和簡單相關的結果是一致的，而相關程度較低。四個自變項對休閒態度的影響就大得多，複相關有 .36，解釋力達到 13%，這是已經討論過的幾個變項中，**解釋力最強的一個**，而以年齡最多，達到 10.7%。影響量也是**年齡最大為** .227，其次為 .147 的住宿方式。預測能力最高的卻是住宿 (.688)，

其次才是年齡（.482）。這種結果，與簡單相關的情況頗不一致，彼此相同的項目，只有年齡和性別兩項。住宿在這個休閒態度上卻成爲重要項目之一，尤其是對玩樂性的預測力特別大。這點非常重要，住在家裏反而有較強烈的意願在於玩樂休閒。

　　5. 消遣性休閒

　　消遣性行爲因素與技術（-.101）、性別（-.397）、婚姻（-.171）、城鄉（-.106）、生活滿足（-.121）有較高負相關，卽越是技術高、男性、已婚、城市、生活不滿足的工人，越多從事消遣性休閒活動；與年齡（.254）、薪資（.219）、敎育程度（.142）有較高正相關，卽年齡越大、薪資越多、敎育越高，越多從事消遣性休閒。顯然這些自變項有利於消遣的行爲，如看電視、看電視新聞、聽廣播等。消遣態度因素與班別（-.132）、性別（-.446）、婚姻（-.164）、城鄉（-.117）有較高負相關，與年齡（.227）、薪資（.245）、敎育程度（.137）有較高正相關，卽是常日班、男性、已婚、城市、年長、薪多、敎高的工人，比較喜歡消遣性休閒活動。這跟行爲因素的情況相當接近。也就是說，工廠主對於具有這類特質的工人，應該用消遣的設備，去滿足他們的休閒活動。在這些變項中，僅行爲因素與中介變項生活滿足有較高負相關（-.121）。生活滿足與自變項性別（.189）有較高正相關，與年齡（-.124）、敎育程度（-.180）有較高負相關，卽女性、低年齡、低敎育程度的生活滿足較高。這也許是現階段低待遇政策所造成的現象。

　　消遣性因素幾乎直接受到八個自變項的影響，中介變項與兩方面的相關均甚少。這種情形很容易明瞭，主要的在男性、高年齡、高敎育、已婚、城市、高薪、常日班一類的工人，應多予以消遣性休閒活動，以滿足其需要。事實上，如上面所說，這類設備很容易購買，只

要時間調配得當，也容易滿足。也許我們可以這樣說，像玩樂、消遣這類行爲，本來就不必透過中介變項的複雜過程。

我們再來看迴歸分析的結果（表62）。

表 62　消遣性休閒的迴歸分析

	自　變　項	R	R²	R² 變量	B	beta	F	p
X 18 行 爲	A 1 性　　別	.415	.172	.172	−2.101	−.386	222.61***	.000
	A 2 城　　鄉	.420	.176	.004	−.362	−.064	11.09***	.001
X 22 態 度	A 1 性　　別	.467	.218	.218	−2.469	−.448	316.23***	.000
	A 9 住　　宿	.472	.223	.005	.414	.078	12.48***	.000
	A 6 婚　　姻	.474	.225	.002	.403	.059	6.21*	.013
	G23 體　　力	.476	.226	.002	.225	.043	5.13*	.024
	A 2 城　　鄉	.477	.228	.001	−.197	−.034	3.11	.078

消遣性休閒，無論行爲或態度，爲因素中最有解釋力的兩個。複相關達到 .420（行爲）和 .476（態度），解釋力分別爲 17.6% 及 22.6%。預測能力，行爲最高的爲性別（−2.101），其次爲城鄉（−.362），影響量則以性別（−.386）爲最大；態度最高也是性別（−2.469），其次爲住宿（.414）及婚姻（.403），影響量仍以性別爲最大。主要的變項均達到極顯着水準。但是，無論在 R² 變量或 Beta 值，性別佔有極大的解釋力，預測力，和影響量，性別對消遣性休閒的重要程度可知。這種負的 B 值和 Beta 值，說明反映在男性工人的休閒行爲和態度上。城鄉則反映在城市工人的行爲和態度，但影響量小得多，尤其是態度，顯着水準只有 .08。住宿、婚姻、體力的預測

力都不算太小（態度），但解釋力和影響量實微不足道。

　　經過上述冗長的相關和迴歸分析，對於一些變項間的關係，大致已相當清楚。由於這次的分析，不管是相關還是迴歸，主要在於了解自變項對於依變項的關係程度。現在我們要清理一下，重要的簡單相關和迴歸分析的自變項各有那些？爲了清楚起見，列如表63。

表63　相關及迴歸重要自變項

簡單相關（r=.10以上）	迴歸（B值較大者）
1. 性別（8次）	1. 性別（9次）
2. 教育程度（7次）	2. 年齡（7次）
3. 年齡（6次）	3. 教育程度（5次）
4. 薪資（6次）	4. 城鄉（5次）
5. 婚姻（4次）	5. 婚姻（4次）
6. 班別（4次）	6. 體力（3次）
7. 工作年數（3次）	7. 住宿（3次）
8. 城鄉（2次）	8. 工作單調（3次）
9. 技術（1次）	9. 技術（2次）
10. 娛樂設施（1次）	10. 工作年數（2次）
	11. 同事滿足（2次）
	12. 薪資夠用（1次）

　　到這裏，我們可以把相關和迴歸分析作一點總結，大致可以歸納爲下面幾點：

　　（1）依變項休閒因素與中介變項的相關雖然相當多（如表57之Ⅲ），但在七個中介變項中與依變項相關較高，相關係數達到 .10 以

上的（r＝.024, p＜.05），僅有現代性、生活滿足、工作滿足、同事
滿足四項，其中後二項僅各出現一次，生活滿足出現二次，現代性出
現四次。所以，相關較高的變項只有兩個，就是這兩個，出現的頻率
也不多。可以說，與依變項的關係依然有限。主要的四個中介變項，
對行為和態度因素的高相關有 8 次，其中與行為因素相關者 6 次，與
態度因素 2 次，分配如圖 8。

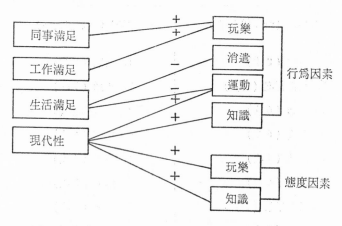

圖 8　依變項與中介變項間較高相關

　　圖 8 很明白的顯示，六個依變項與四個中介變項的相關，其中除
生活滿足為負相關外，餘均為正相關，即是，除生活不滿足的工人較
多從事消遣和運動外，均是越滿足或越現代化的工人，越多從事或喜
歡有關的休閒活動。實際就是兩種休閒模式：一種是因不滿意於某些
生活而從事一些休閒活動，似乎是從另一類型生活而取得補償；一種
是對工作及同事生活上有某種程度的滿意，或個人的現代化程度高，
而從事一些休閒活動，似乎是從相同或相似類型的生活而取得更多的
愉快。不過，就量而言，現代性和生活滿足才是比較重要的變項；而

這些變項對依變項的關係，實在不夠強烈。

（2）四個與依變項有較高相關的中介變項，只有三個與某些自變項有較高相關，卽工作滿足，生活滿足，和現代性。相關情形如圖 9 。

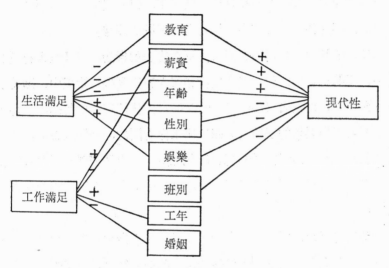

圖 9　中介變項與自變項間較高相關項目

與這三個中介變項有較高相關的自變項有八個，其中工作滿足與四個自變項的相關爲一模式，工作和收入有關的爲正相關，年齡和婚姻有關的爲負相關；生活滿足與五個自變項相關，三負二正；現代性與同樣五個自變項相關，三正二負（另一自變項「班別」，暫不計）。兩者正負相反，成爲兩個模式。這些中介變項可能接受了自變項的影響，而再影響依變項。

可是，還有另外一些自變項，如作息時間、體力、工作量、疲勞程度，對所有六個中介變項（現代性除外，見表56）的相關均很高，對所有十個依變項（包括行爲和態度，見表57）的相關卻均很低，所

以無法作比較。這也許可以說，工作狀況或環境的確影響到六個中介變項（現代性除外），卻跟休閒沒有太大的關係，或無關。這種關係足以說明，工作與休閒無關，既沒有所謂互補的關係，也沒有相似的關係❶。至少，這次研究的結果呈現了這種現象。這一發現，使我們了解，工作與休閒，在臺灣目前的狀況下，似乎沒有什麼重要性。也可以說，不必從工作環境中去檢討有關休閒的問題。

(3) 依變項 10 個因素直接受到自變項的影響，以「個人特質」為多，相關也較高；而在工作環境和個人特質兩類自變項中，顯着水準達到 .001 以上者（r＝.049 p＜.001），依照前述的討論，共得十項，屬於工作環境的三項（另四項與工作有關的，相關均較低，多數為無關），屬於個人特質的七項（即全部）。這十個變項分別與行為和態度各因素成正相關或負相關，共達 42 次（見表 57）。相關情形如圖 10。

從底層算起，娛樂、班別、技術三項屬工作環境方面變項，無論行為或態度因素，與社交因素俱為正，其餘俱為負。自年齡以下至城鄉七個自變項，無論與行為或態度因素相關，模式有兩種，方向也是一致的。年齡、薪資、教育、工作年數四項，與社交因素相關為負，其餘為正；性別、婚姻、城鄉三項，與社交因素相關為正，其餘為負❶。在這裏我們了解，社交休閒活動在所有休閒中，實在係一關鍵性指標，如某一自變項與社交為正相關，而喜歡社交；則與其他依變項為負相關，即不喜歡知識、玩樂等。反過來也一樣，如年齡越大，

---

❶　一般的說法，如工人用體力過多，或過於勞累，便喜歡輕鬆的休閒；反過來，便喜歡劇烈或體力的休閒。這是互補。相似謂工作與休閒同一方向。

❶　其中只有三個例外：教育對玩樂行為，工年對運動行為，應為正相關，今為負；城鄉對玩樂行為，應為負相關，今為正。餘均一致。

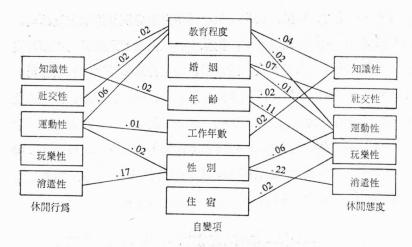

圖 10　依變項與自變項間較高相關

越不喜歡社交，則越喜歡求知、玩樂等。這 10 個依變項休閒因素，受這七個自變項左右的力量很大。這些變項間又成爲兩個模式：社交性休閒爲一模式，知識、運動、玩樂、消遣性休閒爲另一模式。從這裏可以看得出來，自變項中的「個人特質」，與依變項休閒因素具有較多和較高相關。

　　(4) 迴歸分析的結果，可以從四個方向去了解：①對依變項十因素預測力（B 值）較大，屬於工作環境自變項的，僅技術（2 次）、體力（3 次）、住宿（3 次)三項；屬於個人特質自變項的有性別（9次）、年齡（7 次）、教育程度（5 次）、城鄉（5 次）、婚姻（4 次）、工作年數（2 次）；屬於態度中介變項的，僅工作單調（4 次），薪資滿足（1 次）、同事滿足（2 次）。可見預測力較多的變項還是個人特質。②對依變項十因素預測力最多而強的，仍是個人特質，在六個最強烈的變項中，除工作單調一變項屬中介變項，對四個因素有預測力外，其餘五個自變項全屬個人特質。性別，出現 9 次，僅對社交休閒

行爲缺乏預測力；年齡，出現 7 次，僅對運動態度及兩個消遣因素，沒有預測力；教育，出現 6 次，對社交、玩樂態度及兩個消遣因素沒有預測力；城鄉，出現 5 次，對運動、消遣行爲和態度，玩樂行爲，具有較大預測力；婚姻，出現 4 次，對知識、社交、運動、消遣四種休閒態度，有較大預測力。可見，預測力最強的多屬個人特質自變項。③影響量較大的自變項有五個（指標準化的 beta 值超過 .10 者），其中住宿方式屬工作環境外，其餘教育程度、性別、年齡、婚姻均屬個人特質。如圖 11。

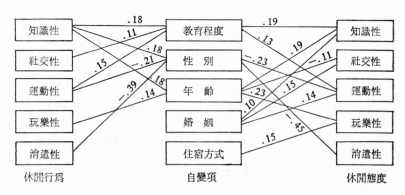

圖11　自變項對依變項的影響量（beta值）

圖 11 很明顯的顯示，性別的影響量最大，其次爲年齡和教育，又次爲婚姻。也可以說，休閒行爲和態度，受到性別的影響最大，其次爲年齡和教育。雖然迴歸的 beta 值未必就能解釋爲影響，但從我們的假設來說，可以撇開互動關係不談。④對依變項的解釋能力（R^2 變量），以自變項性別對消遣性休閒態度和行爲最高，其次爲教育、年齡，再次爲婚姻、工作年數、住宿。如圖 12。

就整個量來說，不僅解釋的程度不夠大，而且集中在少數幾個自變項，其餘的就更小。就各依變項可以解釋的程度來說，以百分比計算：

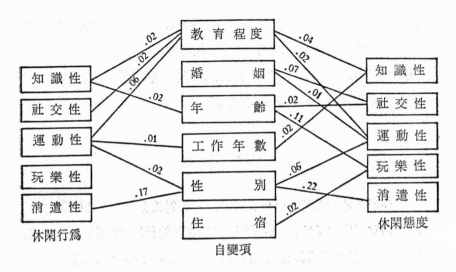

圖 **12**　自變項對依變項的解釋力（R² 變量）

休閒行為: 知識性 5.4，社會性 3.8，運動性 9.9，玩樂性
2.7，消遣性 17.6。

休閒態度: 知識性 7.7，社交性 9.5，運動性 9.6，玩樂性
13.0，消遣性 22.8。

這種解釋能力，可以說相當低。這有兩種可能: 一種是，影響休閒的
變項，不祇這些，必須進一步做更多次或更多變項的分析; 另一種
是，目前青年工人的休閒活動，並不受到自己的重視和蓄意安排，自
然無法找到明確的相關變項。就一般公教人員來推論，後一可能性非
常大，因為我們還只是一個過渡期的工業社會，不像完全的工業社會
那麼緊張，那麼需要休閒生活。

　　就整個自變項來說，工作環境的八個變項中，僅住宿方式與玩樂
性休閒間有較高影響量和解釋力; 個人特質的七個變項中卻有四個變
項（教育、性別、年齡、婚姻）分別與五個休閒類型間有較高解釋
力，有五個變項（上四項加工作年數）分別與另五個休閒類型間有較

大解釋力。就整個依變項來說，知識性和運動性所依賴的自變項較多，其次為社交性和玩樂性，最少為消遣性。所以，無論從影響量（beta 值），解釋力（R^2 變量），或預測力（B 值）而論，個人特質與休閒類型間，具有比較密切的關係。

四 結 論

經過前述一系列的分析和討論，我們對於青年工人的休閒生活，已有相當程度的了解。這種了解，包括實際的行為和態度，因素模式，以及相互間的影響關係。綜合起來，可以獲得下面幾個結果：

（1）實際行為方面，看報、讀雜誌、看電視新聞一類的活動頻率最高，其次是幫家務、聊天、唱歌等。這類行為主要受到環境的影響，一方面是工廠和家庭多有這種設備，另方面是這種設備又限制了工人的休閒活動。這也說明為什麼，態度測量上在郊遊、旅行、爬山之類的項目，表現了較強烈的欲望，他們通常缺乏從事這類活動的時間和機會。這種情形，無論那一種狀況下的休閒生活，例如假日，或下班後，或一般情況，或某類工廠，都有相當高的一致性。也就是說，具體的休閒生活，以三類活動為最多：一是接觸看報、看電視等大眾傳播媒介，頻率最高，也是最主要的活動；二是幫忙家事、聊天等打發時間的活動，可以說是不得已的事，但許多人都在這樣做；三是從事旅行、爬山等的體力運動，雖然各工廠機會不多，喜歡的人卻不少。

（2）對休閒生活的滿意程度，固然因人而異，但一般的趨勢還是存在。這種趨勢就是，男女工人在許多方面的休閒生活都有某種程度的差異，例如，因技術不同而有差異，因年齡不同而有差異，因工作

時間長短也有差異。但就整體而言，無論男女工，休閒滿意的程度稍微偏高，不滿意則稍微偏低，例如，以技術而分，滿意與不滿意的比例，男工爲 55：45，女工爲 50：50，雖然如此，我們也可以看得出來，休閒生活感到不滿意的，所佔比例還是太大。表示約有一半左右的工人，休閒生活沒有獲得滿足。

　　一個比較好的現象是，無論男女工，特別是女工，他們已經不是完全爲了賺錢而工作。在一定的情況下，他們不願意爲了增加收入，而延長工作時間；而寧願縮短工作時間，以增加休閒活動。例如以敎育程度爲指標，增加休閒和增加收入的百分比，男工爲 59.4：40.6，女工爲 64.6：35.4。從一方面來說，有大約 60% 的人，相當程度的強調休閒的重要性；從另一方面來說，則仍有 40% 左右的人，以增加收入爲重要條件。

　　(3) 休閒行爲和態度的因素類型有相當的獨立性，行爲五因素和態度五因素，卽知識性、社交性、運動性、玩樂性和消遣性休閒，各具有它獨特的意義。知識性可以解釋的程度最大，變異量佔 52.5%（行爲）和 49.7%（態度），這也顯示它對休閒活動的重要程度；其餘各因素所佔的份量，比起來就小得多。五類因素表現青年工人在休閒生活上的五個類型，尋求知識，建立社會關係，鍛鍊身體或運動，享受吃喝賭博的愉快，以及靜靜的打發時間。這些，正是從不同類型的休閒生活或嗜好中，去獲得工作之餘的滿足或需求。這種類型行爲，有助於我們去解釋許許多多，看起來頗爲不同的休閒活動。這些類型行爲又可以歸納爲兩種模式：一種是個人或單獨式的休閒生活，以個人的活動爲主，包括兩個類型，卽知識性和消遣性休閒，這種休閒又以靜態爲主，可以叫做個人的和靜態的休閒方式；另一種是許多人或團體式的休閒生活，以集體的活動爲主，包括社交性、運動性和

玩樂性三個類型，這種休閒又以動態爲主，可以叫做團體的和動態的休閒方式。

(4) 變項間的相關顯示，自變項與中介變項和依變項間有較高的相關，中介變項與依變項間的相關較低。迴歸分析則很明顯的指出，祇有個人特質中的五個變項，即性別、教育程度、年齡、婚姻、工作年數，與五個因素休閒類型（包括行爲和態度）有較高的影響量、解釋力和預測能力。依照假設關係，我們也可以說，知識性、社交性、運動性、玩樂性、消遣性的休閒生活，受到性別、教育程度、年齡、婚姻、工作年數的影響較大。所以，青年工人的休閒生活受到個人特質的影響非常大，或者說，青年工人的休閒生活與個人特質間的相互關係非常密切。

現在，我們對前面的假設，可以作進一步肯定或否定。

(1) 工廠中青年工人的休閒生活，的確受到時間和環境的限制，休閒活動頻率的高低，呈現不一致的現象，看報、讀書等類的知識性休閒活動偏高，郊遊、爬山等類的運動性活動偏低。

(2) 工廠中青年工人的休閒生活，對於社會規範所承認的一些活動，如讀書、看電視、幫助家務，有較高的行爲和態度傾向，對於社會規範所批判的一些活動，如賭博、喝酒，有偏低的傾向。

(3) 休閒類型是存在的，但休閒的五個因素類型與實際行爲和態度間，並沒有太大的差異，例如知識性休閒在因素模式中的變異量最大，實際行爲和態度的頻率也最高。這點也許可以肯定休閒類型的穩定性。

(4) 休閒生活受到個人特質的影響較大，受到工作環境和態度的影響較小。在工廠中，青年工人主要的工作上的生活爲個人單獨進行，休閒生活卻有個人和羣體兩種方式。

附表二六　　休閒行為項目的平均數與標準差

項　　　　　　　目	平　均　數	標　準　差	樣　　本
（ 1 ）郊遊或旅行	2.64	.69	4203
（ 2 ）球類運動	2.37	.84	4170
（ 3 ）健身運動	2.50	.84	4138
（ 4 ）爬山或露營	2.26	.82	4155
（ 5 ）散步	2.85	.88	4150
（ 6 ）游泳	1.84	.94	4148
（ 7 ）幫助家務	3.30	.80	4173
（ 8 ）養盆景或種花	2.31	.95	4163
（ 9 ）聊天	3.09	.78	4186
(10)看電影	2.93	.76	4173
(11)拜訪親友	2.58	.71	4170
(12)和朋友喝酒	1.51	.77	4150
(13)寫信	2.93	.81	4186
(14)和朋友逛街	2.82	.76	4156
(15)和朋友打打小牌	1.50	.76	4114
(16)讀雜誌	3.08	.80	4174
(17)看報	3.47	.71	4179
(18)逛書店或參觀書畫展	2.79	.82	4169
(19)看電視新聞	3.02	.83	4168
(20)聽廣播	2.82	.86	4170
(21)唱歌	2.95	.88	4181
(22)照相	2.59	.74	4178
(23)下棋	2.13	.91	4120
(24)看小說或散文	2.92	.85	4156
(25)看電視	3.12	.80	4162
(26)玩樂器	2.07	.88	4132
(27)上歌廳聽歌	1.67	.79	4155
(28)小睡	2.64	.82	4154
(29)休息（表示不作任何休閒活動）	2.76	.81	4161

附表二七　休閒態度項目的平均數與標準差

項　　　　　　　目	平 均 數	標 準 差	樣　　本
（1）郊遊或旅行	3.48	.64	4211
（2）球類運動	3.06	.79	4186
（3）健身運動	3.26	.71	4163
（4）爬山或露營	3.35	.75	4178
（5）散步	3.40	.69	4169
（6）游泳	2.76	.94	4165
（7）幫助家務	3.54	.67	4193
（8）養盆景或種花	3.21	.78	4188
（9）聊天	3.29	.70	4191
（10）看電影	3.39	.67	4204
（11）拜訪親友	3.02	.76	4173
（12）和朋友喝酒	1.82	.83	4156
（13）寫信	3.14	.75	4196
（14）和朋友逛街	3.18	.71	4167
（15）和朋友打打小牌	1.90	.83	4144
（16）讀雜誌	3.42	.65	4180
（17）看報	3.65	.55	4196
（18）逛書店或參觀書畫展	3.34	.69	4183
（19）看電視新聞	3.32	.70	4187
（20）聽廣播	3.16	.75	4162
（21）唱歌	3.24	.75	4193
（22）照相	3.14	.74	4192
（23）下棋	2.73	.88	4165
（24）看小說或散文	3.29	.71	4187
（25）看電視	3.32	.66	4167
（26）玩樂器	2.80	.85	4151
（27）上歌廳聽歌	2.40	.92	4147
（28）小睡	3.03	.75	4164
（29）休息（表示不作任何休閒活動）	3.15	.77	4174

附表二八　休閒行為因素（轉軸後）

	知識性 I	社交性 II	運動性 III	玩樂性 IV	消遣性 V	共同性
(1)郊遊或旅行	.119	.271	.422	.193	.010	.303
(2)球類運動	.096	.025	.522	.193	.048	.322
(3)健身運動	.074	−.017	.525	.084	.220	.337
(4)爬山或露營	.139	.198	.435	.171	.014	.278
(5)散步	.242	.191	.206	.060	.173	.171
(6)游泳	.042	−.008	.377	.459	.036	.357
(7)幫助家務	.014	.126	.065	−.368	.289	.240
(8)養盆景或種花	.117	.033	.315	−.040	.208	.159
(9)聊天	.112	.447	−.024	.014	.144	.234
(10)看電影	.098	.465	.050	.123	.078	.249
(11)拜訪親友	.060	.238	.172	.062	.320	.196
(12)和朋友喝酒	.010	−.100	.079	.632	.184	.450
(13)寫信	.204	.349	.201	−.152	.100	.238
(14)和朋友逛街	.091	.604	.089	−.057	.106	.397
(15)和朋友打打小牌	.040	.096	.113	.535	.013	.310
(16)讀雜誌	.722	.121	.057	.023	.106	.550
(17)看報	.502	−.021	.078	.077	.313	.363
(18)逛書店或參觀書畫展	.579	.099	.302	.025	.088	.445
(19)看電視新聞	.264	−.114	.169	.095	.591	.471
(20)聽廣播	.222	.094	.149	.062	.401	.246
(21)唱歌	.131	.330	.171	−.014	.082	.162
(22)照相	.134	.358	.254	.164	.120	.253
(23)下棋	.198	.028	.286	.383	.106	.280
(24)看小說或散文	.534	.281	.068	.015	.059	.373
(25)看電視	.009	.216	−.012	.086	.401	.215
(26)玩樂器	.152	.094	.369	.292	.139	.274
(27)上歌廳聽歌	−.011	.158	.104	.409	.190	.240
(28)小睡	.225	.240	−.043	.188	.194	.184
(29)休息	.132	.221	−.032	.113	.224	.130
固　　定　　值	4.434	1.603	.977	.746	.677	
變異量百分比	15.3	5.6	3.4	2.6	2.3	

附表二九　休閒態度因素（轉軸後）

	知識性 I	社交性 II	運動性 III	消遣性 IV	玩樂性 V	共同性
（ 1 ）郊遊或旅行	.096	.191	.507	.034	.004	.304
（ 2 ）球類運動	.075	−.107	.532	.129	.153	.341
（ 3 ）健身運動	.067	−.087	.426	.326	.081	.307
（ 4 ）爬山或露營	.157	.184	.563	.003	−.064	.381
（ 5 ）散步	.272	.135	.208	.179	−.005	.168
（ 6 ）游泳	.091	−.020	.470	−.018	.322	.334
（ 7 ）幫助家務	.064	.166	−.027	.434	−.272	.295
（ 8 ）養盆景或種花	.225	.082	.179	.278	−.067	.171
（ 9 ）聊天	.103	.425	.062	.126	.070	.216
（10）看電影	.108	.419	.110	.082	.123	.222
（11）拜訪親友	−.001	.209	.023	.508	.109	.315
（12）和朋友喝酒	−.044	.001	.013	.042	.647	.422
（13）寫信	.151	.203	.086	.409	−.071	.244
（14）和朋友逛街	.051	.543	.027	.244	−.043	.360
（15）和朋友打打小牌	.002	.130	.086	−.055	.524	.302
（16）讀雜誌	.666	.089	.105	.092	−.006	.471
（17）看報	.526	−.030	.085	.250	.105	.358
（18）逛書店或參觀書畫展	.577	.043	.208	.180	−.047	.413
（19）看電視新聞	.300	−.093	.067	.416	.195	.315
（20）聽廣播	.213	.162	.077	.350	.125	.216
（21）唱歌	.096	.377	.245	.096	−.010	.221
（22）照相	.107	.348	.283	.113	.116	.240
（23）下棋	.237	.037	.342	.012	.314	.274
（24）看小說或散文	.475	.272	.102	.030	−.009	.311
（25）看電視	.056	.418	−.103	.224	.155	.258
（26）玩樂器	.180	.147	.340	.080	.220	.225
（27）上歌廳聽歌	−.048	.357	.022	.101	.357	.268
（28）小睡	.240	.268	.059	.041	.162	.161
（29）休息	.156	.278	−.014	.130	.078	.125
固　　定　　值	4.102	1.410	1.254	.808	.671	
變 異 量 百 分 比	14.1	4.9	4.3	2.9	2.3	

附表三十　休閒行為因素內各項目相關矩陣

因素 I　知識性

	(16)	(17)	(18)	(24)
(16)讀雜誌	—	.42	.44	.46
(17)看報		—	.35	.26
(18)逛書店等			—	.36
(24)看小說等				—

因素 II　社會性

	(9)	(10)	(13)	(14)	(21)	(22)
(9)聊天	—	.25	.20	.32	.18	.14
(10)看電影		—	.16	.31	.17	.22
(13)寫信			—	.30	.20	.21
(14)和朋友逛街				—	.21	.25
(21)唱歌					—	.25
(22)照相						—

因素 III　運動性

	(1)	(2)	(3)	(4)	(6)	(8)	(18)	(26)
(1)郊遊或旅行	—	.26	.23	.43	.23	.13	.23	.22
(2)球類運動		—	.37	.24	.30	.14	.21	.29
(3)健身運動			—	.25	.26	.22	.19	.25
(4)爬山或露營				—	.25	.18	.24	.21
(6)游泳					—	.09	.15	.28
(8)養盆花等						—	.21	.19
(18)逛書店等							—	.25
(26)玩樂器								—

因素IV　玩樂性

	（6）	（7）	（12）	（15）	（23）	（27）
（6）游泳	—	−.15	.33	.27	.31	.23
（7）幫助家務		—	−.18	−.12	−.09	−.06
（12）和朋友喝酒			—	.39	.25	.32
（15）和朋友打打小牌				—	.29	.26
（23）下棋					—	.17
（27）上歌廳聽歌						—

因素V　消遣性

	（11）	（17）	（19）	（20）	（25）
（11）拜訪親友	—	.14	.22	.18	.15
（17）看報		—	.39	.22	.16
（19）看電視新聞			—	.37	.24
（20）聽廣播				—	.19
（25）看電視					—

各項目顯著水準達 .01或 .001

附表三一　　休閒態度因素內各項目相關矩陣

因素 I　知識性

	(16)	(17)	(18)	(19)	(24)
(16)讀雜誌	—	.41	.43	.19	.40
(17)看報		—	.35	.35	.23
(18)逛書店等			—	.25	.31
(19)看電視新聞				—	.10
(24)看小說					—

因素 II　社交性

	(9)	(10)	(14)	(21)	(22)	(25)	(27)
(9)聊天	—	.27	.32	.17	.16	.21	.13
(10)看電影		—	.24	.19	.19	.30	.20
(14)和朋友逛街			—	.22	.21	.25	.21
(21)唱歌				—	.27	.18	.17
(22)照相					—	.19	.19
(25)看電視						—	.23
(27)上歌廳聽歌							—

因素 III　運動性

	(1)	(2)	(3)	(4)	(6)	(23)	(26)
(1)郊遊或旅行	—	.27	.21	.41	.21	.18	.16
(2)球類運動		—	.36	.26	.31	.26	.22
(3)健身運動			—	.22	.24	.15	.18
(4)爬山或露營				—	.25	.18	.20
(6)游泳					—	.29	.26
(23)下棋						—	.28
(26)玩樂器							—

因素Ⅳ　消遣性

	(3)	(7)	(11)	(13)	(19)	(20)
(3)健身運動	—	.11	.17	.15	.18	.16
(7)幫助家務		—	.23	.26	.10	.12
(11)拜訪親友			—	.30	.19	.19
(13)寫信				—	.15	.18
(19)看電視新聞					—	.33
(20)聽廣播						—

因素Ⅴ　玩樂性

	(6)	(12)	(15)	(23)	(27)
(6)游泳	—	.27	.17	.29	.12
(12)和朋友喝酒		—	.42	.15	.26
(15)和朋友打打小牌			—	.23	.24
(23)下棋				—	.10
(27)上歌廳聽歌					—

各項目顯著水準達 .01或 .001

附表三二　行爲因素與諸項目的相關係數

X14知識性	16. 讀雜誌	17. 看　報	18. 逛書店等	19. 看電視新聞	24. 看　小　說
	.75***	.69***	.72***	.59***	.66***

***p＜.001　　(n＝4004)

X15社交社	9. 聊　天	10. 看電影	13. 寫　信	14. 和朋友逛街	21. 唱　歌	22. 照　相
	.58***	.58***	.58***	.66***	.59***	.57***

***p＜.001　　(n＝3968)

X16運動性	1. 郊遊等	2. 球 類運動	3. 健 身運動	4. 爬山等	6. 游泳	8. 養盆花等	18. 逛書店等	26. 玩樂器
	.56***	.61***	.60***	.60***	.57***	.49***	.53***	.59***

***p＜.001　　(n＝3803)

X17玩樂性	6. 游　泳	7. 幫家務	12. 和朋友喝酒	15. 和朋友打牌	23. 下　棋	27. 上歌廳聽歌
	.65***	.11***	.64***	.63***	.62***	.57***

***p＜.001　　(n＝3813)

X18消遣性	11. 拜訪親友	17. 看　報	19. 看電視新聞	20. 聽廣播	25. 看　電　視
	.52***	.60***	.73***	.66***	.57***

***p＜.001　　(n＝3989)

附表三三　態度因素與諸項目的相關係數

X19知識性	16. 讀 雜 誌	17. 看　　報	18. 逛書店等	19. 看電視新聞	24. 看 小 說 等
	.73***	.66***	.71***	.58***	.63***

***p＜.001　　（n＝4061）

X20社交性	9. 聊天	10. 看電影	14. 和朋友逛街	21. 唱歌	22. 照　相	25. 看電視	27. 上歌廳聽歌
	.55***	.57***	.60***	.55***	.55***	.57***	.58***

***p＜.001　　（n＝3950）

X21運動性	1. 郊遊等	2. 球類運動	3. 健身運動	4. 爬山等	6. 游泳	23. 下棋	26. 玩樂器
	.55***	.64***	.54***	.59***	.65***	.60***	.57***

***p＜.001　　（n＝3922）

X22消遣性	3. 健身運動	7. 幫家務	11. 拜訪親友	13. 寫　信	19. 看電視新聞	20. 唱　歌
	.52***	.52***	.62***	.61***	.57***	.58***

***p＜.001　　（n＝3976）

X23玩樂性	6. 游　泳	12. 和朋友喝酒	15. 和朋友打牌	23. 下　棋	27. 上歌廳聽歌
	.61***	.65***	.66***	.55***	.57***

***p＜.001　　（n＝3962）

不同製造業青年勞工
休閒滿意度的比較

一　敍言

　　這些年來我們發現，由於工業化程度越來越高，分工的層次也越來越細，作息時間就不能像農業社會那樣，而必須作適當的調整。特別是在工廠中工作的人，作息時間相當固定，就必然面臨休閒的問題，例如，做些什麼休閒活動？有多少休閒時間？以及對休閒是不是滿意？過多的休閒，可能對工作產生負面的影響，但沒有休閒或休閒不足，也會影響工作效率，雖然到現在爲止，我們對工作與休閒間的關係仍在爭論中，卽休閒爲工作的延長說，補償說，或無關說❶。我在幾篇討論休閒的論文中，都把休閒界定爲：離開工作崗位或生產線，自由地去打發時間，並尋求工作以外，精神上或物質上的滿足(Dumazedier 1974: 68-72；Friedmann 1960: 509-21；Kaplan 1975: 19-26)。這種說法，有兩種可能：一種是在工作中得不到的滿足，必須利用空暇時間去尋求，例如社交、娛樂之類，可能與工作效

---

❶　林素麗　民 66: 27-35；H. Wilensky 1960；Parker 1979；1983 年並
　　提出延長、反對、中性說 (extension, opposition, & neutrality)。

率完全沒有關係，只是另一種慾望的滿足；一種是工作過份勞累、單調、乏味，必須在下班後設法補償，例如休息、運動、消遣之類，可能與工作有某種程度的關係。假如這種說法是可以接受的，則休閒與工作間的關係是建立在某些個條件上，例如部長、經理級的人，有沒有休閒，工作都很起勁；科員、技術或非技術人員，就要靠休閒來調節情緒或體力。也可以這樣說，自主性較高的工作，休閒活動可以降低，反之，自主性較低或沒有自主性的工作，需要較多的休閒活動。

本文目的不在於探討休閒與工作的關係，而在於了解不同製造業間青年勞工的休閒滿意度。這種滿意度可以從兩方面來觀察，一方面是從不同製造業青年勞工，在各種變項上的百分比分配，另一方面是從變項間的影響關係。這樣，不僅可以觀察滿意和不滿意程度的高低，也可以了解那些變項影響了休閒的滿意度。

在已有的研究和調查資料，我們大致知道某些休閒活動頻率的變化、休閒活動的類型、影響休閒行為的變項等，例如我們知道看電視、讀報紙的人最多，打牌、喝酒、下棋的人較少；休閒行為的因素類型有知識性、社交性、運動性、玩樂性、消遣性；影響這類活動的變項可能是年齡、教育程度之類。不過，這類研究在國內外都不多，一般都傾向於強調時間分配或頻率的高低 (Dumazedier, 1974: 99-104; Kaplan, 1975; 1960; Harighurst & Feigenbaum 1959: 396-404)。事實上，無論勞工在休閒活動方面做了些什麼、喜歡做什麼、或受到什麼變數的影響，都只能視為行為的方式，例如看電視偏高或打牌偏低。現在我們希望進一步了解，勞工的休閒生活是不是滿意？滿意的是什麼？不滿意的又是什麼？七類工廠的差別在那裏？這種滿

意與否，究竟受到那些因素的影響？基本上，我們要探討的，不在於行為的百分比高低，而是變項間的相互關係模式，例如，自變項對依變項的解釋力、影響量等。這樣，我們就可以從變項關係來說明或解釋休閒生活的滿意度可能建立在某些條件上，即是，如果滿足了某些條件的話，勞工的休閒生活也就獲得滿足。這是本文的主要目的。經由這個假設，變項關係的分析架構，如圖 13。

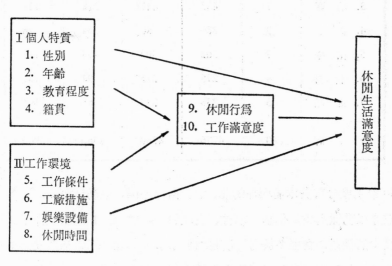

圖 13　研究變項架構

個人實際的休閒行為和工作滿意程度，多半會因性別、年齡、教育程度、所得多寡，而可能產生差異；也可能因本身的工作條件，如工作是否受到重視，工廠設施如作息時間、休假、福利、娛樂設備如廠中的娛樂工具，以及休閒時間是不是足夠，而影響到滿意程度，例如，工作環境優良行為越多，休閒生活就越滿意。不過，這都只能算是一些假設狀況，到目前為止，國內外尚未發展出這一類的研究模式。本文仍只是一種探索性的研究。

本研究樣本分配情形如表 64。

表 64 樣本分配

工 廠 類 別	家　　數	收回樣本	有效樣本	男	女
1. 紡　　織	20	2116	2110	240	1870
2. 電　　子	8	514	513	106	407
3. 塑　　膠	7	453	447	318	129
4. 金　　屬	9	380	380	354	26
5. 化　　學	7	302	302	183	119
6. 木　　材	4	275	275	94	181
7. 食　　品	5	236	233	65	168
合　　　計	60	4276	4260	1360	2900

60 家工廠分佈於本省西部的北、中、南部地區，以紡織較多；樣本人數亦以紡織為多，化學、木材、食品較少，實際這類工廠及從業員也較少的緣故；女性多於男性，也由於事實亦如此。工廠抽樣受到不少限制，如廠方未必願意暫停生產線而接受問卷訪問，作業員男女分配的比例無法事先控制，工廠作業員人數變動太快，因而不易控制樣本分配❷。

在分析方面，我們採取三種策略：一是了解某些特別休閒項目滿意的百分比分配，並驗證不同類型廠間的差異，用 x^2 檢定；二是驗證七類工廠的休閒滿意程度，及影響休閒生活的變項關係，用迴歸分析檢定；三是驗證影響男女休閒生活滿意程度的變項關係，用迴歸分

---

❷　該項調查係於民國 67 年進行，此處為當時未及分析的資料。

析檢定。

二　發現與討論

（一）七類工廠勞工休閒生活的百分比比較

這裏包括七個問題：(1) 對工作是否感到單調，(2) 對休閒是否感到單調，(3)對廠內娛樂設施是否感到滿意，(4)休閒時間夠不夠，(5) 收入和休閒的選擇，(6) 工作是否費體力，(7) 對休閒生活是否滿意。從這些問題的百分比高低，我們大致可以了解，勞工對於工作和休閒方面的感受，以及七類工廠的差異程度。

1. 對工作是否感到單調

在工業社會中生活的人，本來就有比較高的疏離感，技術程度低，又在工廠中工作的年輕人，無助與單調的感覺就會更高些。每一個到工廠去參觀的人，都不難發現，當前我國勞工的技術，不僅普遍偏低，而且還不易提高。例如，照顧紡紗機，可能是整天在機器間來回地跑、接線、換線，如此而已，今天如此，明天還是如此。如果是電子工廠，那可能是每天坐在椅子上穿孔，或接電線，諸如此類。卽使是削蕃茄，或鋸木板，也不見得有多大的技術轉換。

從表 65 來看，各廠總計的單調感（包括單調及很單調）達到 64.4%，佔總人數的 2/3。最感工作單調的是電子業，佔 68.9%，其次為紡織，佔 66.9%。經過兩兩間的卡方檢定（附表三四），發現幾乎很少差異上的顯著性，除了電子業比各業都高些。可見各業勞工，對工作存在普遍性的單調感，正如上述總數所顯示的結果。

表 **65** 工作的單調感

	很 單 調		單 調		不 單 調		很不單調		總 計	
	實數	%	實數	%	實數	%	實數	%	實數	%
1. 紡　織	242	11.6	1157	55.3	651	31.1	41	2.0	2091	100.0
2. 電　子	81	15.8	272	53.1	145	28.4	14	2.7	512	100.0
3. 塑　膠	33	7.4	216	48.4	189	42.4	8	1.8	446	100.0
4. 金　屬	33	8.7	206	54.4	133	35.1	7	1.8	379	100.0
5. 化　學	33	10.9	149	49.4	113	37.4	7	2.3	302	100.0
6. 木　材	29	10.6	139	50.9	101	37.0	4	1.5	273	100.0
7. 食　品	32	14.2	102	45.1	87	38.5	5	2.2	226	100.0
總　　計	483	11.4	2241	53.0	1419	33.6	86	2.0	4229	100

$x^2 = 51.31$　　　自由度＝18　　　$p < .01$

這種單調感，與休閒生活滿意度的關係似乎較低（$r = .19$, $p <$ .001），與娛樂設備和休閒單調感有較高相關（前者 $r = .23$, 後者 $r =$ .21, $p < .001$）。另一方面，它跟工作滿足感達到 .40 的相關程度，即工作越滿足的話，越不感到單調。

這種情形，我們可以解釋為，工作是不是感到單調，與工作是不是滿足的關係比較大，與休閒生活似乎沒有太多的關係；假如有的話，也只發生在休閒生活太單調的緣故。

　2. 對休閒是否感到單調

這裏是想了解對於休閒生活的本身，單調還是不單調。例如，我們發現休閒行為最高前十項依次為：看報、幫家務、看電視、聊天、讀雜誌、看電視新聞、唱歌、看電影、寫信、看散文小說。平均數達

到 3.08，最高的有 3.47。也就是說，我們想了解這些較常做的休閒活動的人，存些什麼感覺，單調還是不單調。

表66　休閒的單調感

	很單調		單　調		不單調		很不單調		總　計	
	實數	%	實數	%	實數	%	實數	%	實數	%
1. 紡　織	175	8.4	954	45.5	898	42.9	67	3.2	2095	100.0
2. 電　子	25	4.9	174	34.1	293	57.5	18	3.5	510	100.0
3. 塑　膠	20	4.5	179	40.1	240	53.8	7	1.6	446	100.0
4. 金　屬	18	4.8	155	41.0	186	49.2	19	5.0	378	100.0
5. 化　學	22	7.3	104	34.4	156	51.7	20	6.6	302	100.0
6. 木　材	20	7.3	92	33.7	106	57.2	5	1.8	273	100.0
7. 食　品	20	8.8	94	41.4	106	46.7	7	3.1	227	100.0
總　　　計	300	7.1	1752	41.4	2035	48.1	143	3.4	4230	100

$x^2 = 87.97$　　　$df = 18$　　　$p < .01$

在表66七類工廠中，對休閒最感單調的是紡織工，佔53.9%，其次為食品工，佔50.2%，其餘的單調感均在40%左右，為什麼會這樣呢？原來它跟廠中娛樂設施，休閒生活無關，跟工作是不是單調卻有關，如表67。

表 67 中顯示，休閒生活本身的好壞、娛樂設施（G04)的好壞，與休閒的單調感無關，與工作的單調感卻有關（$r = .21$）。也許這種單調感受到某種情境的影響，此外在工作過程中的單調現象也移轉到休閒活動，或者休閒活動進行單一化、靜態化，並且老是沒有變化，久了，自會感到單調，例如今天看電視，明天還是只能看電視，各工廠

表 67　四個變項間的相關

	G07休閒單調感	G05工作單調感	G09休閒生活滿意度
G05	.21**		
G09	.05	.19	
G04	−.03	.23**	.43**

**p＜.01

的休閒、娛樂設備又非常簡陋。各類工廠間的差異，除紡織業外，其餘並不大（附表三五）。

3. 對廠內娛樂設施是否感到滿意

觀察各類工廠的休閒設備，實在非常簡單，大都是電視、報紙或小型圖書室、電影、桌球、籃球之類。有的工廠甚至還把籃球場當堆棧，根本不用。比較普遍一點是插花班、英語補習班之類的學習訓練，參加的人並不踴躍，因爲工作了一天，難以提高學習情緒。我們從表 68 發現各類工廠勞工不滿意於娛樂設施的達到 56.2％，其中最不滿意的是金屬業勞工，達 77.1％，其次爲木材（67.8％）與化學（65.1％）；事實上，卽使是比較好的紡織業，也有 47.4％ 的人對娛樂設施感到不滿意，各業間的差異程度相當明顯（附表三六）。

據我們在各類工廠實際觀察所知，紡織、電子工廠的休閒設備，一般均較佳；其次可能是塑膠、化學類；金屬、木材類可能較不理想；食品類工廠由於員工較少，幾乎沒有什麼技術問題，工作也不緊張，休閒設備的確很欠缺。

另外一個問題是，管理部門總認爲，勞工在工作之餘，能夠看看

表 68　對廠內娛樂設施的滿意度

	很不滿意		不 滿 意		滿　　意		很 滿 意		總　　計	
	實數	%	實數	%	實數	%	實數	%	實數	%
1. 紡　織	188	9.0	803	38.4	1028	49.2	71	3.4	2090	100.0
2. 電　子	73	14.3	249	48.8	182	35.7	6	1.2	510	100.0
3. 塑　膠	50	11.4	225	51.3	157	35.8	7	1.6	439	100.0
4. 金　屬	88	23.4	202	53.7	81	21.5	5	1.4	376	100.0
5. 化　學	40	13.3	156	51.8	97	32.2	8	2.7	301	100.0
6. 木　材	39	14.3	146	53.5	85	31.1	3	1.1	273	100.0
7. 食　品	26	11.6	84	37.3	109	48.4	6	2.7	225	100.0
總　　計	504	12.0	1865	44.2	1739	41.3	106	2.5	4214	100.0

$x^2 = 209.01$　　df = 18　　p < .01

電視、電影、讀讀報紙、雜誌、逛街買點東西、或參加補習班學點什麼，　就足夠了，　還要做什麼？　這種觀念的確有待修正。　據我們的了解，　初期從農村來的勞工對休閒要求也許不高，　慢慢的就會要求變化，而不能滿足於電視、電影之類，這種趨勢至為明顯，各工廠的簡單設備都是一成不變，無怪不滿的程度特別高。

4. 休閒時間夠不夠

休閒時間的夠或不夠，本來沒有絕對的標準，但工作時間加長的話，休息或休閒時間必然相對減少。一般的規定，工作八小時以外，就可以算作個人自由支配的時間，可是在臺灣的工廠，常都會超過這個標準。以民國 73 年為例，製造業每月平均仍需工作 211 小時[3]，

---

[3]　行政院主計處 (民 74: 126)。據該書 128 頁所說，每月正常工作為 196

這對休閒時間的運用受到不少限制。我們可以從表 69 來了解分配情形。經由卡方作兩種業別的分別檢定（附表三七），除金屬業與食品業之外，其餘各業間的差異，均達 .05 或 .01 的顯著水準。例如，電子業休閒時間不夠的程度比紡織、塑膠、化學為高，比木材為低，與金屬、食品類似，均具有實質上差異的意義。我們可以這樣說，感到休閒時間最不夠的是木材業，佔其人數 53.3%，一半以上；其次為電子業，約佔 37.7%；而以塑膠業的工人最好，認為休閒時間不夠的約佔 23.7%，其餘各類工廠均在 30% 左右。不過，從整體而言，休閒時間不夠的僅 30%，夠的仍佔了 70%，可以說差強人意。

表 69　休閒時間夠不夠

	很 不 夠		不 夠		夠		很 夠		總 計	
	實數	%	實數	%	實數	%	實數	%	實數	%
1. 紡　織	86	4.1	482	23.0	1249	59.6	280	13.4	2097	100.0
2. 電　子	41	8.0	152	29.7	293	57.2	26	5.1	512	100.0
3. 塑　膠	11	2.5	95	21.2	299	66.9	42	9.4	447	100.0
4. 金　屬	24	6.4	87	23.0	239	63.2	28	7.4	378	100.0
5. 化　學	22	7.3	62	20.5	192	63.6	26	8.6	302	100.0
6. 木　材	20	7.3	126	46.0	116	42.3	12	4.4	274	100.0
7. 食　品	10	4.3	56	24.4	148	64.3	16	7.0	230	100.0
總　　計	214	5.0	1060	25.0	2536	59.8	430	10.2	4240	100.0

$x^2 = 157.34$　　df = 18　　p < .01

(續)小時，加班 15 小時，加班時間接近 2 天，仍舊過長，但是有的工廠還更長，紡織 218小時，電子 205，塑膠為 216，金屬 214，化學 205，木材 220，食品 207（頁 126-127）。

　　這個結果顯示了什麼呢？一方面，我們說工作時間過長，另方面，休閒時間受到的影響又似乎不大。原因可能還是出在國人對休閒和休息的觀念混淆不清，一般人認為，只要能停止工作，就是一種享受或休閒，並不要求做些特殊的活動。

　　5. 收入和休閒的選擇

　　這個問題的方式是這樣的：「假如只有下面兩種情況，你要選擇那一種？延長工作，以增加收入；縮短工作時間以增加休閒活動」。結果如表 70 所示，在總人數中願意縮短工作時間而增加休閒活動的佔 63%，選擇延長工時而增加收入的祇佔 37%，也就是差不多有三分之二的勞工選擇了較多的休閒時間。這是不是表示，工資已不是最重要的勞動條件；即收入到了某一種程度，例如，足供生活所需的支出，所需求滿足的方式就可能改變，希望多有些休閒時間便是其中的一種。如果依照 Maslow 的說法，就可能有許多次的改變，一直到自我實現❹。這種想法也未必具有普遍的一致性，不同情境間的差異還是有的，例如高教育程度與低教育程度間有差異，前者多數選擇休閒，後者多數選擇收入；城市與鄉村間也有差異，前者多數選擇休閒，後者多數選擇收入❺。這是需求上或情境上的差異？

　　除少數外，兩兩間卡方多高達.05或.01的顯著水準（參閱附表三八），故彼此間差異具有實質的意義。如把選擇增加休閒活動的七類工廠的百分比高低，分為三類，70%以上為第一類，61%為第二類，56%為第三類，則木材、電子業勞工選擇休閒最高為第一類，塑膠、金屬、紡織為第二類，化學、食品最低為第三類。為什麼前二類偏

---

❹　Maslow (1970) 把人類需求分為五個層次；從最低的生理→安全→愛與被愛→尊重→自我實現（最高的）。

❺　教育上男女均達 .001 顯著度；城鄉間卡方達 .05 的顯著水準。

表 70　對收入和休閒的不同選擇

	延長工作時間 增 加 收 入		縮短工作時間 增 加 休 閒		總　　計	
	實 數	%	實 數	%	實 數	%
1. 紡　　織	785	39.0	1230	61.0	2015	100.0
2. 電　　子	141	28.0	362	72.0	503	100.0
3. 塑　　膠	158	36.2	278	63.8	436	100.0
4. 金　　屬	145	38.8	229	61.2	374	100.0
5. 化　　學	130	43.9	166	56.1	296	100.0
6. 木　　材	66	24.9	199	75.1	265	100.0
7. 食　　品	101	45.5	121	54.5	222	100.0
總　　　計	1526	37.1	2585	62.9	4111	100.0

$x^2 = 50.77$　　$df = 6$　　$p < .01$

高，而後二類偏低？是不是受到城鄉、教育程度、工作目的之類因素的影響，或是另有原因？例如，木材業與電子業勞工的休閒時間特別不足的話，也可能造成這種選擇，而與自願放棄收入無關。前述表 69 給我們的資料顯示，木材業和電子業的確是休閒時間不夠的最高者。食品、化學兩類勞工比較偏向於延長工作時間，以增加收入，各佔 46％ 及 44％。總之，工廠勞工已有不完全重視收入的傾向。

　6. 工作費體力程度

　　有的實徵研究指出，工作費不費體力，會影響選擇休閒的方式，例如在工作上比較需要體力的，多選擇輕鬆一點的休閒活動；在工作上不費體力的，則選擇運動一類的休閒活動。但也有不同的說法，認爲，越需要體力的工作，越喜歡運動的休閒活動；越是輕鬆的工作，

越選擇輕鬆的休閒方式❻。或者說根本沒有什麼關係，休閒活動的選擇，完全因個人性格、娛樂環境、工廠休閒設備而異❼。這種爭論，一直到今天還是沒有停止，因爲都有些實徵資料用來支持他們各自的說法。我們現在先來了解一下各種製造業勞工耗費體力的情形，這些結果是由他們自己主觀認定的，工作費不費體力，他們自己應該最清楚。

　　自認爲最費體力的是木材業，其餘依次爲化學、塑膠、食品、金

表 71　工作費力的程度

	很 費 體 力		不 費 體 力		總	計
	實 數	%	實 數	%	實 數	%
1.　紡　　織	1017	48.9	1061	51.1	2078	100.0
2.　電　　子	161	31.9	344	68.1	505	100.0
3.　塑　　膠	231	53.8	198	46.2	429	100.0
4.　金　　屬	185	50.0	185	50.0	370	100.0
5.　化　　學	176	59.9	118	40.1	294	100.0
6.　木　　材	179	66.3	91	33.7	270	100.0
7.　食　　品	118	52.9	105	47.1	223	100.0
總　　　　計	2067	49.6	2102	50.4	4169	100.0

$x^2 = 45.54$　　　df $= 6$　　　p $<.01$

---

❻　林素麗（民 66；33）曾經做了一點整理的工作，把它分爲三類，休閒補償工作說，休閒延續工作說，休閒與工作無關說。並請參閱前述 Dumazedier 的意見。

❼　Miller & Form（1964）認爲工作和休閒都受外在環境的影響。

屬、紡織、電子。反這個順序，就是不費體力的高低次序。目前，我
們沒有比較的資料，用以證實和其他製造業工作的比較之下，那一種
最費體力。不過，照我們參觀訪問各種工廠的結果來看，這個費體力
程度的順序，大致是可以成立的。尤其是最高的兩類，木材和化學，
以及最低的兩類，紡織和電子，電子工作恐怕是最輕鬆的了（表71）。

　　費體力工作的人究竟是喜歡消耗體力方面的休閒，還是不費體力
的休閒？或者反過來，不費體力工作的人比較喜歡靜態的，或動態的
休閒？檢討了我們所有的卡方差異分析，發現並無必然關係，最少初
步分析的結果是如此。但是有些現象較為特別，可以提出來討論，如
表 72。

<h3 style="text-align:center">表72　費體力程度與休閒活動的關係</h3>

		(1) 郊　遊	(2) 球類運動	(4) 爬　山	(17) 讀　報	(24) 讀小說	(27) 上歌廳
1.有些喜 歡及很 喜歡	最低分	化學	木材	塑膠	食品	化學	電子
	最高分	食品**	金屬*	木材**	木材**	金屬*	木材*
2.有時從 事及常 常從事	最低分	紡織	木材	塑膠	食品	化學	電子
	最高分	電子*	塑膠*	化學*	金屬*	電子**	木材*

說明：(1) 前三項偏向體力活動，後三項偏向不費體力活動。

　　　(2) 高低分表示七類製造業勞工休閒比較值的高低，如化學業最不
　　　　　喜歡郊遊，食品業最喜歡郊遊，兩兩相比，餘類推。

　　　(3) 兩類間的顯著水準 * $p < .05$，** $p < .01$。

　　上述六項休閒活動，從比較有明顯分野的「球類運動」著眼，似
乎在工作上越費體力，則在休閒活動上越不願意多費體力，所以無論

在態度或行動，木材業的頻率均為最低。這可以解釋為工作與休閒的互補關係。這種關係也可以在「上歌廳聽歌」的變化意願上看得出來，無論是行為或態度，都是電子業的頻率最低，木材業最高。不過，其中也可能涉及另一問題，即電子業多為女作業員，木材業多為男作業員❽。從「讀小說」的休閒活動來看，化學業的意願在兩者均低，金屬業與電子業為最高，顯然與上述說法相反，從事靜態工作的人又多從事靜態的休閒。在「爬山」一類的休閒中，也以木材業、化學業頻率為最高，塑膠為最低，顯示體力工作者比較喜歡體力休閒的活動。或者換一個方向來說，動態休閒的最高分，有最費體力的木材、化學，也有不費體力的電子；最低分的分配狀況，幾乎完全相同。屬於靜態休閒的最高分，有最費體力的木材，也有不費體力的電子；最低分有較費體力的化學，也有不費體力的電子。可見，其間關係仍然相當複雜，未必可以用這種簡單方式加以分類。

7. 對休閒生活的滿意程度

最後一個想了解的問題是，工人對目前的休閒生活是否滿意，特別是各業間滿意度的差異狀況。根據我們觀察和訪問的初步了解，各業間的差別可能相當大，例如紡織、電子工人經常需要加班，工作的時間長，又多是終日站著或坐著；金屬、木材則需要耗費相當大的體力。他們的休閒活動，自然會有些差異，這從上面的各種分析可以看得出來。表 73 在於了解各業之間對於休閒生活滿意的差異。就總體而論，大約有 32% 的人對休閒生活不滿意，68% 的人表示滿意。其中最不滿意的是木材業勞工，佔 46.2%，並與其他各業的差異都達到

---

❽　經檢查卡方檢定，郊遊、爬山，無論喜好或行為，男女均未達差異的顯著度；上歌廳聽歌，在喜好上也無差異。其餘三項，球類運動、讀報、讀小說，及上歌廳的行為變項，男女有差異 (p<.01)，其變化與項目性質有關。

顯著水準（附表三九），顯示木材業勞工對休閒生活特別有問題。事實也可能如此，因為木材工廠的勞工可能較費體力，又缺乏休閒設備和聯誼活動，所以在工餘之暇，無法靠自己想辦法去做休閒活動。最滿意的為食品（73.3％）和塑膠（73.1％），頗有點出人意外，雖然只是部份達到顯著差異的程度（附表三九）。據資料顯示，食品工業一般的規模都比較小，工作不那麼集中而緊張，勞工年齡偏高，目前多為女性。也許因為這種緣故，對於休閒的要求比較低，滿意度就相對提高了。

表 73　目前休閒生活的滿意度

	很不滿意		不滿意		滿意		很滿意		總計	
	實數	%	實數	%	實數	%	實數	%	實數	%
1. 紡織	56	2.7	585	28.1	1379	66.1	65	3.1	2085	100.0
2. 電子	17	3.3	163	32.0	317	62.3	12	2.4	509	100.0
3. 塑膠	9	2.0	111	24.9	314	70.6	11	2.5	445	100.0
4. 金屬	14	3.7	116	30.7	241	63.8	7	1.8	378	100.0
5. 化學	6	2.0	81	27.0	201	67.0	12	4.0	300	100.0
6. 木材	9	3.3	117	42.9	141	51.6	6	2.2	273	100.0
7. 食品	12	5.2	49	21.5	157	68.9	10	4.4	228	100.0
總計	123	2.9	1222	29.0	2750	65.2	123	2.9	4218	100.0

$x^2 = 53.43$　　　$df = 18$　　　$p < .01$

從前面的分析，我們大致上了解，不同製造業勞工對休閒生活的感受情形。滿意或不滿意，似乎並無一致的趨勢；喜好也沒有一致的趨勢。從六個變數的相關和淨相關（附表四十，四一）來看，休閒滿意度與其中四個有關，一個無關，雖然兩種結果不完全一致。

　　不過，臺灣的工廠，不管是那一類工廠，由於娛樂設備的差異性不大，工人受到環境的限制，有時候沒有選擇，在工作後或假日，僅能從事某些休閒活動，例如，看報、看電視之類的頻率就顯得特別高。一般而言，雖然有人認為，勞工階級的休閒比較被動，追求熱鬧，愛看電視等 (Murphy 1974:94)；或者說，勞力的人不喜歡太動態的休閒，而願意從事單純的輕鬆休息(Kenneth 1974:28)。可是，從七類工人的休閒結果來看，他們間的差異還是存在，並且達到有顯著區別的程度。

　　他們在休閒活動上的實際區別有多大呢？我們先取各業勞工最前面的五種加以考察。

　　表 74 為工人在下班後的休閒活動情形，其中以看報、看電視、幫家務三項為各類勞工通常的活動，而以前二者頻率最高；其次為讀

表 74　七類工廠勞工下班後最常做的休閒活動

	1.紡織		2.電子		3.塑膠		4.金屬		5.化學		6.木材		7.食品	
	次序	%	次序	%	次序	%	次序	%	次序	%	次序	%	次序	%
看　　報	1	15.5	2	11.9	1	19.4	1	25.5	2	14.6	4	11.1	1	21.4
看　電　視	2	8.6	1	15.3	2	14.9	2	17.6	3	7.3	1	18.5	4	11.9
看　電　影	3	7.8									5	7.4	5	7.1
讀　雜　誌	4	7.3	4	10.2	3	10.4			4	7.3			3	16.7
幫　家　務	5	7.3	3	11.9	4	10.4	3	17.6	1	24.4	2	14.8	2	21.4
看　小　說			5	10.2							3	11.1		
散　　步					5	10.4	4	9.6						
打　　球							5	7.8						
寫　　信									5	7.3				

說明：各類百分比由34種項目分配所得，僅取前面最高五項。

雜誌；第三為看電影；第四為看小說、散步。每一類在相同項目上的差距並不太大，在所有項目上的差距也不太大。

再看假日休閒活動。

表 75　七類工廠勞工假日最常做的休閒活動

	1.紡織		2.電子		3.塑膠		4.金屬		5.化學		6.木材		7.食品	
	次序	%	次序	%	次序	%	次序	%	次序	%	次序	%	次序	%
幫家務	1	22.7	2	11.7	2	12.1	2	17.6	1	20.9	2	14.3	2	20.0
郊　遊	2	13.1	1	20.0	1	21.2	1	21.6	2	16.3	1	25.0	1	22.5
看電影	3	6.5	3	8.3					4	7.0	3	10.7	3	7.5
訪　友	4	5.8			3	7.6					5	7.1	4	7.5
逛　街	5	5.4												
看電視			4	8.3							4	10.7		
散　步			5	5.0			5	3.9	5	7.0			5	7.5
看　報							4	7.6	3	5.9				
讀雜誌							5	7.6						
爬　山							4	3.9	3	9.3				

表 75 顯示，各類勞工普遍在假日的活動，最多的是郊遊（七類中五類第一），其次是幫家務（五類第二），然後依次是看電影、訪友，其餘各種所佔比例均較低。和下班後表 73 相較，項目顯然有不少出入，並且顯然是受到時間和環境的影響。

表 74 為各類勞工較普遍從事的活動，依次為看報、看電視、幫家務、讀雜誌四種；表 75 較普遍的，依次為郊遊、幫家務、看電影三種。兩種不同時間活動而項目相同的普遍行動只有「幫家務」一種。前四種隨時均可以做，不受時間長短和場地的限制，後三種中至

少有兩種需要較多時間及特定場所。這說明多類勞工的休閒活動，在
項目的選擇和喜好上，受到空間和時間的影響較大，工作類別似乎
沒有影響，體力使用的程度也似乎沒有影響。例如木材業和電子業
工人，項目選擇的分配情形，幾乎完全一致，其餘各類的一致性也很
高。這與前述各種分析的結果相當一致，即各業別勞工休閒的滿意度
在程度上有些差異，在本質上還是相當的具有同質性。例如，在郊遊
爬山一類的活動上，男女沒有差別（p＞0.05），雖然在看報（p＜0
.01）、看小說（p＜0.05）、上歌廳聽歌（p＜0.01）上，男女有些差別。
這種情形也可以做這樣的解釋：動態的活動具有較高的一致性，靜態
的活動則差異較大。不過，即使是差異，也在於若干頻率上的一點高
低而已。例如看報一項，男性「常常看」較高，而女性「有時看」
較高，並且達到 .01 差異的顯著水準。這與一般的現象也相當接近
❾。也就是，在目前各工廠簡陋的娛樂設備，以及工作時間太長的情
況之下，各業勞工的休閒活動，差異並不太大。

　　假如我們把前述五種不滿意程度（即休閒生活、休閒時間、娛樂
設施、工作單調、休閒單調）每項依其百分比高低加以排列（參閱前
面各表），在七類工廠中，不滿意度最高者得 7 分，最低者得 1 分。
以五項結果相加，木材業、金屬業各得27分，最高；電子業得24分，
次之；紡織業得 20 分；化學業、食品業分別得 16 分、15 分；塑膠業
得11 分，最低（詳見附表二四）。用這個現象作說明，即是，木材業

---

❾　從全體平均數來看，假日前五項最高頻率爲幫家務、郊遊、看電視、看
　電影、逛街；下班後爲，看電視、看報、幫家務、讀雜誌；29項中最高
　前 5 項爲，看報、幫家務、看電視、聊天、讀雜誌。

和金屬業勞工的休閒生活最不滿意，或最壞；電子業、紡織業也相當差；差強人意的是化學業和食品業；在所有七類勞工中，比較好的只有塑膠業勞工。

從上述的分析和討論，我們對七類製造業勞工的休閒問題，大概可以獲得幾點結果：

(1) 在目前臺灣的工業化過程中，工廠主注意業務的發展和利潤，遠超過勞工的生活，休閒生活尤其受到環境和時間的限制，以致難以推動，不易獲得滿足，因而在一些較容易取得的休閒資源上，呈現相當一致的傾向，例如讀報、看電視、郊遊之類。

(2) 休閒項目的差異雖然不大，各業間滿意程度上的差異還是存在。在七類製造業中，比較需要體力的，如木材、金屬；比較不需體力的，如電子、紡織，對休閒生活的滿意度均較差。可能在兩者之間的塑膠、食品、化學業勞工，對休閒生活的滿意度反而比較好，特別是塑膠業。這可能說明，工作的性質與選擇休閒方式，其間並無必然的關係，因為塑膠、食品、化學業的休閒設備，不見得比電子、紡織更好。

(3) 當前各類勞工的休閒生活，的確與各工廠的休閒設施、休閒時間、工作環境等有關，如果增加設備，減少工作時間，勞工休閒生活的滿意度當可相對提高。從工作與休閒間的某些相互依賴關係來說，這對於提高工作效率，也可能有某種程度的作用。

(4) 各類工廠因性質不同，所僱用勞工多有性別上的偏向，例如紡織、電子多女工，金屬、塑膠多男工，這對於團體休閒活動，往往不易安排，使大多休閒活動，都停留在靜態、室內、單獨的情況下進行。如果各類工廠能互相交換安排，並增加室外活動及聯誼機會，當可提高勞工休閒生活的滿意度。

（二）七類工廠休閒生活的滿意度分析

　　究竟那些因素影響休閒行為，目前並沒有獲得一些令人滿意的結果。一般的研究，仍然停留在探討休閒活動頻率和類型方面，因而也沒有任何理論可做為研究假設，以供驗證。我們以前研究休閒類型時，曾經用一些自變項，如教育程度、年齡、薪資、工作年數，中介變項如工作滿足、現代性，作迴歸分析，以了解這些變項與依變項因素類型間的關係。結果並不十分理想，無論是決定係數或標準化係數，都不太高[10]。這顯示在休閒研究的相關變項上，有兩個重要問題沒有解決：一是我們不清楚，究竟是那些因素影響了人類的休閒行動，例如誰喜歡那種休閒，什麼原因使他們喜歡或不喜歡？二是我們也不十分清楚的，在什麼情況下才算滿足了休閒生活，或者說，有那些因素影響了休閒生活的滿足程度？假如我們能夠找到一些變項關係的話，在七類工廠中，青年工人的休閒生活究竟會有什麼樣的差異？現在我們就希望利用迴歸分析，來了解它們間可能存在之關係。

　　因為不能確定那些變項與休閒生活的滿意度具有直接或間接的關係，就不得不在多項的迴歸分析中，做些探索性的計算，例如先後以工作態度量表，休閒行為，或休閒行為的特定項目作為中介變項，以了解它跟自變項和依變項（休閒生活滿意度）間的迴歸關係，結果多數沒有達F檢定的顯著水準，少數雖然有效，決定係數卻非常低。最後被迫放棄使用中介變項，而直接觀察自變項與依變項間的關係，如前述圖13所列舉的自變項投入迴歸程式中有性別（A1）、年齡（A3）、教育程度（A4）、工作是否與當初希望符合（B 08）、工作是否受到社會

---

[10]　在休閒行為及休閒態度的十個因素類型上，所得 R^2 及 beta 值均不高。

重視（B09）、廠內福利措施〔C2，包括三項：對本廠福利是否滿意（C12）， 對本廠休假制度是否滿意（C13）， 對本廠作息時間是否滿意（C14）〕、工作班別（C3）、薪資（D01）、錢是否夠用（D05）、本廠娛樂設施（G04）、工作是否感到單調（G05）、休閒時間夠不夠（G06）、 休閒生活是否單調（G07）、 選擇延長工作增加收入，還是縮短工作增加休閒活動（G8）。利用這 14 個變項與休閒生活的滿意程度（G09）試作幾項迴歸分析，最後把未達到 .05 顯著水準以上的項目淘汰，有效的項目仍然不多。表 76 是七類工廠青年勞工休閒生活滿意迴歸分析的結果。

表76 七類工廠青少年勞工休閒生活滿意度迴歸分析

1. 紡 織

	複迴歸係數	決定係數	標準化係數	顯著水準
G06休閒時間	.463	.215	.315	.001
G04廠內娛樂設施	.529	.280	.181	.001
C2福利措施	.545	.297	.133	.001
G05工作單調感	.552	.305	.078	.001
B09工作重視程度	.567	.311	.068	.001

2. 電 子

C2福利措施	.311	.097	.127	.001
G06休閒時間	.365	.133	.202	.001
G05工作單調感	.395	.156	.163	.001

3. 塑　膠

G06休閒時間	.569	.324	.485	.001
C 2福利措施	.594	.353	.149	.001

4. 金　屬

G06休閒時間	.377	.142	.240	.001
C 2福利措施	.424	.180	.155	.001

5. 化　學

G06休閒時間	.518	.268	.424	.001
C 2福利措施	.587	.344	.256	.001
B09工作重視程度	.603	.364	.152	.001

6. 木　材

G06休閒時間	.523	.274	.466	.001
G 8 收入或休閒	.553	.306	.189	.001
A 3 年齡	.577	.333	.213	.001

7. 食　品

C 2福利措施	.505	.255	.209	.001
G06休閒時間	.568	.323	.302	.001
B08工作符合程度	.606	.368	.121*	.001
A 3 年齡	.624	.389	.118*	.001
G05工作單調感	.646	.417	.169	.001
B09工作重視程度	.662	.438	.151*	.001

* 標準化係數未達到 .05 顯著水準。

表 76 顯示幾個很特殊的現象： (1) 在十四個自變項中有六個（即 A1, A4, C3, D01, D05, D07）未進入七類工廠的任何一類，顯示這些項目與休閒生活無關； (2) 在七個進入迴歸分析中的項目，以「休閒時間」（G06）解釋力和影響量最高，在五類工廠中佔第一位，在二類中佔第二位，可見「工作以外的休閒時間夠不夠」，在青年勞工的休閒生活中佔有支配性的地位，或者說佔有決定性的力量； (3) 福利措施（C2）實際包含三種成份，即指對該廠的福利、休假、作息時間各種制度是否滿意而言，在兩類工廠中佔第一位，在三類工廠中佔第二位，在一類中佔第三位，另一類未出現，可見福利、休假、作息時間在休閒生活中也佔有相當重要的地位，僅次於時間； (4) 其餘各變項分別在不同類工廠中出現相當分散，不僅出現次數少，而且解釋力和影響量都很低，可見這幾個項目對勞工休閒生活雖有關係，但關係不大； (5) 從七類工廠的整體而言，真正影響青年勞工休閒生活的重要變項，就本研究所得結果，祇有兩個，即休閒時間和福利措施，它們的解釋力和影響量都比較高； (6) 在七類工廠中，總解釋力（R^2）最低的是電子和金屬兩類，分別為 .16 及 .18，其餘各類工廠的解釋力都在 .31 至 .44 之間，也許影響金屬和電子業勞工休閒生活的因素在我們的設計之外，另有因素。

從上述的了解，我們可以把影響休閒生活的兩個重要變項提出來比較，如表 77。

表 77 更明顯的顯示，休閒時間的多寡對休閒生活的滿意度，幾乎具有決定性的影響，例如在塑膠、木材、化學三類工廠勞工方面，差不多達到 .50 的影響量，其餘各類也還是相當大，就解釋力而言，也有 30% 左右；其次，包括休假、作息時間在內的福利措施，也有相當強烈的影響量和解釋力，在食品和電子方面佔第一位，更顯得重

表77　影響休閒生活的重要變項比較

| 工廠類別 | 佔第一、二位的項目 | | 決　定　係　數 | | 標準化係數 |
	G06休閒時間	C2福利措施	占第一項目	總變量	佔第一位的項目
1. 紡　　織	1	3	.22	.31	.32
2. 電　　子	2	1	.10	.16	.13
3. 塑　　膠	1	2	.32	.35	.49
4. 金　　屬	1	2	.14	.18	.24
5. 化　　學	1	2	.27	.36	.42
6. 木　　材	1	0	.27	.33	.47
7. 食　　品	2	1	.26	.44	.21

要，雖然它的份量不如休閒時間。這就是說，對於休閒生活形成影響的因素，以時間的夠不夠為第一要件，其次是福利措施，其餘諸變項如廠內娛樂措施、工作的單調感、工作受社會重視程度、重視收入或休閒、年齡大小、工作符合希望的程度，雖各在不同的工廠類型中佔有一點解釋力和影響量，但都極其輕微，可以說，完全沒有構成力量。也可以這樣說，紡織廠勞工的休閒生活，只要滿足了休閒時間、廠內娛樂設施、福利措施三個條件，就有 30% 的滿意度，再加上許多別的條件，能增加的滿意度仍是非常有限，甚至不必增加，除非用另外的變項去建立新的假設。塑膠和金屬工廠，似乎不必再尋求別的變項，前者用休閒時間和福利措施能解釋 35%，後者能解釋 18%，後者的解釋力雖然低些，但其他許多變項均沒有到達顯著水準。電子、化學、木材類型的工廠為另一種形式，除休閒時間或福利措施為主要變項外，有一、二種別的變項，但作用仍甚小，而以第一項解釋力最高，分別為 16%，34%，27%。食品有點類似紡織，但變項結構

相當不一致，解釋力也最大，達到 44% 左右；不同的是，休閒時間在兩者具有差不多相同的影響量（紡織爲 .32，食品爲 .36），都有不同的解釋力（紡織爲 .22，食品爲 .09），福利措施亦如此（紡織 .02、食品 .26）。從解釋力的項目分配情況來看，七類工廠可以分爲三類：紡織與食品爲一類，自變項項目最多；電子、化學、木材爲一類，都是三個自變項；塑膠與金屬爲一類，均僅兩個相同的自變項。除電子、金屬解釋力較低外，其餘各類均達到 31% 至 44% 不等的程度。

最後我們也許可以這樣說，無論從那個角度來看，眞正影響七類工廠勞工休閒生活的因素，最重要的是調節休閒時間，如果休閒時間不夠，就會降低休閒生活的品質。假定工廠加班時間過長，或過於頻繁，顯然會造成另一方面的損失，這是工廠管理人員必須了解的事實。次要的是包括工廠福利、休假制度、作息時間在內的福利措施，也卽是如果工廠中的各種福利措施、休假辦法、作息時間不能令人滿意，則休閒生活卽受到影響。這也就是說，如果有合理的福利，合理的休假時間，以及合理的調節工作的休息時間，勞工的休閒生活就會滿意。其餘各種變項對於休閒生活的影響程度，就微不足道了[11]。

（三）性別間休閒生活滿意度分析

我們在前面已經從七類工廠來了解休閒生活的差異，以及影響休閒生活的變項關係。雖然在迴歸分析中已經投入性別變項，而沒有結果，我們仍希望了解男女間的差異，或者說，影響男女休閒生活滿意度的變項，有沒有不同之處。我們在觀察或已有資料顯示，男女的休

---

[11]　廠內娛樂設施（G04）的滿意度應該也是影響休閒生活滿意度的重要變項，但由於它跟休閒時間（G06）的相關相當高（$r = .42$），可能影響它在迴歸分析中的結果。

閒方式確有某種程度的差異，因而在休閒生活的滿意度上，也必然有些差異，並受到不同因素的影響。用來和前面七類工廠的結果作一點比較，當可獲得若干不同的理解。我們先來看看迴歸分析的結果。

表 78 男女勞工休閒生活滿意度迴歸分析

男　　性

	總解釋量	個別解釋量	標準化係數	簡單相關	顯著度
G06休閒時間	.214	.214	.310	.462	.001
C 2福利措施	.250	.037	.138	.364	.001
G05工作單調	.273	.023	.149	.314	.001
B09工作受重視	.284	.010	.117	.269	.001
A 4 教育程度	.287	.004	−.073	−.100	.001
B08工作符合	.290	.003	−.069	.160	.001
D05薪資	.293	.003	.054*	.191	.001

女　　性

	總解釋量	個別解釋量	標準化係數	簡單相關	顯著度
C 2福利措施	.175	.175	.182	.418	.001
G06休閒時間	.245	.070	.261	.416	.001
G04娛樂設施	.262	.018	.141	.360	.001
G05工作單調	.267	.004	.058	.226	.001
F F休閒行為	.269	.002	.047*	.066	.001
B08工作符合	.272	.002	.048*	.225	.001
D05薪資	.273	.002	.057	.189	.001

* 標準化係數未達顯著度。

　　表 78 很明顯的顯示， 滿足休閒生活條件上的性別差異， 男性勞工的是否滿足， 決定在休閒時間的多寡上， 佔有最高的決定係數 (.21) 和最大的影響力 (.31)， 在福利措施方面分別只有 .04 及 .14， 工作單調以下各變項， 所佔份量就更少了。女性勞工以福利措施的決定係數為高 (.18)， 而以休閒時間的影響量為最大 (.26)， 福利措施的影響量只有 .18， 而休閒時間的解釋力又只有 .07， 成為一種交叉狀況， 娛樂設施以下各項目， 也無足輕重。

　　從整體來看， 無論男性或女性， 都以前三個變項對於休閒生活為較具意義， 特別表現在簡單相關上。後四項， 如男性的工作受重視程度、教育程度、工作符合的程度、薪資高低， 女性的工作單調、休閒行為、工作符合的程度、薪資高低， 雖然都達到顯著水準， 但解釋力和影響量都不大， 甚至簡單相關也不高。在七個有效的變項中， 解釋力的差別不大， 男性勞工的總解釋力為 .29， 前三項已達 .27， 其後增加四個變項， 解釋力祇增加 .02， 可見無關重要；女性的總解釋力為 .27， 前三項已達 .26， 其餘增加四個變項， 解釋力祇增加 .01， 可見尤其無關重要。我們也許可以說， 在性別差異上， 滿足休閒生活的條件似以休閒時間的多寡和福利措施的滿意度為重要， 這種情況跟七類工廠的分析結果相當一致。

　　性別間最主要的差異， 在於解釋力或決定係數最高， 以及影響量或標準化係數最大的第一位， 卽男性的休閒時間和女性的福利措施， 這顯然是因不同需要和不同處境所造成的。例如女性可能較為重視休閒、作息時間的安排、福利的好壞， 而男性較為重視工餘時間的多寡， 以利安排休閒活動； 這種差異也可能受到家內工作量分配的影響。不過， 性別差異並不能反映工廠類別差異， 或工廠類別的性別優勢， 這從表 64 和表 77 的分配上可以看得出來， 可見結果雖然類似，

影響結果的因素卻不一致。

<h1 style="text-align:center">三　結　論</h1>

從前述的單項百分比分析和複迴歸分析，我們對不同類型製造業
工廠勞工的休閒生活，大致已有了一個相當明確的解釋，卽是，不同
工廠中，青年勞工的休閒生活確有某種程度的差異。我們可以獲得下
述幾點結論：

（1）在七類工廠中，勞工的休閒生活，有滿意的一面，也有不滿
意的一面，差距最大的是木材、金屬與塑膠，前二者的勞工爲最不滿
意的最高點，後者爲最低點，紡織適得其中，其餘各類工廠的不滿意
度在其上下。所以如此，跟各類工廠的工作環境、娛樂設施、作息與
休閒時間等均有關係。如果需要改善這種狀況，顯然必須針對各種缺
失加以調整。不過，就一般而論，各類工廠的休閒設備或娛樂設備均
相當欠缺，所謂差異也只是程度上的差異。我們必須在休閒生活的類
別上加以改善，如增加動態的、羣體的、室外的活動，才能眞正提高
休閒生活的品質，因爲目前傾向於靜態的、單獨的、室內的活動。

（2）各類工廠勞工的休閒生活受兩個變數的影響特別大，一個是
休閒時間的滿意度，一個是福利、休假制度、作息時間的滿意度。
這兩個變數無論在那一類工廠中，都佔有極大或次大的解釋力和影響
量，雖然還有好幾個變數明顯的具有作用，如廠內娛樂設施、工作單
調感、工作重視程度、年齡別，但關係均不太大，甚至可以忽略。可
見休閒生活的滿意度，直接受到時間多寡和福利措施的影響很大，至
少在許多類工廠中，獲得 30% 左右的解釋力。也就是說，如果各類
工廠在休閒時間的安排及福利、休假、作息時間作合適的調節，則青

年勞工的休閒生活將有較高的滿意度。男女在這些方面並沒有太大的差異，差異祇在於解釋力的大小。

(3) 這種休閒生活的滿意度幾乎均與實際的休閒活動無關，而是建立在工作與時間分配、休假制度、福利措施之類的基礎上，顯示與國人一向所抱持的休閒觀念有關，即只要獲得充分的休息、停止工作，就感到滿意，這就是為什麼在七類工廠和性別分析的結果，都呈現同一趨勢。假如這種休閒方式，的確就能滿足個人的休閒生活，或因休閒生活滿足而對工作有利，則要不要改變休閒活動的類型，就不是重要問題了。從另一方面看，也可能顯示，目前各類工廠對於勞工休閒時間、作息時間、休假制度的安排，有不盡理想的地方，值得設法改善。

附表三四　你對你的工作是否感到單調（G05）？

製造業類別	x^2	製造業類別	x^2
1 與 2	8.572*	3 與 4	4.632
1 與 3	23.232**	3 與 5	3.914
1 與 4	4.029	3 與 6	3.578
1 與 5	5.266	3 與 7	8.117*
1 與 6	3.971	4 與 5	2.099
1 與 7	8.592*	4 與 6	1.264
2 與 3	29.663**	4 與 7	6.828
2 與 4	12.603**	5 與 6	0.635
2 與 5	8.862*	5 與 7	1.624
2 與 6	9.127*	6 與 7	2.578
2 與 7	7.589		

自由度 = 3　　* p<.05　　** p<.01

附表三五　你對你的休閒生活是否覺得單調（G07）？

製造業類別	x^2	製造業類別	x^2
1 與 2	37.931**	3 與 4	8.661*
1 與 3	22.762**	3 與 5	16.956**
1 與 4	12.771**	3 與 6	4.729
1 與 5	20.895**	3 與 7	7.937*
1 與 6	20.511**	4 與 5	4.664
1 與 7	1.527	4 與 6	10.305*
2 與 3	6.481	4 與 7	5.138
2 與 4	6.692	5 與 6	8.389*
2 與 5	6.896	5 與 7	5.887
2 與 6	3.575	6 與 7	5.713
2 與 7	9.675*		

自由度 = 3　　* p<.05　　** p<.01

附表三六　本廠的娛樂設施，你是否滿意（G04）?

製造業類別	x^2	製造業類別	x^2
1 與 2	45.398**	3 與 4	31.624**
1 與 3	34.679**	3 與 5	2.188
1 與 4	135.996**	3 與 6	2.645
1 與 5	33.399**	3 與 7	13.042**
1 與 6	41.445**	4 與 5	17.953**
1 與 7	1.852	4 與 6	12.481**
2 與 3	2.137	4 與 7	51.964**
2 與 4	25.490**	5 與 6	2.047
2 與 5	3.550	5 與 7	14.884**
2 與 6	1.854	6 與 7	18.831**
2 與 7	13.973**		

自由度 = 3　　* p<.05　　** p<.01

附表三七　工作以外的休閒時間，你覺得夠不夠（G06）?

製造業類別	x^2	製造業類別	x^2
1 與 2	44.911**	3 與 4	8.963*
1 與 3	10.897*	3 與 5	9.989*
1 與 4	13.454**	3 與 6	66.651**
1 與 5	12.010**	3 與 7	3.599
1 與 6	83.871**	4 與 5	0.999
1 與 7	7.654	4 與 6	40.975**
2 與 3	30.019**	4 與 7	1.200
2 與 4	7.678	5 與 6	44.538**
2 與 5	11.181*	5 與 7	3.194
2 與 6	21.305**	6 與 7	31.102**
2 與 7	7.051		

自由度 = 3　　* p<.05　　** p<.01

附表三八　假如只有下面兩種情況，你選擇那一種（G08）？延長
工作時間以增加收入，或縮短工作時間以增加休閒活
動。

製造業類別	x^2	製造業類別	x^2
1 與 2	20.667**	3 與 4	0.551
1 與 3	1.119	3 與 5	4.358*
1 與 4	0.005	3 與 6	9.736**
1 與 5	2.656	3 與 7	5.281*
1 與 6	19.770**	4 與 5	1.810
1 與 7	3.574	4 與 6	13.480**
2 與 3	7.248**	4 與 7	2.600
2 與 4	11.255**	5 與 6	22.236**
2 與 5	20.984**	5 與 7	0.128
2 與 6	0.861	6 與 7	22.728**
2 與 7	21.124**		

自由度 = 3　　* p<.05　　** p<.01

附表三九　對目前的休閒生活，你滿不滿意（G09）？

製造業類別	x^2	製造業類別	x^2
1 與 2	4.582	3 與 4	6.275
1 與 3	3.502	3 與 5	1.979
1 與 4	3.974	3 與 6	27.798**
1 與 5	1.242	3 與 7	7.662
1 與 6	26.629**	4 與 5	5.453
1 與 7	9.126*	4 與 6	10.689*
2 與 3	8.131*	4 與 7	9.043*
2 與 4	0.539	5 與 6	18.440**
2 與 5	5.145	5 與 7	5.755
2 與 6	9.274*	6 與 7	26.313**
2 與 7	10.783*		

自由度 = 3　　* p<.05　　** p<.01

附表四十　各類相關係數矩陣

G09	G04	G06	G05	G07	G08
G09休閒滿意	.43***	.46***	.19***	.05	－.17***
G04廠內娛樂	—	.42***	.23***	－.03	－.11*
G06休閒時間		—	.21***	－.05	－.19***
G05工作單調			—	.21***	－.10*
G07休閒單調				—	.03
G08收入與休閒					—

* p＜.05　　*** p＜.001

附表四一　休閒生活滿意度與其他各變項之淨相關

	G04 廠內娛樂	G05 工作單調	G06 休閒時間	G07 休閒單調	G08 收入與休閒
G09 休閒滿意度	.26***	.06	.34***	.08*	－.09*

* p＜.05　　*** p＜.001

附表四二　業別間休閒不滿意等級分數比較

	7*	6	5	4	3	2	1
休閒生活　（G09）	木材	電子	金屬	紡織	化學	塑膠	食品
休閒時間　（G06）	木材	電子	金屬	食品	化學	紡織	塑膠
娛樂設備　（G04）	金屬	木材	化學	電子	塑膠	食品	紡織
工作單調　（G05）	電子	紡織	金屬	木材	化學	食品	塑膠
休閒單調　（G07）	紡織	食品	金屬	塑膠	木材	化學	電子

* 7……1表示不滿意的最大極限到最小極限，即最高7分，最小1分。
例如G09（休閒生活滿意度）的排列順序，7—1，為木材最不滿意，
食品最滿意，餘類推。

從上表，各業可得一總分，分數越高顯示休閒生活越不滿意或越壞：

(1) 木材 = 7 + 7 + 6 + 4 + 3 = 27
(2) 金屬 = 5 + 5 + 7 + 5 + 5 = 27
(3) 電子 = 7 + 6 + 6 + 4 + 1 = 24
(4) 紡織 = 7 + 6 + 4 + 2 + 1 = 20
(5) 化學 = 5 + 3 + 3 + 3 + 2 = 16
(6) 食品 = 6 + 4 + 2 + 2 + 1 = 15
(7) 塑膠 = 4 + 3 + 2 + 1 + 1 = 11

參 考 書 目

生活素質研究中心

　　民71　《美國社會指標》。臺北：明德基金會。

行政院主計處

　　民71　《臺灣地區國民對家庭生活與社會環境意向調查報告》。

　　民74　《中華民國勞工統計日報》2 月。

　　民76　《臺灣地區人力運用調查報告》。

行政院主計處及明德生活素質中心

　　民74　《臺灣地區國民生活主觀意向調查報告》。

行政院主計處及經建會

　　民74　《臺灣地區人力運用調查報告》。

行政院經濟建設委員會

　　民67a　《生活時間結構之分析》。臺北：行政院經濟建設委員會。

　　民67b　《臺灣地區國民生活結構調查分析報告》。臺北：行政院經濟建
　　　　　設委員會。

林素麗

　　民66　〈休閒的理論與研究〉，《思與言》15(1)：27-35。

明德生活素質中心

　　民71　《美國社會指標》。臺北：明德基金會。

修慧蘭　陳彰儀

　　民76　〈臺北市就業者之休閒狀況分析〉，《政治大學學報》55。

崔麗蓉

　　民70　〈臺灣北區紡織業與電子業勞工休閒問題之研究〉，《勞工研究
　　　　　季刊》65：69-87。

楊重信等

　　民74　《士林北投地區居民生活素質之調查研究》。臺北：臺北市政府
　　　　　研考會。

趙秋巖譯

　　民58　《有閒階級論》（T. Veblen 原著）。臺北：臺灣銀行經濟研究
　　　　　室。

臺北市政府主計處

　　民72　《臺北市統計要覽》。

臺北市政府都市計劃處

　　民67　《臺北市都市計劃公共設施用地調查報告》。

臺北市政府調查小組

　　民73　《市政建設意向調查綜合報告：1 — 4 梯次專案調查彙編》。

臺灣省政府主計處

　　民72　《臺灣省民眾休閒活動概況調查報告（下半年統計表）》，《經
　　　　　濟生活調查專刊》724215。

Dumazedier, Joffre

　　1974　*Sociology of Leisure* (tr. by M. A. McKenzice). Amster-
　　　　　dam: Elsevier.

Friedmann, George

　　1960　Leisure and Technological Civilization, *International
　　　　　Social Science Journal* 12 (4)：509-21.

Havighurst, R. J. and K. Feigenbaum

　　1959　Leisure and Life-style, *American Journal of Sociology*
　　　　　64(4)：396-404.

Kaplan, M.

　　1960　*Leisure in America*. N. Y.：Wiley.

　　1975　*Leisure: Theory and Policy*. N. Y.：Wiley.

Krans, R.

　1978　*Recreation and Leisure in Modern Society.* Calif.: Goodyear.

Lane, R. E.

　1978　The Regulation of Experience: Leisure in a Market Society, *Social Science Information* 17 (2).

Maslow, A. H.

　1970　*Motivation and Personality.* N. Y.: Harper & Row.

Meissner, M.

　1972　*The Long Arm of the Job: A Study of Work and Leisure.*

Meyersohn, Rolf

　1972　Leisure, in A. Campbell & P. E. Converse, eds., *The Human Meaning of Social Change.* N. Y.: Russell Sage.

Miller, D. C.

　1970　*Handbook of Research Design and Social Measurement.* N. Y.: David McKay.

Miller, D. C. & W. H. Form

　1964　*Industrial Sociology.* N. Y.: Harper & Row.

Murphy, James F.

　1974　*Concepts of Leisure: Philosophical Implications.* N. J.: Prentice-Hall.

Neulinger, J.

　1981　*The Leisure: An Introduction.* Boston: Allyn & Bacon.

Pace, C. R.

　1970　They Went to College, in D. C. Miller, ed., *Handbook of Research Design and Social Measurement.* N. Y.: David Mckay.

Parker, S.

1979 *The Sociology of Leisure.* London: George Allen & Unwin.

Parker, S. R. and M. A. Smith

1976 Work and Leisure, in Robert Dubin, ed., *Handbook of Work Organization and Society.* Chicago: Rand McNally.

Rapoport, R. and R. N. Rapoport

1975 *Leisure and the Family Life Cycle.* London & Boston: Routledge and Kegan Paul.

Reigh, J.

1977 *Young People and Leisure.* London: Routledge and Kegan Paul.

Roberts, Kenneth

1971 *Leisure.* London: Longman Green and Co.

Robinson, J. P. and P. E. Converse

1972 Social Change Reflected in the Use of Time, in A. Campbell & P. E. Converse, eds., *The Human Meaning of Social Change.* N. Y.: Sage.

Szalai, A.

1966 Trends in Comparative Time-budget Research, *American Behavioral Scientist* 9.

Szalai, A. & F. M. Andrews

1980 *The Quality of Life: Comparative Studies.* London: Sage.

Wilensky, H.

1960 Work, Careers and Social Integration, *International Social Science Journal* 4.

Zuzanek, Jiri.

1980 *Work and Leisure in the Soviet Union: a Time-budget Analysis.* N. Y.: Praeger.

滄海叢刊已刊行書目 (八)

書　　　　名	作　　者	類　　　　別
文 學 欣 賞 的 靈 魂	劉 述 先	西 洋 文 學
西 洋 兒 童 文 學 史	葉 詠 琍	西 洋 文 學
現 代 藝 術 哲 學	孫 旗 譯	藝 術
音 樂 人 生	黃 友 棣	音 樂
音 樂 與 我	趙 琴	音 樂
音 樂 伴 我 遊	趙 琴	音 樂
爐 邊 閒 話	李 抱 忱	音 樂
琴 臺 碎 語	黃 友 棣	音 樂
音 樂 隨 筆	趙 琴	音 樂
樂 林 蓽 露	黃 友 棣	音 樂
樂 谷 鳴 泉	黃 友 棣	音 樂
樂 韻 飄 香	黃 友 棣	音 樂
樂 圃 長 春	黃 友 棣	音 樂
色 彩 基 礎	何 耀 宗	美 術
水 彩 技 巧 與 創 作	劉 其 偉	美 術
繪 畫 隨 筆	陳 景 容	美 術
素 描 的 技 法	陳 景 容	美 術
人 體 工 學 與 安 全	劉 其 偉	美 術
立 體 造 形 基 本 設 計	張 長 傑	美 術
工 藝 材 料	李 鈞 棫	美 術
石 膏 工 藝	李 鈞 棫	美 術
裝 飾 工 藝	張 長 傑	美 術
都 市 計 劃 概 論	王 紀 鯤	建 築
建 築 設 計 方 法	陳 政 雄	建 築
建 築 基 本 畫	陳 榮 美 楊 麗 黛	建 築
建 築 鋼 屋 架 結 構 設 計	王 萬 雄	建 築
中 國 的 建 築 藝 術	張 紹 載	建 築
室 內 環 境 設 計	李 琬 琬	建 築
現 代 工 藝 概 論	張 長 傑	雕 刻
藤 竹 工	張 長 傑	雕 刻
戲 劇 藝 術 之 發 展 及 其 原 理	趙 如 琳 譯	戲 劇
戲 劇 編 寫 法	方 寸	戲 劇
時 代 的 經 驗	汪 琪 彭 家 發	新 聞
大 衆 傳 播 的 挑 戰	石 永 貴	新 聞
書 法 與 心 理	高 尚 仁	心 理

滄海叢刊已刊行書目 (七)

書　　　名	作　者	類　　別
印度文學歷代名著選(上)(下)	糜文開編譯	文　　　學
寒　山　子　研　究	陳　慧　劍	文　　　學
魯　迅　這　個　人	劉　心　皇	文　　　學
孟　學　的　現　代　意　義	王　支　洪	文　　　學
比　　較　　詩　　學	葉　維　廉	比　較　文　學
結構主義與中國文學	周　英　雄	比　較　文　學
主　題　學　研　究　論　文　集	陳鵬翔主編	比　較　文　學
中　國　小　說　比　較　研　究	侯　　　健	比　較　文　學
現　象　學　與　文　學　批　評	鄭樹森編	比　較　文　學
記　　號　　詩　　學	古　添　洪	比　較　文　學
中　英　文　學　因　緣	鄭樹森編	比　較　文　學
文　　學　　因　　緣	鄭　樹　森	比　較　文　學
比　較　文　學　理　論　與　實　踐	張　漢　良	比　較　文　學
韓　非　子　析　論	謝　雲　飛	中　國　文　學
陶　淵　明　評　論	李　辰　冬	中　國　文　學
中　國　文　學　論　叢	錢　　　穆	中　國　文　學
文　　學　　新　　論	李　辰　冬	中　國　文　學
離　騷　九　歌　九　章　淺　釋	繆　天　華	中　國　文　學
苕華詞與人間詞話述評	王　宗　樂	中　國　文　學
杜　甫　作　品　繫　年	李　辰　冬	中　國　文　學
元　曲　六　大　家	應　裕　康王　忠　林	中　國　文　學
詩　經　研　讀　指　導	裴　普　賢	中　國　文　學
迦　陵　談　詩　二　集	葉　嘉　瑩	中　國　文　學
莊　子　及　其　文　學	黃　錦　鋐	中　國　文　學
歐　陽　修　詩　本　義　研　究	裴　普　賢	中　國　文　學
清　真　詞　研　究	王　支　洪	中　國　文　學
宋　　儒　　風　　範	董　金　裕	中　國　文　學
紅　樓　夢　的　文　學　價　值	羅　　　盤	中　國　文　學
四　　說　　論　　叢	羅　　　盤	中　國　文　學
中　國　文　學　鑑　賞　舉　隅	黃慶萱許家鸞	中　國　文　學
牛李黨爭與唐代文學	傅　錫　壬	中　國　文　學
增　訂　江　皋　集	吳　俊　升	中　國　文　學
浮　士　德　研　究	李辰冬譯	西　洋　文　學
蘇　忍　尼　辛　選　集	劉安雲譯	西　洋　文　學

滄海叢刊已刊行書目 (六)

書　　　　名	作　者	類	別
卡薩爾斯之琴	葉　石　濤	文	學
青　囊　夜　燈	許　振　江	文	學
我　永　遠　年　輕	唐　文　標	文	學
分　析　文　學	陳　啓　佑	文	學
思　想　起	陌　上　塵	文	學
心　酸　記	李　　喬	文	學
離　　訣	林　蒼　鬱	文	學
孤　獨　園	林　蒼　鬱	文	學
托　塔　少　年	林文欽　編	文	學
北　美　情　逅	卜　貴　美	文	學
女　兵　自　傳	謝　冰　瑩	文	學
抗　戰　日　記	謝　冰　瑩	文	學
我　在　日　本	謝　冰　瑩	文	學
給青年朋友的信（上）（下）	謝　冰　瑩	文	學
冰　瑩　書　柬	謝　冰　瑩	文	學
孤　寂　中　的　廻　響	洛　　夫	文	學
火　天　使	趙　衛　民	文	學
無　塵　的　鏡　子	張　　默	文	學
大　漢　心　聲	張　起　鈞	文	學
回　首　叫　雲　飛　起	羊　令　野	文	學
康　莊　有　待	向　　陽	文	學
情　愛　與　文　學	周　伯　乃	文	學
湍　流　偶　拾	繆　天　華	文	學
文　學　之　旅	蕭　傳　文	文	學
鼓　瑟　集	幼　　柏	文	學
種　子　落　地	葉　海　煙	文	學
文　學　邊　緣	周　玉　山	文	學
大　陸　文　藝　新　探	周　玉　山	文	學
累　盧　聲　氣　集	姜　超　嶽	文	學
實　用　文　纂	姜　超　嶽	文	學
林　下　生　涯	姜　超　嶽	文	學
材　與　不　材　之　間	王　邦　雄	文	學
人　生　小　語（一）（二）	何　秀　煌	文	學
兒　童　文　學	葉　詠　琍	文	學

滄海叢刊已刊行書目 (五)

書名	作者	類別
中西文學關係研究	王潤華	文學
文開隨筆	糜文開	文學
知識之劍	陳鼎環	文學
野草詞	韋瀚章	文學
李韶歌詞集	李韶	文學
石頭的研究	戴天	文學
留不住的航渡	葉維廉	文學
三十年詩	葉維廉	文學
現代散文欣賞	鄭明娳	文學
現代文學評論	亞菁	文學
三十年代作家論	姜穆	文學
當代臺灣作家論	何欣	文學
藍天白雲集	梁容若	文學
見賢集	鄭彥棻	文學
思齊集	鄭彥棻	文學
寫作是藝術	張秀亞	文學
孟武自選文集	薩孟武	文學
小說創作論	羅盤	文學
細讀現代小說	張素貞	文學
往日旋律	幼柏	文學
城市筆記	巴斯	文學
歐羅巴的蘆笛	葉維廉	文學
一個中國的海	葉維廉	文學
山外有山	李英豪	文學
現實的探索	陳銘磻編	文學
金排附	鍾延豪	文學
放鷹	吳錦發	文學
黃巢殺人八百萬	宋澤萊	文學
燈下燈	蕭蕭	文學
陽關千唱	陳煌	文學
種籽	向陽	文學
泥土的香味	彭瑞金	文學
無緣廟	陳艷秋	文學
鄉事	林清玄	文學
余忠雄的春天	鍾鐵民	文學
吳煦斌小說集	吳煦斌	文學

滄海叢刊已刊行書目 (四)

書　　名	作　者	類	別
歷　史　圖　外	朱　桂	歷	史
中　國　人　的　故　事	夏　雨　人	歷	史
老　　臺　　灣	陳　冠　學	歷	史
古　史　地　理　論　叢	錢　　穆	歷	史
秦　　漢　　史	錢　　穆	歷	史
秦　漢　史　論　稿	刑　義　田	歷	史
我　　這　半　生	毛　振　翔	歷	史
三　　生　有　幸	吳　相　湘	傳	記
弘　一　大　師　傳	陳　慧　劍	傳	記
蘇曼殊大師新傳	劉　心　皇	傳	記
當代佛門人物	陳　慧　劍	傳	記
孤　兒　心　影　錄	張　國　柱	傳	記
精　忠　岳　飛　傳	李　　安	傳	記
八十憶雙親、師友雜憶合刊	錢　　穆	傳	記
困勉強狷八十年	陶　百　川	傳	記
中國歷史精神	錢　　穆	史	學
國　史　新　論	錢　　穆	史	學
與西方史家論中國史學	杜　維　運	史	學
清代史學與史家	杜　維　運	史	學
中　國　文　字　學	潘　重　規	語	言
中　國　聲　韻　學	潘重規　陳紹棠	語	言
文　學　與　音　律	謝　雲　飛	語	言學
還　鄉　夢　的　幻　滅	賴　景　瑚	文	學
葫　蘆　·　再　見	鄭　明　娳	文	學
大　　地　之　歌	大地詩社	文	學
青　　　春	葉　蟬　貞	文	學
比較文學的墾拓在臺灣	古添洪　陳慧樺　主編	文	學
從比較神話到文學	古添洪　陳慧樺	文	學
解　構　批　評　論　集	廖　炳　惠	文	學
牧　場　的　情　思	張　媛　媛	文	學
萍　踪　憶　語	賴　景　瑚	文	學
讀　書　與　生　活	琦　　君	文	學

滄海叢刊已刊行書目 (三)

書　　　名	作　　者	類	別
不　疑　不　懼	王　洪　鈞	教	育
文　化　與　教　育	錢　　穆	教	育
教　育　叢　談	上官業佑	教	育
印　度　文　化　十　八　篇	糜　文　開	社	會
中　華　文　化　十　二　講	錢　　穆	社	會
清　代　科　舉	劉　兆　璸	社	會
世界局勢與中國文化	錢　　穆	社	會
國　　家　　論	薩孟武　譯	社	會
紅樓夢與中國舊家庭	薩　孟　武	社	會
社會學與中國研究	蔡　文　輝	社	會
我國社會的變遷與發展	朱岑樓主編	社	會
開　放　的　多　元　社　會	楊　國　樞	社	會
社會、文化和知識份子	葉　啓　政	社	會
臺灣與美國社會問題	蔡文輝 蕭新煌 主編	社	會
日　本　社　會　的　結　構	福武直　著 王世雄　譯	社	會
三十年來我國人文及社會 科　學　之　回　顧　與　展　望		社	會
財　經　文　存	王　作　榮	經	濟
財　經　時　論	楊　道　淮	經	濟
中國歷代政治得失	錢　　穆	政	治
周　禮　的　政　治　思　想	周世輔 周文湘	政	治
儒　家　政　論　衍　義	薩　孟　武	政	治
先　秦　政　治　思　想　史	梁啓超原著 賈馥茗標點	政	治
當　代　中　國　與　民　主	周　陽　山	政	治
中　國　現　代　軍　事　史	劉馥　著 梅寅生　譯	軍	事
憲　法　論　集	林　紀　東	法	律
憲　法　論　叢	鄭　彥　棻	法	律
師　友　風　義	鄭　彥　棻	歷	史
黃　　帝	錢　　穆	歷	史
歷　史　與　人　物	吳　相　湘	歷	史
歷　史　與　文　化　論　叢	錢　　穆	歷	史

滄海叢刊已刊行書目 (二)

書　　　名	作　者	類　　別
語　言　哲　學	劉　福　增	哲　　　學
邏　輯　與　設　基　法	劉　福　增	哲　　　學
知識・邏輯・科學哲學	林　正　弘	哲　　　學
中　國　管　理　哲　學	曾　仕　強	哲　　　學
老　子　的　哲　學	王　邦　雄	中　國　哲　學
孔　學　漫　談	余　家　菊	中　國　哲　學
中　庸　誠　的　哲　學	吳　　　怡	中　國　哲　學
哲　學　演　講　錄	吳　　　怡	中　國　哲　學
墨　家　的　哲　學　方　法	鐘　友　聯	中　國　哲　學
韓　非　子　的　哲　學	王　邦　雄	中　國　哲　學
墨　家　哲　學	蔡　仁　厚	中　國　哲　學
知識、理性與生命	孫　寶　琛	中　國　哲　學
逍　遙　的　莊　子	吳　　　怡	中　國　哲　學
中國哲學的生命和方法	吳　　　怡	中　國　哲　學
儒　家　與　現　代　中　國	韋　政　通	中　國　哲　學
希　臘　哲　學　趣　談	鄔　昆　如	西　洋　哲　學
中　世　哲　學　趣　談	鄔　昆　如	西　洋　哲　學
近　代　哲　學　趣　談	鄔　昆　如	西　洋　哲　學
現　代　哲　學　趣　談	鄔　昆　如	西　洋　哲　學
現　代　哲　學　述　評 (一)	傅　佩　榮　譯	西　洋　哲　學
懷　海　德　哲　學	楊　士　毅	西　洋　哲　學
思　想　的　貧　困	韋　政　通	思　　　想
不以規矩不能成方圓	劉　君　燦	思　　　想
佛　學　研　究	周　中　一	佛　　　學
佛　學　論　著	周　中　一	佛　　　學
現　代　佛　學　原　理	鄭　金　德	佛　　　學
禪　話	周　中　一	佛　　　學
天　人　之　際	李　杏　邨	佛　　　學
公　案　禪　語	吳　　　怡	佛　　　學
佛　教　思　想　新　論	楊　惠　南	佛　　　學
禪　學　講　話	芝峯法師譯	佛　　　學
圓滿生命的實現 （布施波羅蜜）	陳　柏　達	佛　　　學
絕　對　與　圓　融	霍　韜　晦	佛　　　學
佛　學　研　究　指　南	關　世　謙　譯	佛　　　學
當　代　學　人　談　佛　教	楊惠南編	佛　　　學

滄海叢刊已刊行書目 (一)

書　　　名	作　者	類　　別
國父道德言論類輯	陳立夫	國父遺教
中國學術思想史論叢 (一)(二)(三)(四)(五)(六)(七)(八)	錢　穆	國　　學
現代中國學術論衡	錢　穆	國　　學
兩漢經學今古文平議	錢　穆	國　　學
朱子學提綱	錢　穆	國　　學
先秦諸子繫年	錢　穆	國　　學
先秦諸子論叢	唐端正	國　　學
先秦諸子論叢（續篇）	唐端正	國　　學
儒學傳統與文化創新	黃俊傑	國　　學
宋代理學三書隨劄	錢　穆	國　　學
莊子纂箋	錢　穆	國　　學
湖上閒思錄	錢　穆	哲　　學
人生十論	錢　穆	哲　　學
晚學盲言	錢　穆	哲　　學
中國百位哲學家	黎建球	哲　　學
西洋百位哲學家	鄔昆如	哲　　學
現代存在思想家	項退結	哲　　學
比較哲學與文化 (一)(二)	吳森	哲　　學
文化哲學講錄 (一)(二)(三)(四)	鄔昆如	哲　　學
哲學淺論	張康譯	哲　　學
哲學十大問題	鄔昆如	哲　　學
哲學智慧的尋求	何秀煌	哲　　學
哲學的智慧與歷史的聰明	何秀煌	哲　　學
內心悅樂之源泉	吳經熊	哲　　學
從西方哲學到禪佛教 ——「哲學與宗教」一集——	傅偉勳	哲　　學
批判的繼承與創造的發展 ——「哲學與宗教」二集——	傅偉勳	哲　　學
愛的哲學	蘇昌美	哲　　學
是與非	張身華譯	哲　　學

國立中央圖書館出版品預行編目資料

臺灣居民的休閒生活／文崇一著 - - 初版 - -
臺北市：東大出版；三民總經銷，民79
　面；　　公分
參考書目：面253-256
ISBN 957-19-0096-6 （精裝）
ISBN 957-19-0097-4 （平裝）

1.生活問題─臺灣
542.5832

© 臺灣居民的休閒生活

著　者　文崇一
發行人　劉仲文
出版者　東大圖書股份有限公司
總經銷　三民書局股份有限公司
印刷所　東大圖書股份有限公司
　　　　地址／臺北市重慶南路一段
　　　　六十一號二樓
　　　　郵撥／〇一〇七一七五──〇號
初　版　中華民國七十九年二月
編　號　E 54071①
基本定價　陸元肆角肆分
行政院新聞局登記證局版臺業字第〇一九七號